自治体
情報誌

ディーファイル

4下

2022

イマジン出版株式会社

奨学金の返還 山ノ内町支援

町内の若者に23年度から

山ノ内町は、働きながら町内に住む若者の奨学金返還を支援する事業を2023年度に始める。22年度以降に支払った返還金が補助の対象となるため、町は希望者に本年度分の返還額を証明できる書類の保存を呼びかけている。

最初の申請時に30歳未満で、申請から5年間は町内に住む予定の人が対象。公務員などは除く。申請年度の前年度の返還金に対し、勤務先が町内なら返還金の2分の1（上限年15万円）、町外なら3分の1（同10万円）を補助する。期間は最長5年で、転出や離職した場合は打ち切る。

町移住交流推進室は「働く若者の住みやすさのアピールにつなげたい」としている。問い合わせは同室（☎0269・33・3111）へ。

信毎（長野）22・4・20

岐阜22・4・20

繁忙期が異なる仕事を組み合わせて派遣

白川町に通年雇用組織

ワークドット協同組合発足

繁忙期が異なる仕事を組み合わせることで、年間を通して働ける職場を創出する「白川ワークドット協同組合」が加茂郡白川町で発足し、今月から事業を開始した。就職希望者を組合の正規職員として採用し、一人を複数の企業などに派遣する仕組み。移住者や地元での就職を志す若者らにとって、安定した働き口が得やすくなるため定住に結び付くことが期待され、人口減少と過疎化に悩む町の活性化につながりそうだ。

（岡部導智賢）

正規職員として採用が決まった纐纈梨乃さん（右）と、派遣について打ち合わせる新井みなみさん＝加茂郡白川町三川、白川ワークドット協同組合

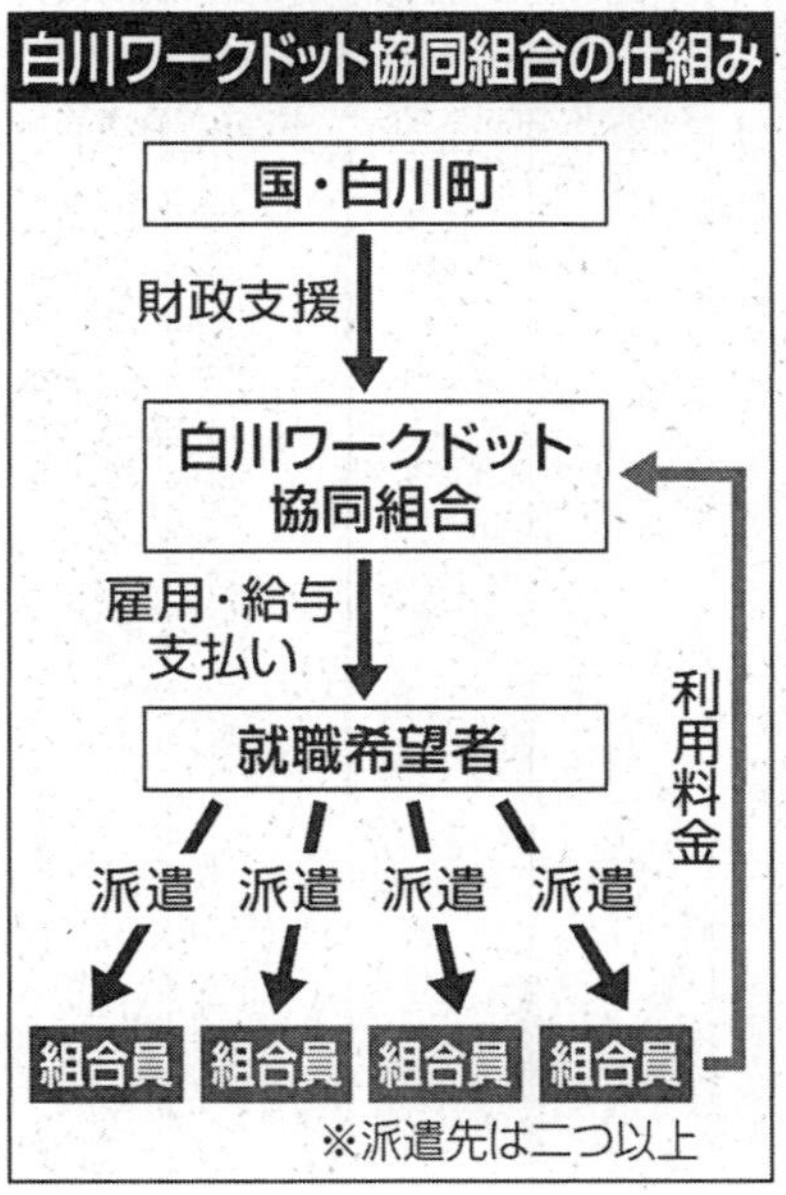

事業は、2020年6月に施行された「特定地域づくり事業推進法」に基づくもので、協同組合の設立は県内第1号。組合員でもある町内の3社1団体が発起人となって立ち上げ、派遣先からの利用料金と、国や町からの財政支援を収入源として運営する。

派遣先となる組合員は、東濃ひのき製品流通協同組合（製材業）、そらいろ農園（農業）、美濃白川クオーレの里（宿泊業）、大脇建設（建設業）で、それぞれ繁忙期や人員が必要な曜日が異なる。就職希望者は、組合の正規職員として雇用され、二つ以上の企業・団体に派遣される。給与は組合が支払う。

2020年国勢調査によると、町の人口は7500人を切り、5年間で千人近く減っており、働き手となる若者の流出も深刻。組合の事務局職員で、派遣をコーディネートする新井みなみさん（39）＝同町黒川＝は「企業は繁忙期になれば人を求める。一方で、町内で働きたいという人は通年雇用を求め、希望する職種もなかなか見つからないことから『町には仕事がない』と感じてしまう」と、人手不足なのに就職が思うようにいかない現状を語る。組合の事業はこの課題を解消し、新しい働き方の構築を目指している。

人手不足と就労難解消 目指す

今月15日、就職決定第1号が出た。昨年に結婚し、土岐市から転入した纐纈梨乃さん（26）＝同町赤河＝は、そらいろ農園とクオーレの里で働く。平日の4日間は農園で働き、クオーレの里では、大勢の客が来る日曜日に勤務する。纐纈さんは「パートを掛け持ちしようかと思っていたが、正規職員として採用してもらえる方がいい。希望も聞いてもらえた」と喜ぶ。

新井さんは「いずれは企業に直接雇用してもらうのが理想。派遣は、将来へのステップにしてほしい」と話す。組合は今後、多くの人の希望に応えられるよう、派遣先企業を増やしていく。

地域おこし協力隊 テコ入れ

受け入れ実績「ゼロ」が17%

総務省が新会議 経験者ら募集法助言

総務省は、都会から過疎地などに移住して活性化に取り組む「地域おこし協力隊」の希望者がいない自治体の支援に向けて、新たな会議を今夏をめどに発足させる。協力隊経験者の助言も受けながら、受け入れ態勢の整備を後押ししたい考えだ。

地域おこし協力隊員数

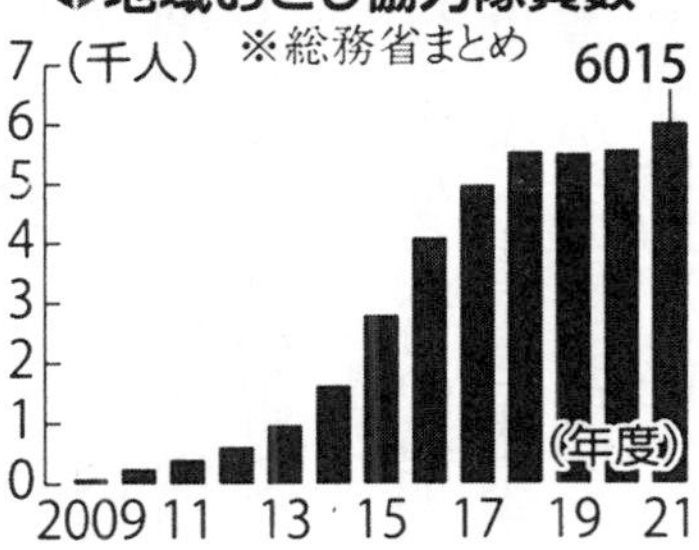

地域おこし協力隊　人口減少地域などに一定期間移り住み、観光振興や農林水産業などに従事する。同時に自治体の魅力発信や、地域ブランドの開発などにも協力している。任期は1～3年。国は自治体に1人あたり上限480万円の活動費などを支援し、隊員の定住・定着を目的としている。

2009年度の開始当初の隊員は89人だったが、隊員数や受け入れ自治体は年々増え、21年度には、全国1085自治体で6015人が活動した。

ただ、「人気の上位2割の自治体に応募の5割が集中しているのが現状」（同省地域自立応援課）という。協力隊の派遣対象となる1457自治体のうち、約17%にあたる246自治体では受け入れ実績が一度もなかった。

このため、総務省は、自治体ごとに新設する会議で、具体的なPRや求人方法を議論し、今後の募集に役立てることを目指す。会議には、同省や自治体、地域活性化に詳しい学識経験者のほか、協力隊経験者も参加し、自らの体験に基づいた提案を行ってもらうことを予定する。まずはモデル事業として、10自治体程度で実施する方針だ。

政府は、24年度までに隊員数を8000人に増やす目標を掲げており、今回の取り組みにはテコ入れを図る狙いがある。

読売22・4・19

長崎22・4・16

奨学金代理返還の企業 支援

佐世保市

佐世保市は本年度、社員の奨学金を代理で返還する企業の支援を始める。企業の〝応援〟を通じて、若者の移住、定着を促す県内初の取り組み。既に市が取り組んでいる個人への奨学金返還支援と両輪でサポートしていく。

佐世保市の支援制度のイメージ

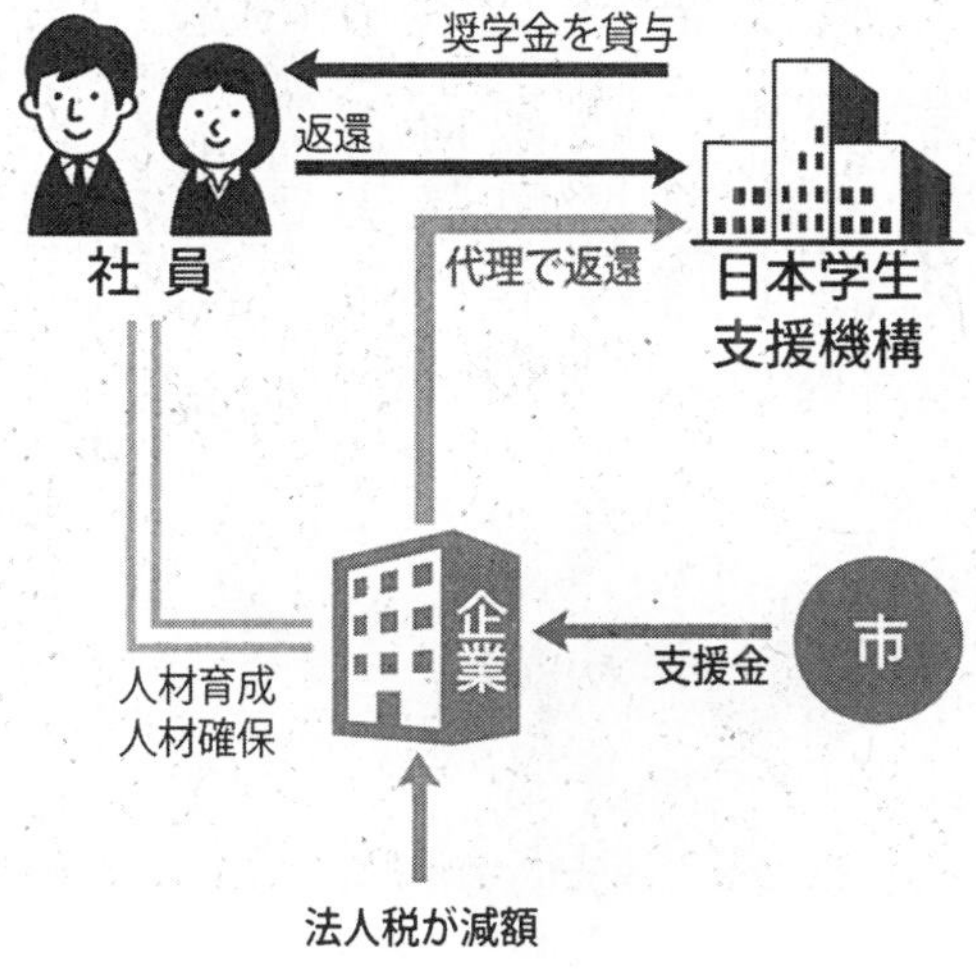

代理返還は、奨学金を貸与する日本学生支援機構が昨年度導入した新制度で、勤務先の企業が社員に代わって直接機構に返還することが可能になった。肩代わりした企業は法人税が減額される。

ただ、市によると3月時点で代理返還制度を活用する市内企業はない。企業が制度を活用しやすい環境をつくろうと市は企業に返還額の3分の1を支援金として補助する。若者にとって負担が大きい奨学金を企業が返還することを呼び水に、市は若い人の地元就職とUIJターンを促す。企業は人材を確保しやすくなり、定着も期待できるという。

県内初 3分の1補助、地元就職促す

市の支援の背景には、若者の流出が続く現状がある。総務省の2021年の人口移動報告を見ると市内では就職する年齢に当たる20～24歳で409人の転出超過となり、他の年代に比べて多い。25～29歳でも149人の転出超過となっている。市の窓口となっている西九州させぼ移住サポートプラザは「支援を使って都市部との所得差を埋めて移住に結び付けていきたい」としている。

支援要件は、市内に事業所があり、奨学金返還者が市内に住み、正規雇用者であることなど。

移住準備で宿泊に補助

定住率増へ下野市事業

【下野】市はこのほど、市内への移住希望者が仕事探しなどで市内に宿泊する費用の一部を補助する事業を始めた。人口が増える中、さらに定住率を上げることを狙う。

補助対象は県外居住者。移住に関する市との相談と、住居や仕事を探す活動などを行い、市内の宿泊施設に宿泊することが条件。転勤や結婚、就学などによる転入者は対象外。1人1泊の宿泊費の半分（上限3千円、最大2泊分）を補助する。同居家族も対象となる。単年度1回利用できる。詳細は市ホームページで案内している。

市の人口は2020年国勢調査で15年の前回調査より76人増加。増加率では宇都宮市を上回り、県内25市町でトップとなっている。

市はさらなる人口の増加のため、この宿泊補助制度と、東京圏（東京都、神奈川・埼玉・千葉県）からの移住者に1年間、最大60万円の家賃を補助する既存の「テレワーク移住促進補助金」を組み合わせてPRしていく。

下野（栃木）21・4・16

福井22・4・29

動画で福井発信 担い手に

市が養成講座、全4回

13日まで参加募る

福井市は6月から、福井を発信する動画投稿者の養成講座を開く。県内の投稿者や映像クリエーターを講師に招き、基礎から応用まで学べる全4回の講座。北陸新幹線開業に向けたPRの担い手育成につなげる。5月13日まで参加者を5組程度を募る。

福井の魅力を発信するユーチューバー「ふくチューバー」の養成を目指す新事業。映像制作事業を手掛け、ユーチューバーとしても活動する敦賀市の3人グループ「あいとら」を講師に招く。6月11日の第1回を皮切りに、7、9、11月に講座やフィールドワークを行う。

講座の間には受講生が制作した動画の講評会をオンラインで開き、技術を高めてもらう。来年2月には成果発表と位置付ける上映会を開く予定。

講座は主に福井市田原1丁目の田原町ミューズで開く。対象は高校生を除く18歳以上の個人や5人程度までのグループで、原則全ての回に参加してもらうことが条件。受講無料。市ホームページの専用フォームから申し込む。

講座を通して制作した動画は、事業に伴い開設する市の専用チャンネルで公開する。事業を企画した市広報課の森田大貴さんは「初心者も大歓迎。市民目線の斬新なアイデアを形にしてほしい」と参加を呼び掛けている。

「ふくチューバー」養成講座への参加を呼び掛ける市職員＝22日、福井市中央公園

京都22・4・26

府がLINE運用スタート

ど情報配信

京都府はLINE（ライン）の公式アカウントを開設し、運用を始めた。登録すると、新型コロナウイルスや防災、福祉など選択した項目の情報が配信されるほか、HPにもアクセス可能。

登録者が選べる項目は子育てや環境、健康などを含めて約20ある。居住地や年代の設定もあり、住む地域や年齢に応じたイベント情報なども届くようになるという。新型コロナに関するメニューでは、感染状況やワクチン接種の情報サイトに移動できる。

公式アカウントは今月18日に開設し、登録者に当たる「友だち」は約1週間後の25日現在で約2千人。

埼玉22・4・27

広報誌の内容 手話動画配信

三郷市

聴覚障害者にも市広報の内容を広く知ってもらおうと、三郷市は「広報みさと」の4月号から手話による動画配信を始めた。市は市こころつながる手話言語条例を2017年から施行。聴覚障害者を対象とした広報誌の手話動画配信の事例は少ないという。

動画配信は、毎月の広報から話題を三つ選び、市聴覚障害者協会所属の聴覚障害者による動画を作成し、ホームページに掲載する。4月号では、新型コロナワクチン接種、市制施行50周年、非課税世帯等臨時特別給付金について配信している。障がい福祉課ページ内の「『広報みさと』手話動画を配信しています」から閲覧できる。（舘池美央子）

配信されている手話動画

中国（広島）22・4・29

イベント情報をＡＩ使って集約

三原市がサイト開設

三原市は、インターネット上にある市内でのイベント情報を人工知能（ＡＩ）を使って集約するサイト「みはらイベントバコ」を開設した。官民を問わず幅広い情報を発信し、まちづくりの機運を盛り上げて交流人口の増加を目指す。

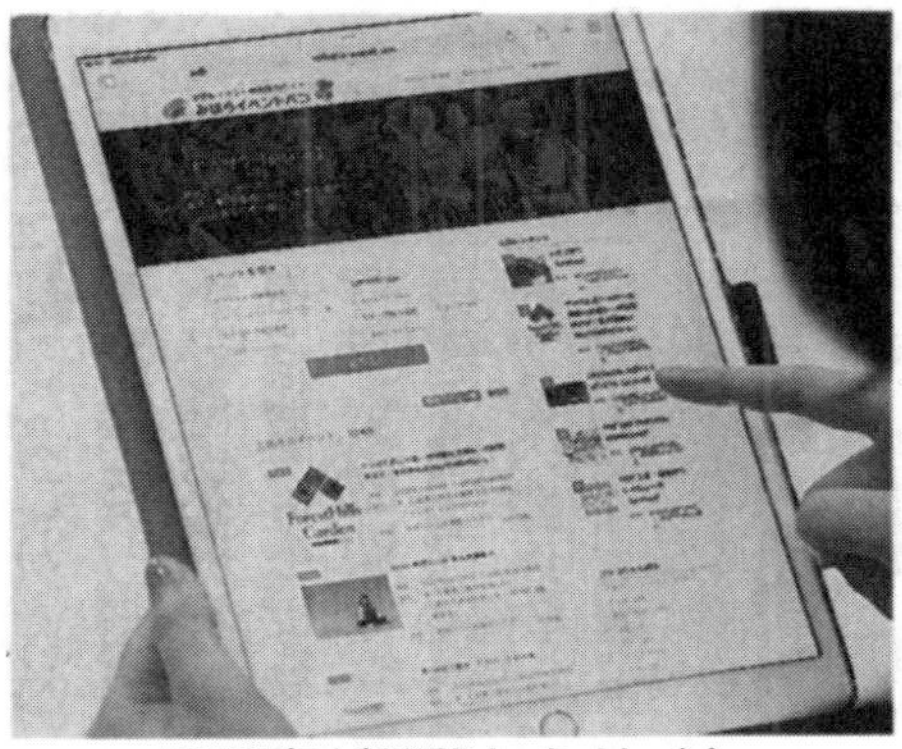

三原市が開設したサイト「みはらイベントバコ」

行政や企業、個人がネット上に載せた市内のイベント情報を、ＡＩが自動収集する。トップページには、掲載中のイベント件数、人気ランキングなどを表示。キーワードや日程、スポーツや音楽などのカテゴリー別、合併前の旧市町別で検索できる。スマートフォンでの表示にも対応する。

毎週金曜に更新。集まった情報は、市職員たちが事前に内容をチェックする。店舗の販促や選挙活動の関連、宗教色が強いものなどは掲載を見送る。

市によると、同様のサイトの運営は県内の市町では東広島市に次いで2番目になる。初年度の事業費は約140万円。広報戦略課は「サイトを通じて集客に協力し、イベントを開く人たちの後押しもしたい」とする。アドレスはhttps://mihara-event.site/

（川崎崇史）

コロナや防災、福祉な

画面から府のホームページ（ＨＰ）にも簡単にアクセスできる。

幅広いユーザーがいるＳＮＳ（交流サイト）を活用した情報発信の一環。

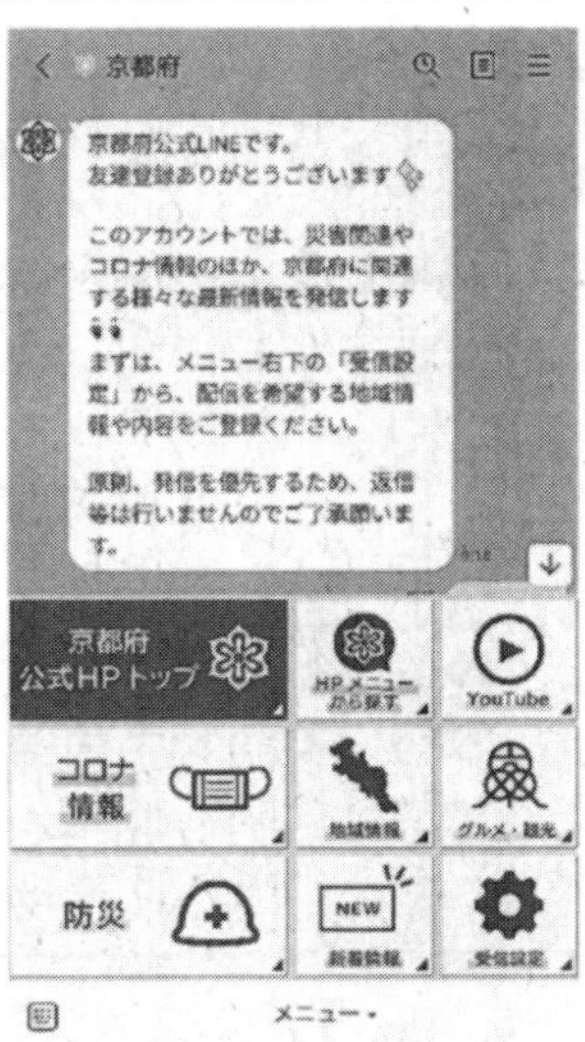

京都府がＬＩＮＥに開設した公式アカウントの画面

京都府公式ラインＱＲコード

友だち登録は、ラインのＩＤ検索で「@kyoto-prefecture」を検索するか、府のホームページにあるＱＲコードを読み取る。

（只松亮太郎）

日本海（島根）22・4・17

県内初の〝電子版広報誌〟

南部町、希望者に配信

実証実験　区長らの負担減へ

南部町が配布している広報物の一部

南部町は本年度、町民に配布している広報物のペーパーレス化に鳥取県内で初めて取り組む。区長や役場の負担軽減を図るだけでなく、デジタル化に関する町民のニーズを把握し、デジタル端末を使いこなす能力の向上を期待する。

現在、町の広報誌や県政だよりなど紙の広報物は月2回、町が準備し、各区長が区内の全戸に配布している。しかし、約３４００世帯分の準備や配布は相当な労力を要している。

そこで、4月末から広報物をデジタル化し、配布量を削減する試みを始める。まずは要望があった東西町地区の約４００世帯４２０人を対象に6月末まで実証実験を実施する。

希望する町民は無料通信アプリＬＩＮＥ（ライン）で町の公式アカウントを友だち追加すると、定期的に町から広報物の内容が自動に届く仕組み。紙媒体の需要も見越し、当初はデジタルと並行して運用する。

6月末に町民から紙媒体が必要かどうか意見を募り、問題点などを検証。7月から紙の広報物を希望しない世帯への配布を停止するほか、他地区への拡充も進めたい考えだ。

同町デジタル推進課の畑岡宏隆課長補佐は「区長や役場の負担が減るほか、町民にも手軽に広報誌を読んでもらうことができる画期的な事業。まずは東西町地区で検証し、徐々に町全体に広げたい」と話した。

（盛山友歌）

朝日22・4・26

港区の情報 母語でお届け

ホームページ 108の言語で表示

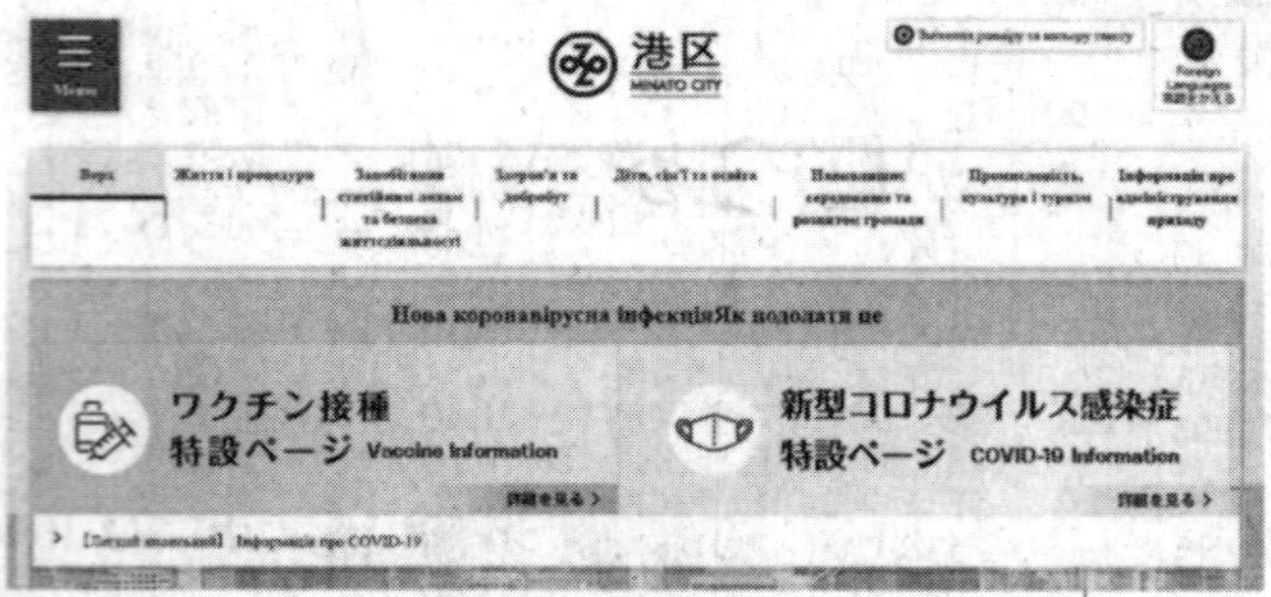

ウクライナ語で表示された港区のホームページ

港区は区のホームページを108の言語で表示できるサービスを始めた。区内には多くの外国人が暮らしており、母語で行政情報に触れてもらうことで、行政や地域の活性化につなげるのも狙い。同様のシステムは23区では江戸川、新宿、葛飾でも導入されているという。

表示できるのはイタリア語やドイツ語、アラビア語、スワヒリ語などに加え、ロシアによる侵攻が続くウクライナ語もある。従来は日本語、英語、中国語、韓国語の４言語だったが、大幅に拡充した。最新のＡＩ翻訳システムの導入で実現したという。

港区には国内最多の86の大使館があり、約130カ国・約１万７千人の外国人が暮らす。区の情報をもっと知りたいという声が外国人居住者から寄せられており、対応を決めた。

区の担当者は「区の情報に触れてもらい、意見交換やニーズの把握に生かしたい。区民との交流促進にもつなげていければ」と話している。　（川見能人）

茨城22・4・26

広報紙、多言語に対応

龍ケ崎市 アプリ用いて読み上げも

多言語化された電子版ごみの出し方マニュアル。一部分が英語に翻訳され大きく表示されている＝龍ケ崎市役所

外国人に向けた情報発信を充実させようと、龍ケ崎市は多言語に対応した電子版広報紙の配信を始めた。無料の電子書籍アプリ内で自動翻訳される仕組み。スマートフォンやタブレットで閲覧できる。読み上げと文字拡大の機能も備えており、市は高齢者や障害のある人にも情報を届けやすくなると期待する。

アプリは、フォント開発販売のモリサワ（大阪）が提供する「カタログポケット」。多言語化された市広報紙「りゅうほー」と、ごみの出し方マニュアルをアプリ内で配信する。アプリをダウンロードしないで使えるブラウザー版もある。

日本語のほか、英語▽中国語（簡体字・繁体字）▽韓国語▽タイ語▽ポルトガル語▽スペイン語▽インドネシア語▽ベトナム語―にそれぞれ対応する。ページ全体を他の言語に変えたり、一部分の翻訳を大きく表示したりできるという。

市では「新型コロナウイルスワクチンや災害時の問い合わせ先といった生活に必要なことを多くの人にお伝えしたい」としている。　（鈴木剛史）

中国（広島）22・4・18

民生委員にタブレット

福山市が端末貸し出しへ

会合をオンラインに

福山市は本年度、民生委員にタブレット端末を貸し出す事業を始める。事務的な会合をオンラインに切り替えるなど活動に役立て、負担軽減につなげてもらうのが狙い。１００台で試行し、効果を検証する。

民生委員は、１人暮らしの高齢者の安否確認や相談業務などを受け持ち、市内では８７５人（３月１日時点）が活動する。うち１００人に端末を貸し出す。本年度一般会計当初予算に関連経費約８５０万円を計上した。

市の担当者を含めた定期的な会合をオンライン化して移動の手間を省くほか、現場での活動にも役立ててもらう方向で検討している。市側の配布書類のペーパーレス化も進める。

ただ、端末に不慣れな人も多く、現場からは活動になじまないのではないかとの声も聞かれる。市によると、民生委員の平均年齢は68・4歳。高齢化が進み、地区によっては欠員が生じている。相談内容が複雑、多様化するなど負担は増している。

市の森島弘法地域福祉担当課長は「現場で積極的に使ってもらえるよう機能面を含め準備する。最終的には全員に広げ、負担が大きいイメージを払拭したい」とする。　（門戸隆彦）

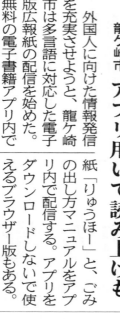

「デザイン思考」でDX

横浜市、使いやすさ追求

行政手続き・防災・施設予約…

多様な視点 民間からも

News 潜望展望

行政のデジタルトランスフォーメーション（DX）に「デザイン思考」を――。横浜市は、行政のDXに本格的に乗り出している。今年度からデジタル統括本部の人数を4倍の100人超に増員し、新たに「デジタル・デザイン室」を設置した。高齢者など誰にとっても使いやすいことを追求するデザイン思考を取り入れ、企業を巻き込んで地域の課題解決を目指す。

2022年1月、同市が公表した中長期的な「横浜DX戦略」（仮称）の骨子案には「デジタル・デザイン」の文言が掲げられた。その意図は「一部のデジタルに強い人のみに恩恵があるのではなく、地域や利用者が使いやすい最適なものを『デザイン』する」（同市）ことという。

その一例が、昨年秋から進める消防団の活動報告をデジタル化する実証実験だ。勤務実績などこれまで紙に記入していた煩雑な報告事務をスマートフォンアプリを通じてできるようにする試みで、手を挙げた民間企業2社とアプリの開発に取り組んでいる。

同市は「既存のアプリを単に導入して終わり、では使われない可能性もある。時間をかけて丁寧に設計する」という方針で、地域の6消防団と半年かけて現場で試行錯誤を繰り返してきた。

現在、同市には20の消防団、7800人超の消防団員がいるが、担い手が減少傾向だという。高齢化もあり「そもそもまず『インストールができない』という声が一番多かった」（同市）。アンケートや座談会を重ね、「はい」「いいえ」の選択方式でできるだけ操作手順を減らすなど扱いやすさを重視し、機能を絞りこんで開発を進めている。

開発する企業の目線も取り入れる。「横浜市でしか使えない専用アプリではコストが高くつく」と他都市でも使えるような仕様を模索する。「とかく行政では最初に完璧な計画を立てようとしがちだが、トライアンドエラーを大切にしたい」（同市）。来年初頭にもまず一部の消防団で実際に導入する予定だ。

市のデザイン思考の念頭にあるのは、横浜市臨海部のみなとみらい21地区などの都市計画だ。1971年、同市は「都市デザイン担当」を全国に先駆けて設置し、歴史的建造物や自然などを生かしつつ横浜らしい景観形成など、地域に適した都市の青写真を描き実現させた。

同市デジタル統括本部長の下田康晴氏は「今度はデジタル化でも『デザイン思考』を取り入れながら進める」と力を込める。今年度から新設したデジタル・デザイン室には20人超を配置。今後、多様な視点を取り入れるため常勤の民間人も公募する予定という。市のデジタル化を進める事業のサポート役として広い視点から最適なサービスの導入・設計をする役割を担うという。

4月からは産学官などの共創プラットフォーム「YOKOHAMA Hack!（ヨコハマ・ハック）」も始まった。登録した100以上の企業・大学・団体に、市が抱える行政課題や地域の課題を投げかけ、デジタル技術による解決を目指している。

22年度の当初予算ではマイナンバー制度への対応を除き約32億円をデジタル関連予算として計上した。よく行われる行政手続きのうち、市民利用施設の予約や図書館の貸し出し予約などまず上位10位までを対象にスマホで手続きできるようにする。

同市西区と港南区では、未来の区役所をイメージした「デジタル区役所」のモデル区に設定し、デジタル統括本部や民間のコンサルタントを入れたプロジェクトチームとともに区役所のデジタル化を推し進める予定だ。今年度から4年間でDX推進体制を確立するとともに、成功事例を生み出して市全体にDXの取り組みを押し広げていく。

（二村俊太郎）

22年度予算の主なデジタル関連事業	
行政手続きのオンライン化	5.2億円
庁内のデジタル環境整備や人工知能(AI)などの導入	8.9億円
区役所のデジタル化	6億円
防災・子育て・教育での先進技術活用	1.5億円
町内会など地域の担い手支援	0.3億円
民間企業などとのプラットフォーム構築	0.3億円

横浜市はDXの一環として消防団の活動報告のデジタル化に取り組む

日経22・4・20

介護サービス利用

高齢者と障害者 1人2万円給付

柴田町、妊婦は3万円

柴田町は25日、新型コロナウイルスの重症化リスクが高い介護サービスを受ける高齢者や障害者、妊婦を支援するため、臨時給付金の支給を決めた。高齢者と障害者は1人につき2万円、妊婦には3万円をそれぞれ配分する。

同日の町議会4月臨時会で、事業費などを計上した5億8631万円の一般会計補正予算案が原案通り可決された。事業費は9491万円。

町によると、介護サービスを受ける高齢者や障害者は在宅・施設利用を含め1200人、妊婦は290人いる。新型コロナで、家計や経営に打撃を受ける緊急小口資金利用者にも1人5万円を支給する。

河北（宮城）22・4・26

お下がり制服 町内で融通

南三陸町社会福祉協議会は、家庭で必要がなくなった制服などを町内で融通し合う「こころちゃんのおさがりボックス」事業を始めた。子どもの成長に合わせ、何度も買い替える家計の負担を軽くし、状態が良いまま捨てられる制服を減らして環境にも配慮する。

南三陸社協 家計の負担軽減

町社協の支え合い拠点「結の里」で、町内の7小中学校と志津川高の使わなくなった制服や体操着、通学かばんを預かり、地域のボランティアが補修する。使いたい場合は結の里に足を運び、サイズが合えば持ち帰ることができる。

3月末に利用が始まり、今月8日までに32点が集まった。町社協は、提供する際は洗濯かクリーニングを済ませるよう呼びかける。

志津川中2年の娘と8日に訪れた母親は、入学から1年間で小さくなった娘のセーラー服を持参し、別の生徒のお下がりと交換した。「高いお金を出して新しく買っても、子どもはすぐに大きくなるし、制服には別の使い道がない。とてもありがたい」と喜んだ。

「人と人、心と心つなぐ」

「こころちゃん」は町社協のマスコットキャラクター。地域福祉係長の高橋吏佳さん(49)は「ニーズに背中を押された。お互いの顔が見えなくても、人と人、心と心をつなぐ事業にしたい」と話した。

連絡先は結の里0226(29)6452。

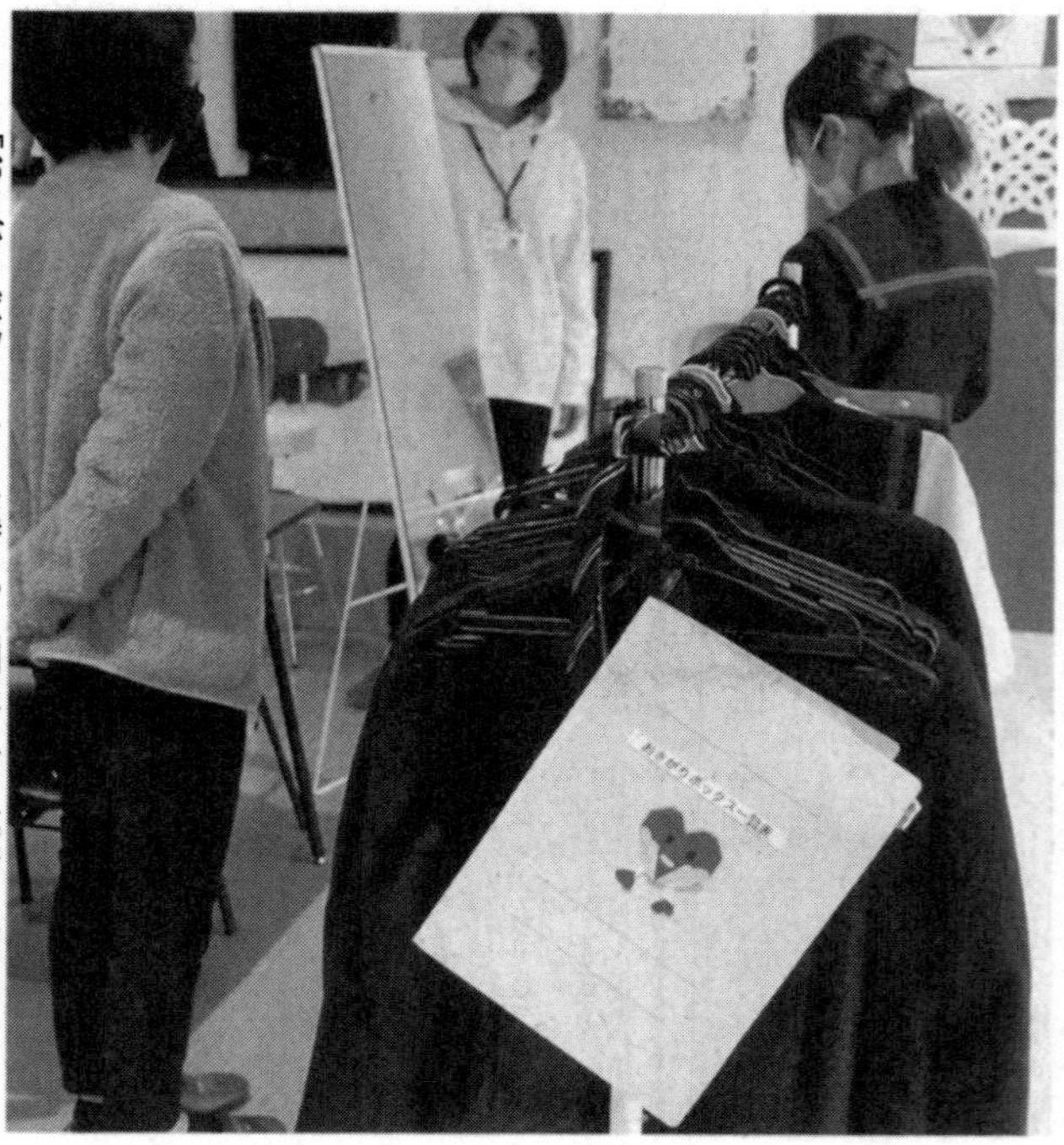

「おさがりボックス」に集まった制服＝南三陸町の結の里

河北(宮城)22・4・18

失語症者に支援者派遣

市 意思疎通を手助け

甲府市は本年度、脳梗塞の後遺症などで生じる言葉の障害「失語症」がある人のコミュニケーションを助ける意思疎通支援者の派遣事業を始める。

市障がい福祉課によると、失語症は大脳の言語分野をつかさどる機能に障害が出て発症し、聞いて理解することができなかったり、言いたいことが出てこなかったりする状態。米国の俳優ブルース・ウィリスさんが公表したことでも社会の認知が広まった。

意思疎通支援者は、県の委託を受けた県言語聴覚士会が養成。失語症者に同行して、通院や冠婚葬祭など生活で不可欠な外出時の意思疎通を手助けする。事業では、失語症者側が事前に市に利用を申請。必要な時に県言語聴覚士会に予約することで支援者の派遣を受けられる。

支援者の派遣に伴う失語症者側の負担はない。本年度に入って、同市には既に数人の事業の利用希望者がいるという。同課は「失語症を理由に家にこもってしまうケースもある。事業を利用して社会参加につなげてほしい」としている。

問い合わせは同課、電話055(237)5240。

山梨22・4・22

「生理の貧困」課題山積

東京22・4・18

若者・低所得者層が直面
「恥」と見なす風潮 壁に

核心

新型コロナ禍が長期化する中、経済的な理由などから生理用品を入手できない女性が増加し、社会問題になっている「生理の貧困」。厚生労働省が初めて実施した全国規模の調査で、若い世代や収入が低い層ほど困難に直面している実態が明らかになった。国や自治体は生理用品の無償提供をはじめとする直接的な支援策を講じているが、女性を取り巻く労働環境や、生理を「恥」と見なす誤った風潮も絡み、問題解決に向けた課題は多い。（柚木まり）

国が初の全国調査

■10人に1人

厚労省の調査は二月にインターネットで実施し、十八～四十九歳の三千人から回答を得た。生理用品の購入や入手に苦労したことが「ある」との答えは8・1%。浮かび上がったのは、年代別で十八、十九歳が12・9%、二十代が12・7%、世帯収入別では年収百万円未満が16・8%、無収入が13・2%と割合が高かったことだ。これらの層では十人に一人以上が「生理の貧困」に陥っていることになる。

この結果について、女性政策に詳しい東京工業大の治部れんげ准教授は「生理用品を買えない人がこれほどいるということは、困窮する若年女性への対策が不十分ということではないか」と強調する。

全体	8.1%
年代別	（年齢が若いほど割合が高い傾向）
18・19歳	12.9%
20代	12.7%
30代	8.6%
40代	4.1%
収入別	（生理用品の購入に収入が影響）
無収入	13.2%
100万円未満	16.8%
100万～300万円未満	11.6%
300万～500万円未満	5.6%
500万～700万円未満	3.9%
700万～1000万円未満	6.6%
1000万円以上	8.2%
不明	6.5%

生理用品の購入・入手に苦労したことが「ある」と回答した人の割合 ※厚生労働省の調査を基に作成

経済的な困窮の背景には、女性の就労を巡る課題がある。女性の平均賃金は男性の75%で、男女間の格差は先進七カ国（G7）で最大。岸田文雄首相は国際女性デーの先月八日、「わが国の女性が直面する課題と構造的な問題への対応の鍵は『女性の経済的自立』だ」と述べたが、女性の比率が高い非正規雇用者がコロナ禍で厳しい状況に置かれる中で、具体的な取り組みは乏しい。

生理用品の入手に苦労した人の割合

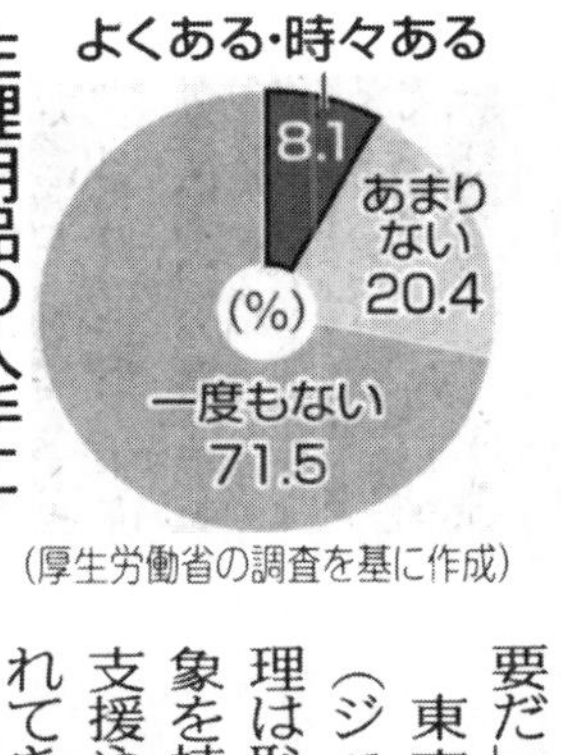

（厚生労働省の調査を基に作成）

■羞恥心

今回の調査で生理用品を入手できなかった理由を尋ねたところ、収入面以外で「自分で買うのが恥ずかしい」（8・2%）や「保護者や同居者に頼むことが恥ずかしい」（3・3%）との回答もあった。厚労省の担当者は「生理への羞恥心が生理用品の入手を遠ざけている面があり、啓発も必要だ」と話す。

東京大の田中東子教授（ジェンダー研究）は「生理は恥ずべきものという印象を植え付けられ、適切な支援や公での議論が阻害されてきた。女性全体の問題にもかかわらず、個人の体の問題として自己責任化されている」と指摘する。

内閣府によると、全国の地方自治体のうち、約三分の一の約六百自治体が生理用品の無償配布などの支援を行っている。だが、厚労省の今回の調査では、入手に苦労したことがある人の中で、制度があるか「分からない」という回答がほぼ半数を占め、周知に関する課題が浮き彫りになった。

学校のトイレに生理用品を無償配置する活動などに取り組む若者グループ「#みんなの生理」共同代表の谷口歩実さん（二四）は、生理の貧困を招く要因の多様性を踏まえ、包括的な支援が必要だと主張。「全国規模の調査実施は前進だが、結果をどう政策につなげるのか、国は明確に示してほしい」と要望する。

介護福祉士を目指す人

市内入学で5万円補助

長岡市 人材確保狙い新制度

長岡市は、介護福祉士を目指す人が市内の専門学校など養成施設に入る際の費用を、1人当たり5万円支援する制度を新設した。介護の現場で人手不足感が続く中、市内での人材確保を目指す。

介護福祉士になるには、3年以上の実務経験と研修を修了するか、専門学校など指定された養成施設を卒業する必要がある。

市はこれまで、施設などに勤務して研修を受ける人に対し、受講料を補助してきた。加えて養成施設ルートも支援することで、人材確保策を手厚くしたい考えだ。

介護や福祉を学ぶ市内の4専門学校に入学、転入、編入した全員が対象。居住地や国籍は問わない。入学金や授業料などの一部を支援する。申し込みは各専門学校で行う。

市によると2021年1月現在、市内の介護福祉士は約5700人。介護関連の約390事業所は定数を満たしているが、複数の運営法人が人手不足感を訴えているという。

市福祉総務課では「イメージアップに向けた取り組みと合わせ、介護職を目指す人を後押しする」としている。

新潟22・4・21

不安な若い女性 支えます

豊島区が呼び掛け動画

「家族の世話に追われている」「居場所がない」などと、不安や生きづらさを抱える若い女性が支援につながるよう、ためらわず「相談していいんだよ」と伝えるメッセージ動画四本を豊島区が作った。スマートフォンで手軽に見られるよう内容や長さを工夫した。

区では新型コロナ禍で顕在化した十～二十代の女性の貧困などの問題に対応するため昨年一月、さまざまな部署で働く女性職員らのチーム「すずらんスマイルプロジェクト」を立ち上げた。専用ホームページで対応窓口などの情報を発信し、出張相談などもして早期に支援につながるよう取り組んでいる。

動画は家族の世話や交際相手からの束縛、望まぬ妊娠など、具体的なエピソードを挙げ「うまく言葉にならなくても大丈夫。あなたの味方になりたい」などと当事者に寄り添う内容。一本約一分。プロジェクトホームページで視聴できる。（長竹祐子）

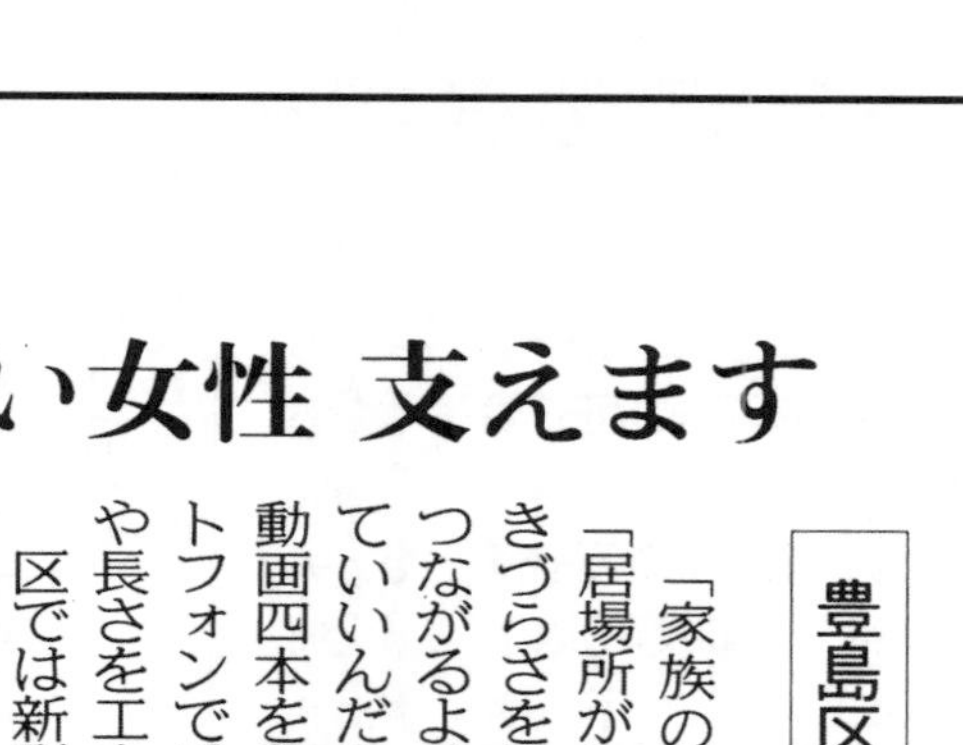

公開された動画「自分の居場所がどこにもない」の一場面＝豊島区提供

東京22・4・18

本社調査

幼保施設4割 浸水危険

避難計画 2割未作成

津波や大雨などで浸水の危険がある浸水想定区域に立地する保育所や幼稚園などが、全国の主要都市で約4割に上ることが読売新聞

の恐れがある場所を法律に基づいて定める。被害軽減につなげるのが狙いだ。こうした浸水想定区域にある保育施設は少なくとも91

同計画未作成の理由について、自治体の担当者らは「施設側の人手不足のほか、義務化されているとの認識が薄い」などと指摘する。

「新型コロナウイルスの影響で行政の立ち入り調査が十分できず、指導が難しい」との声もあった。

また、避難訓練の実施状況を各自治体が把握しているか尋ねたところ、公立の保育所と幼稚園に関しては94%以上の自治体が把握していたが、私立幼稚園については57%が把握していなかった。

信毎（長野）22・4・20

調査・指導 厚労省が通知

親の交際相手などが加害者になる児童虐待事案が多いのを踏まえ、厚生労働省は19日までに、児童虐待防止法上の「保護者」に該当する例を示し、虐待が疑われる場合は児童福祉法に基づく調査や指導を徹底するよう求める通知を全国の自治体に出した。

通知は18日付。児童虐待防止法は保護者を親権者など児童を監護する者だと定義しているが、例示では、児童の養育に一定の関与があり①ほとんど同居といえる実態がある②週に数日間や、日中・夜間など定期的に児童のいる家庭に滞在している③週に数日間や、日

のアンケート調査でわかった。同区域にある施設の2割弱は、法律で義務づけられている避難確保計画を作成しておらず、防災面の課題が浮き彫りになった。

調査は2～3月、政令市、県庁所在地、中核市、東京23区の計109自治体を対象に行い、全自治体が回答した。施設数は1月現在、認可外を含む保育施設は計2万1470、公立と私立の幼稚園は計3231、認定こども園は3579だった。一部の民間施設数を把握していない自治体もあった。

都道府県などは、津波、川の氾濫、高潮などで浸水

51（42・6%）、幼稚園は1177（36・4%）、こども園は1587（44・3%）あった。東京23区東部は、大半の施設が同区域に立地していた。

同区域の施設のうち、避難確保計画を作成した施設は計9814（82・4%）で、2割弱が未作成だった。中でも認可外保育施設の作成率は69%、私立幼稚園は72%にとどまった。

同計画は2017年に改正された水防法などで、同区域などに立地する児童福祉施設、学校などに作成が義務づけられた。避難訓練の計画や備蓄品などを市町村に報告する。

防災意識 行政の指導重要

水害や地震など災害のリスクは常にある。最たる災害弱者である乳幼児の命を守るためには、立地場所の危険度を考えた事前の準備や避難訓練が欠かせない。

弱者が利用する施設に対しては、避難確保計画の作成が義務となっている。それなのに、乳幼児が通う施設の2割弱が未作成という現状は、防災体制の面で心もとない。施設側の意識改革と共に、作成に向けた行政の指導強化も重要だ。

保育所は児童福祉法などに基づいて、毎月1回以上の避難訓練が義務化されている。一方、幼稚園の訓練は「年2回以上」と定められ、防災意識に差が生じているとの意見もある。国士舘大の月ヶ瀬恭子准教授（救急救命学）は「防災意識の高さは、保育の質の向上や事故防止にもつながり、極めて重要。子供の安全面で施設の差があってはならず、避難確保計画の作成も不可欠だ」と指摘する。

（生活部次長　石塚人生）

読売22・4・18

議場結婚式を本格化

大泉町　花、風船で飾り祝う

経済的理由などで結婚式を挙げられないカップルを対象に、大泉町は26日、町役場の議場を式場として無償提供する「議場結婚式」事業に本格的に取り組むと発表した。通年で希望者を募り、〝晴れの場〟としての活用を進める。

本年度の実施期間を①7月1日～8月31日②10月3日～11月30日③1月4日～2月28日―に区分。議場結婚式は30分間とし、平日の閉庁後から午後8時までに行う。5月10日から来年1月31日まで募集する。婚姻届提出時に、町の住民基本台帳にカップルのいずれかが記載されていることなどを条件とする。

会場に花や風船を飾り付けたり、写真撮影したりする費用は町が負担する。

町は1月、県内で初めて議場結婚式を開催した。女性同士のカップルが、町のパートナーシップ制度を利用して宣誓。村山俊明町長が立ち会い、家族や友人ら30人が参列した。

26日の定例会見で、村山町長は「（初回が）極めて評判が良かった。今後も多くの人に議場結婚式を挙げてもらいたい」と述べた。

（大楽和範）

上毛（群馬）22・4・27

虐待 親の交際相手でも

中・夜間など定期的に児童を預かっている―とのケースも保護者に当たるとした。

これらに該当しない場合でも、虐待疑いなどで実の親の指導をする際には、合わせて交際相手についても必要な対応をするよう求めた。

交際相手は実の親と違って家庭への関与の度合いが確認しづらく、適切な措置が講じられないまま重大な虐待につながる事案が問題となっている。大阪府摂津市の集合住宅で昨年8月、3歳男児が熱湯をかけられ死亡した事件では、有識者の検証部会が報告書で、虐待をしていた交際相手への指導がほとんどされなかったとして「より踏み込んだ対応をすべきだった」と指摘している。

ホームレスの平均年齢63歳

過去最高、長期化も

厚生労働省が昨年11月に実施したホームレスの全国実態調査で、平均年齢が調査を始めた2003年以来、過去最高の63・6歳となったことが26日、分かった。前回16年調査では61・5歳だった。路上生活が10年以上続いている人が4割を占め、高齢化と長期化が浮き彫りとなった。

実態調査はほぼ5年に1度実施しており、新型コロナウイルス禍では初めて。東京23区や政令指定都市などで1169人に面接した。

年代別では70歳以上が前回調査の19・7%から34・4%に増加。60歳以上が7割を占めた。新型コロナの影響で路上生活を始めた人が6・3%いた。

厚労省は26日、今年1月に実施したホームレスの人数などを把握する全国調査の結果も発表。3448人で03年の調査開始以来、最も少なかった。都道府県別では大阪が最多の966人。次いで東京770人、神奈川536人だった。東京23区と政令市で8割弱を占めた。埼玉は130人だった。市区町村の担当者が公園や駅などを巡回して、目で見て確認した人数を厚労省に報告した。

埼玉22・4・27

私立保育士らに慰労金

呉市補正予算案 感染対策苦心に配慮

呉市は18日、新型コロナウイルス対策をしながら業務に従事する私立保育所の保育士たちへの慰労金を盛り込んだ2022年度一般会計補正予算案を発表した。常勤は1人5万円、非常勤は同3万円を支給する。補正予算案の総額は4億4230万円。（東谷和平）

慰労金の対象者は、私立の放課後児童会の職員や公立保育所の会計年度任用職員たちを含む約2030人で、総額は8290万円を見込む。市財務部は「感染リスクを負いながらも子どもを温かく見守り、職務を遂行している。感謝の意を伝えたい」と説明する。公立に勤務し、任期の定めのない常勤職員は対象外とした。

市内の保育所や幼稚園でも感染者の発覚が相次ぐ一方、子どもの3密対策は難しく、保育士たちは保育との両立に苦心している。市によると、県内では熊野町や尾道市、府中町が慰労金などを支給している。

呉市はこのほか、病院や歯科診療所、介護・障害福祉サービス事業所への支援金も補正予算案に計上した。975施設が対象で総額1億5100万円。施設の規模に応じて金額を変え、1施設当たり10万～100万円となる。

事業者向けの支援も盛り込んだ。商店街などの集客イベントの経費を助成する商業振興に1800万円、市内全14漁協や養殖の費用を支援する水産振興に1千万円、プレミアム付きタクシーチケットに助成する生活交通路線維持に1750万円を盛り込む。

財源はいずれも国からの臨時交付金を充てる。補正予算案を含めた議案6件を25日の市議会臨時会に提出する。

中国（広島）22・4・19

大分22・4・26

求む 保育・介護・看護職

県 移住、就職支援を強化

講座受講費など補助

県は本年度、ＵＩＪターンの強化策として人手が不足している保育、介護、看護の各職種に狙いを絞った移住支援事業に乗り出す。ＩＴ分野のスキル習得から移住・就職までを支援する事業が奏功しており、対象の業界を広げた。コロナ禍で地方暮らしへの関心が高まる中、県内への移住は過去最多のペースで増えており、県外からの転職を引き続きワンストップで後押しする。

県は保育士や介護、看護職のＵＩＪターンを支援する。６月以降、オンラインイベントを開催する

支援の内容は▽保育　保育士試験対策のオンライン講座を開講（最大10カ月間）▽介護　初任者研修講座の受講費を最大9万円補助▽看護　看護学校の入校奨励金として20万円を支給。いずれも職場見学の際は1人当たり1回まで、県内を訪れる旅費の一部を助成する。事業費は約1470万円。昨年度始めたＩＴ分野の移住施策は定員50人に対して41人が受講し、5月中旬までに家族を伴って県内に移り住む。

ハードルを解消

保育、介護、看護の現場は人手が足りていない。県内の保育士登録者は約1万6千人（2020年度末時点）。21年4月の県の調査によると、382施設のうち172カ所で計416人が不足している。

虐待防止 ＡＩが児相補助

記録作成軽減 面談や訪問に注力

児童虐待の相談対応を効率化するため、児童相談所で人工知能（ＡＩ）を取り入れる動きが広がりつつある。虐待の相談件数が年々増える中、業務過多に陥る児相は多いが、ＡＩ導入によって事務処理の時間が短縮されたことで子供や保護者と向き合える機会が増えたという児相もある。ＡＩは虐待防止の「切り札」になりうるのか。（小松大騎）

江戸川区児童相談所が導入したAI運用の流れ

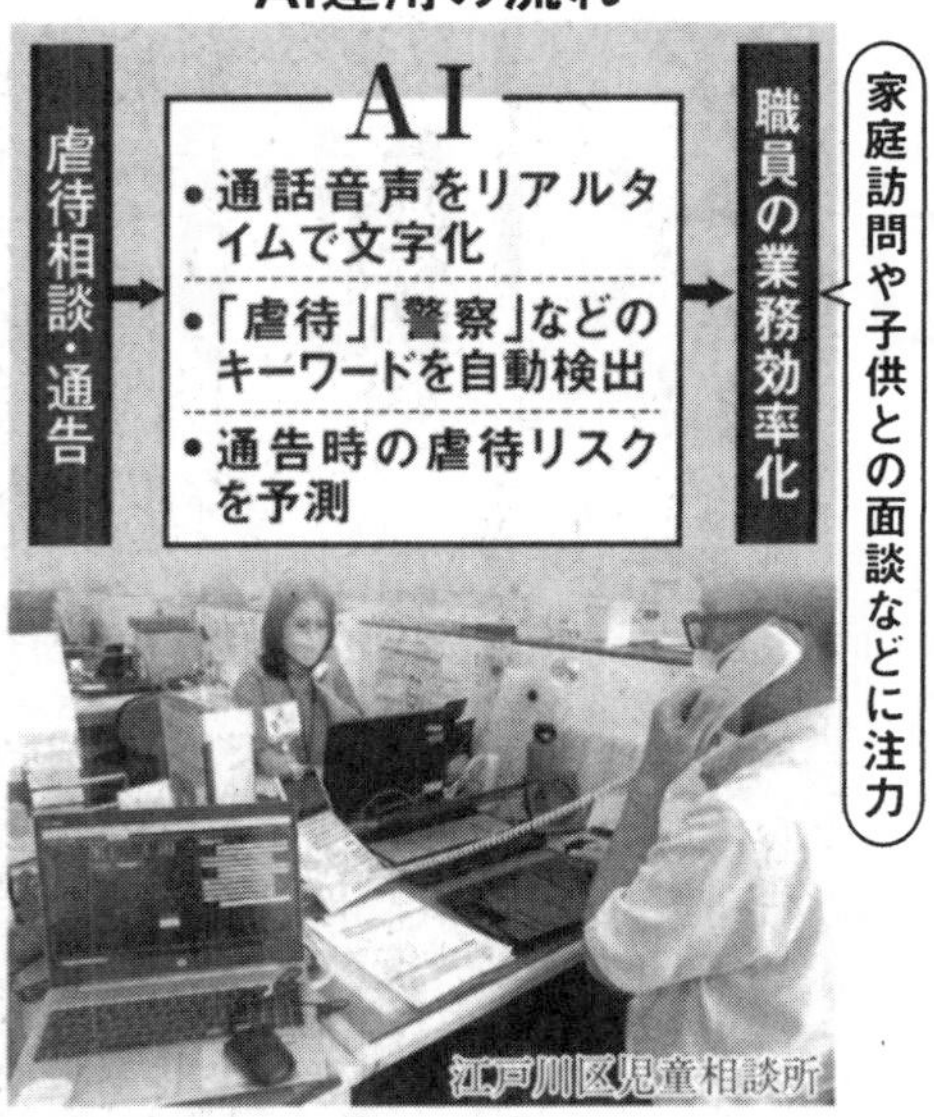

▼文字化で情報共有

江戸川区児童相談所（東京都）に全国共通の虐待相談ダイヤル「１８９《いちはやく》」から、虐待に関する情報が匿名で寄せられた。若手職員が電話で聞き取る傍ら、児相内のパソコン上で通話音声が文字化される。周囲にいた上司らは画面上の通話内容を見ると、過去の保護歴などを調べ、電話対応を続ける若手職員にメモ書きを手渡して助け舟を出した―。１月から約１００台のＡＩシステムを導入した同児相の業務の様子だ。

同児相は令和2年4月に開設したばかり。67人態勢で電話対応にあたるが、20代が半数で約9割は児相での勤務経験5年以内の職員だ。同年度の虐待対応件数は２０９６件。１児相あたりでは全国で10番目に多い件数で、職員１人につき年間40～50の案件を抱えている。

警察や学校、近隣住民から寄せられる虐待相談で一時保護をすべきかどうか判断しながら、保護者らとの面談にも追われる日々。とりわけ「スーパーバイザー」と呼ばれる児童福祉司は10人で若手の育成も担うが、１日約４００件に及ぶ電話対応の経過記録の作成に時間を取られていた。質の高い職員の育成と業務の効率化を同時に求められる中、導入したのがＡＩシステムだった。

その結果、記録作成にかかる時間は大幅に減少。事務処理にかけていた時間を保護者や子供との面談、家庭訪問などに割けるようになった。また、通話中に「虐待」「警察」「リストカット」などのキーワードが出てくると、スーパーバイザーのパソコンにも共有されるように設定したため、報告を待たず即座にアドバイスできるようになったという。

ただ、同区援助課の上坂かおり課長は「ＡＩが全てを解決してくれるわけではなく、最終的な判断は人間。ＡＩによる業務の効率化で生まれた空き時間を、子供に向き合う時間や若手職員の育成など人にしかできない仕事に注力できる」と話す。

▼7割が勤務5年未満

児相へＡＩを導入する動きは広がりつつあり、すでに三重県の全児相でも導入されているほか、厚生労働省は令和6年度から全国共通のシステムの運用を始める方針だ。

厚労省によると、2年度に全国２２０カ所の児相が対応した虐待相談件数は、約20万5千件で過去最多。10年前の平成22年度から約３・６倍に増え、特に管轄人口が１００万人を超える都市部の児相の負担が増している。管轄人口が多い児相ほど深刻な案件も多く、ベテランの確保は喫緊の課題だ。

国は児童福祉司の大幅な増員計画を進めているが、昨年4月時点で児相での勤務経験が5年未満の児童福祉司は約68％。厚労省などによると、業務量の多い児相ほど経験の浅い職員の割合が高く、育成担当者を置けていない児相もある。

そうした中で進められているＡＩの導入について、児相での勤務経験のある独協大の和田一郎教授（データサイエンス）は「限られた人員で虐待を防止するための現実的かつ有効な取り組みだ」と評価。その上で「どの児相でも扱えるテクノロジーはすでにある。導入には費用がかかるが、国や自治体の首長が責任を持って相応の予算を出すべきだ」と話している。

産経22・4・23

事業は病児保育サービスを提供するさくらいろ保育園（大分市）の運営母体、「ライフデザインラボ」が受託した。園長の太田直希さん(43)＝顔写真・行政書士＝がスキルアップアドバイザーとして相談に対応する。

介護福祉士ら外部人材にもメンター（助言者）として協力を求める。「仕事や収入面、人間関係といった地方移住のハードルを解消したい」と太田さん。

1200人不足

国の推計によると、介護職も団塊世代が75歳以上の後期高齢者になる25年に県内で１２００人不足する。看護職は近年増えているものの、都市部に集中しがちだ。

太田さんは元県職員。不妊治療など医療看護施策などに携わった。「どこでも働けるから移住するというＩＴ従事者らは増えている。これからは地域を支える職種に就いてもらう移住支援にも力を入れていくべきだ」と話している。

（山口真由）

データで読む

地域再生

宮崎、結婚増へ出会い促す

晩婚化が止まらない。1970年に20・9%だった30歳時の未婚率は2020年、54・5%に上昇した。結婚や出産の選択は本人の自由な意思が尊重されるべきだ。一方で結婚での出産が大多数を占める日本では、未婚や晩産は少子化や人口減に密接に結びつく。未婚率が低い宮崎県や鹿児島県では「婚活支援」が奏功し始めている。

総務省の国勢調査人口等基本集計から配偶関係「未婚」の25～29歳、30～34歳の男女を抽出し、各年齢層の人口（配偶関係「不詳」を除く）で割って未婚率を算出した。両年齢層の平均を30歳時点とみなした。事実婚は調査上「配偶者あり」と回答するため、未婚に含まない。

20年の未婚率は男性60・1%、女性48・8%で、1970年以降、上昇傾向が続く。経済不安や非婚志向の高まりが背景にあり、進学や就職をきっかけとした地域からの女性流出も出会いを難しくする。

都道府県別では宮崎県が49・1%で最も低かった。鹿児島県が49・9%で続く。東京都は58・8%だった。

宮崎県は15年度、会員制（会費2年1万円）の「みやざき結婚サポートセンター」を設置した。1対1のお見合いだけではなく「自治体としては珍しい取り組み」とするグループ婚活を用意するなどイベントの種類の豊富さを武器に、1月末までに累計116組が結婚した。

新型コロナウイルスの感染拡大にも柔軟に対応する。オンラインで相手を検索できるサービスに加え、まん延防止等重点措置が明けた3月には対面イベントを13回開いた。

116組成婚、集団お見合いなど奏功

自治体の婚活支援は法的な制度や慣行、LGBTQ（性的少数者）など、結婚を巡る価値観が多様化するなか「行政の仕事か」との異論もある。しかし婚活支援に取り組む33府県（内閣府調査、21年）の30歳未婚率は単純平均で52・8%。未開催の14都道府県は55・1%だった。

出生動向基本調査によると結婚を希望する25～34歳が感じている障壁は「相手にめぐり合わない」（男性45%、女性51%）が最も多い。厚生労働省の調査でも、自治体が婚活支援に「取り組むべき」とした回答が6割を占めた。

鹿児島 参加増へ企業と連携

全国で2番目に未婚率が低い鹿児島県も会員制（同2年1万円）の「かごしま出会いサポートセンター」を17年に始めた。成婚者は22年3月末までに56組

未婚率が低い都道府県ほど合計特殊出生率も高い。宮崎、鹿児島両県の出生率の単純平均は1・63。未婚率50%以上55%未満の32道府県は同1・45。未婚率が最も高かった東京都は1・12だった。

子育てには婚活支援に加え安定した経済基盤の確立も欠かせない。日本総合研究所の藤波匠上席主任研究員は女性が地方から東京に転入している状況を踏まえ「地域で女性が生活を続けるには能力に見合う処遇の仕事があることが前提」と指摘する。

■データで読む 地域再生■

未婚率が低い都道府県（2020年）

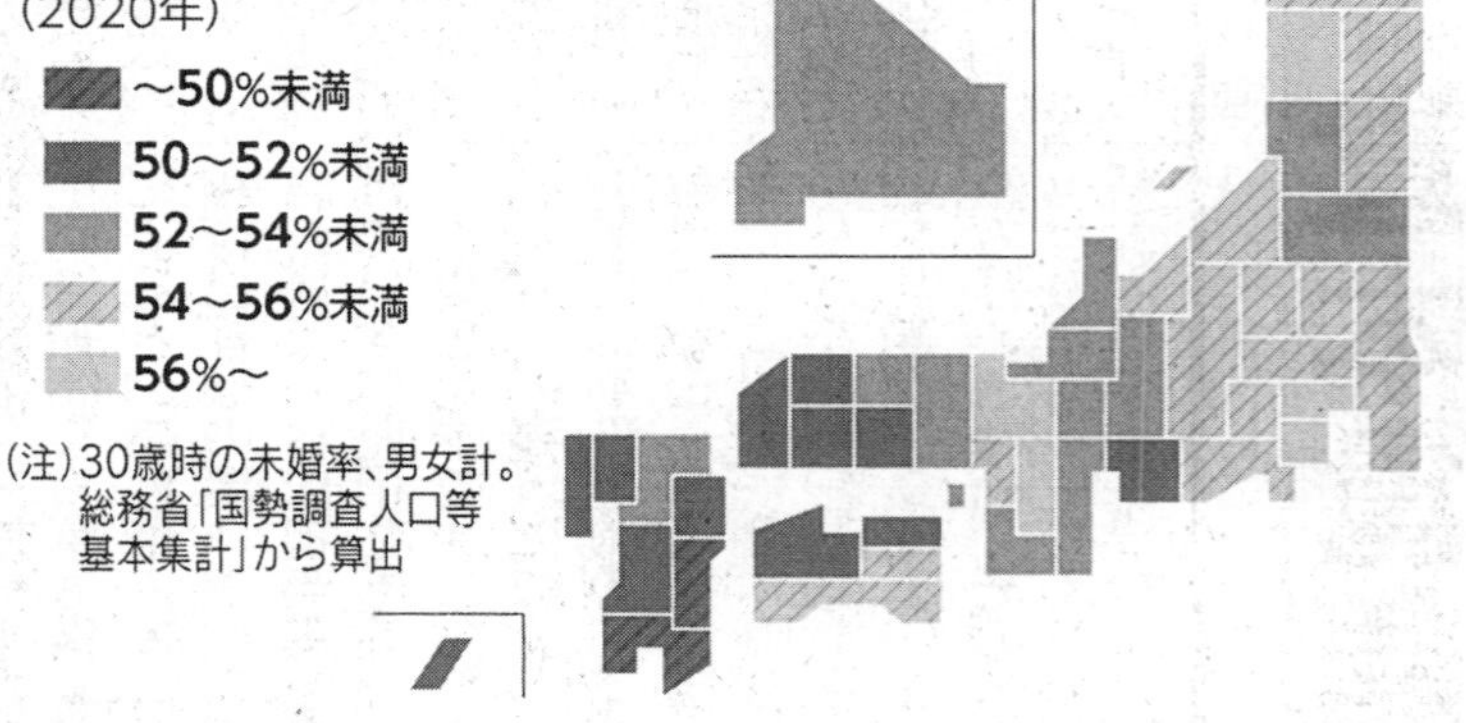

（注）30歳時の未婚率、男女計。総務省「国勢調査人口等基本集計」から算出

未婚率が低い市区町村（2020年）

		男女計(%)	男性(%)	女性(%)
1	和歌山県北山村	**25.9**	37.4	22.2
2	長崎県佐々町	**37.8**	41.3	34.8
3	和歌山県日高町	**37.8**	44.2	31.5
4	北海道中富良野町	**38.5**	46.7	31.0
5	鹿児島県長島町	**39.1**	44.9	33.0
6	滋賀県栗東市	**39.5**	45.5	33.5
7	福岡県粕屋町	**40.0**	44.9	35.4
8	三重県朝日町	**40.2**	46.6	33.9
9	宮崎県三股町	**40.3**	44.7	36.7
10	京都府大山崎町	**40.6**	45.7	35.8

未婚率の上昇が止まらない

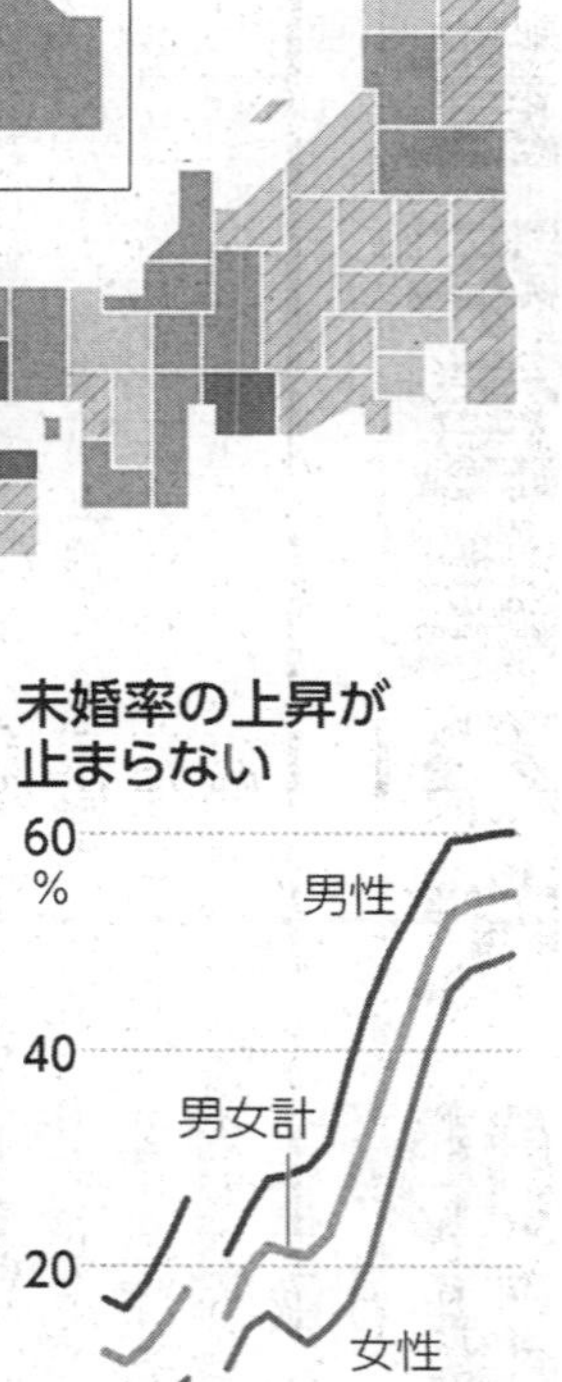

（注）30歳時の未婚率。総務省「国勢調査人口等基本集計」から算出。同じ値の場合、小数点第2位以下で順位付け。1945年の国勢調査は未実施

園児の公園置き去り頻発

保育園の散歩中、園児を公園に残したまま帰っ

請

の

る

子ども・子育て支援法などに基づく基準では、死亡事故や全治30日以上のケガを伴う事故については保育園などに対し、自治体を通じ国に報告するよう求めている。こうした事態に至っていない

てきてしまう事案が相次ぐ。一歩間違えば、事故や犯罪に巻き込まれかねない問題だ。ただ、発生状況を把握していない自治体もあり、対応にはバラつきがある。事態を重く見た厚生労働省は4月に入って再発防止の徹底を自治体に求めた。

「公園から帰るときの人数確認で、ベビーカーの座席にあったリュックを園児と思った。途中で気づき、探しに戻った」

横浜市が3月にまとめた保育事故などに関する冊子には、こうした置き去りの事案が並ぶ。取り残された幼児が混乱し、車道などに飛び出したら――。命に関わる重大事故につながる恐れもある。

かつて市内の認可外保育園が置き去りを起こしたのを受け、横浜市は認可外を含めた保育園に置き去り事案の報告を求めている。2018～21年度の直近4年間では73件が確認された。「全員いる」と思い込んで出発したり、他園の園児たちに紛れ込んでしまったり。点呼などが不十分だったことが背景にあるとみられる。

同市は3月、公園などでは死角がない場所で見守るといった注意ポイントをチラシでまとめ、各園に配布した。担当者は「置き去りは増加傾向にあり、確認の徹底を促したい」と話す。

約10年前から報告を受けている東京都でも事案発生が目立つ。公園での置き去りなど、保育中に一時児童の行方が分からなくなった事案は17、18年度は10件台だったが、19年度は34件、20年度も28件を数えた。幸い、どの児童にもケガなどはなかったという。

実態把握 自治体にバラつき

国、実例示し対策要

置き去り事案を把握するかどうかは自治体に委ねられている。

状況を把握している自治体は多くない。大阪府は「個別には報告を受けるケースもあるが、全体は把握していない」とし、愛知県も集計していない。大阪市は22年度から報告を求めているが、自治体の中には新型コロナウイルス禍で負担が増した保育の現場に「さらに業務が増すような報告は求めづらい」という声もある。

置き去りの実態を把握するため厚労省は3月下旬、複数の自治体から具体的な事例を聞き取るなどの調査を開始。4月11日には発生防止へ取り組みを求める事務連絡を全国の自治体に出した。

この中で行き慣れない公園で見失ったなどの実例を共有。自治体には保育園の指導監査時に、対応マニュアルがあるかなどについて確認も求めた。これを受け、大阪府は事案の把握を始める予定だ。同省も「有効な対策を取るには、都道府県レベルで状況を把握すべきだ」(担当者)とする。

保育園児などが「置き去り」になる主なケース

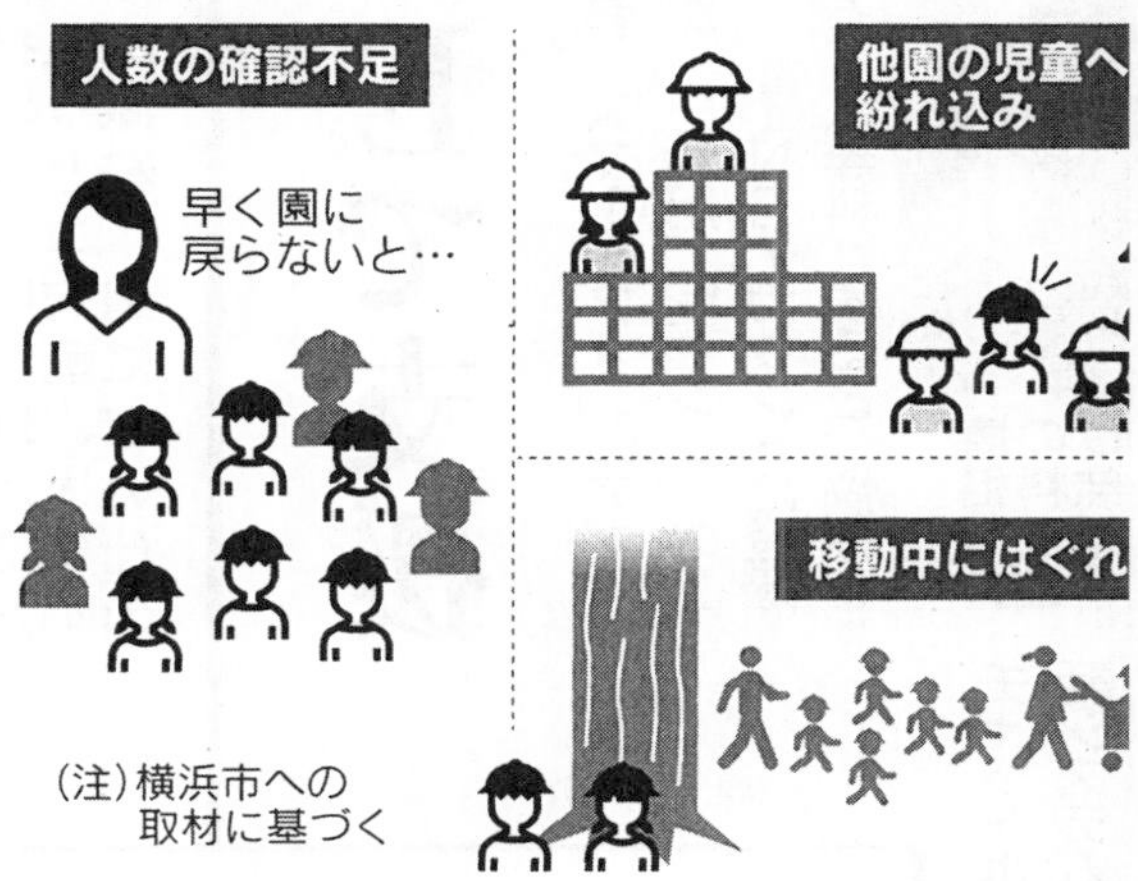

(注)横浜市への取材に基づく

コロナ禍で業務増加

なぜ置き去りが起きてしまうのか。園の増加で現場は人手が不足しがちで、園児との接点が減っていることが影響しているとの指摘もある。

共働きの増加などに伴い、保育園や認定こども園などの設置数は21年で約3万8600カ所と、5年前に比べ約2割増えた。保育士の有効求人倍率は1月で2・92倍と、全職種平均(1・27倍)を大幅に上回り、人手不足感は強い。

「子どもの特徴 共有を」

保育研究所(東京・新宿)の村山祐一所長は「コロナ対策などもあり現場の業務が増えている。児童それぞれの変化を見る余裕がなくなっている」とし、人員配置の見直しが必要とする。

玉川大の大豆生田啓友教授(保育学)は「人手不足もあって短時間勤務の職員が増え、中には児童とふれあう時間が短い人もいる。子どもの姿や特徴を職員間でしっかり情報共有することも欠かせない」と話した。

日経22・4・18

を数える。新規会員の獲得にも力を入れる。出張窓口を96回開設したほか、比較的登録者が少ない女性を取り込もうと、地元企業との連携も強化する。

市区町村では和歌山県北山村が25・9%で最も低い。いかだ下りで知られる観光地の利点を生かし、観光を兼ねた婚活イベントを開催した。延べ約100人の参加者のうち多くを村外から呼び込んだ。

(ダイバーシティエディター 天野由輝子、武内正直、笠原昌人、上野正芳、地域再生エディター 桜井佑介)

日経22・4・23

保育士の産休時 代替雇用に補助

伊勢崎市

伊勢崎市は本年度、教育・保育施設の保育士らが産休を取得した際、代わりの職員を雇用した施設に人件費を補助する支援事業に乗り出した。1日当たり最大8025円を支給し、安心して妊娠、出産ができる環境を整える。

市内の私立保育園と認定こども園を対象とする。保育士や幼稚園教諭ら常勤職員が産休を取得する際、産前産後の16週(多胎妊娠の場合は22週)を補助対象期間と定め、代わりに雇った職員の人件費をこの間の勤務日数に応じて補助する。

市こども保育課によると、県が行っていた同様の補助事業が2020年度で終了したため、市独自の事業として始める。本年度一般会計当初予算に関連費用660万円を盛り込んだ。(中里圭秀)

上毛(群馬)22・4・17

「介護助手」採用拡大へ

配膳やシーツ交換、専門職サポート

政府、全国にコーディネーター

政府は、介護施設で配膳やシーツ交換などを行い、専門職をサポートする「介護助手」の採用拡大に乗り出した。介護助手として働きたい人と施設側を結ぶコーディネーターを全国に配置する事業を４月から開始。介護業界の慢性的な人手不足の緩和と、専門職の負担軽減につなげる狙い。

厚生労働省によると、団塊の世代全員が75歳以上になる2025年度に必要な介護職員は推計約243万人に対し、19年度で約211万人にとどまる。新型コロナウイルス禍で介護に従事する外国人技能実習生らの入国が減り、国内人材の確保が急務となっている。

コーディネーターは、都道府県の福祉人材センターに配置。介護事業経験者など、地域の介護事情に詳しい人が想定される。介護の仕事に関心がある人と施設の両方に働きかけ、人材の発掘・育成と雇用のマッチングを担う。地域の元気な高齢者や子育てが一段落した人に、介護助手になってもらいたい考えだ。

介護助手になるのに資格は不要。仕事を分担することで、専門職は入浴や排せつといった専門性の高い身体介助に専念できると期待されている。

24年度に介護サービスの公的価格（介護報酬）の改定を控えており、政府は介護助手の効果を見極めて報酬改定に反映させることも視野に入れている。

介護助手採用拡大の仕組み

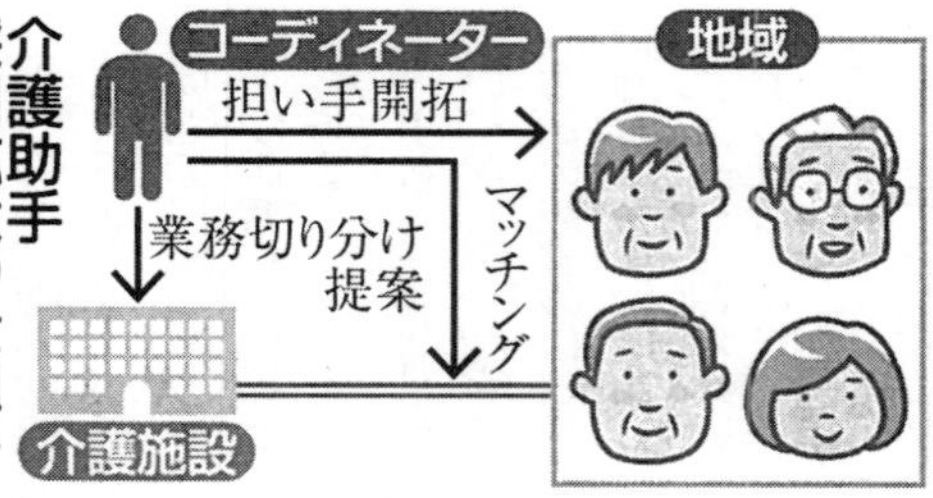

秋田22・4・30

ひとり親LINEで支援

ービス開始

県と高知市が共同設置している「ひとり親家庭支援センター」（同市旭町3丁目）はこのほど、LINE《ライン》を使った母子・父子世帯向けサービスを始めた。仕事やお金など

答。必要な情報が十分届いていない現状が浮き彫りになった。

そこで、日常的に使うスマートフォンのアプリを活用。同センターのLINEアカウントに登録（無料）すると、悩みを

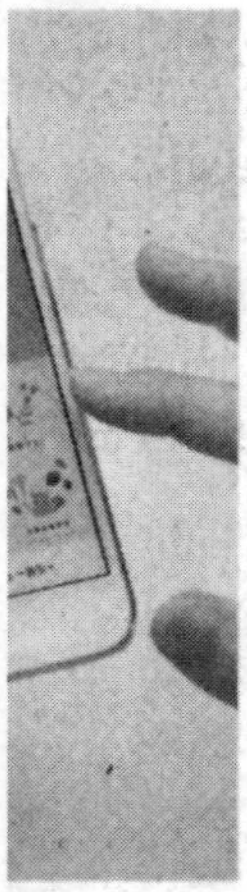

けの情
無料相
たりで
ービス

チャットボット（自動対話システム）で検索でき

ごとから支援制度を調べたりできるようにした。

可能。食品の無料配布、イベントなどの最新お知

者が千人を超すなど好評という。担当者は「夜間な

来月から牧之原市

高齢者スマホ購入費補助

静岡22・4・30

牧之原市は5月から、市内の高齢者を対象にしたスマートフォンの購入補助事業を開始する。

災害や新型コロナウイルス関連など行政機関が発信する情報のデジタル化が進む中、端末利用の普及促進を図り市の情報発信力強化につなげる狙い。市によると、同事業は県内市町では初という。

対象は2023年3月末までに65歳以上を迎え、今年4月以降に端末を初めて購入した市民。市の公式LINE（ライン）アカウントの登録などが条件となる。

端末や充電器などの関連機器の購入に加え、データ移行などの事務作業にかかった費用に対して、最大で1万円補助する。受付期間は5月2日から3月末まで（予算上限に達した段階で終了）。

問い合わせは市デジタル推進課〈電0548（23）0033〉へ。

#ジェンダーともに

観光大使の「姫」性別不問

奈良・橿原 応募資格を変更

「未婚の女性」を条件に募集し、奈良県橿原市の市観光協会が毎年選んできた観光親善大使「さらら姫」が、今年からは性別や未婚・既婚を問わず、県内に居住、通勤または通学している18歳以上（高校生を除く）ならば原則、誰でも応募できるようになった。必要書類には性別記入欄もない。「ジェンダーレスの流れを考慮した」と観光協会。締め切りは5月6日。

さらら姫は、橿原市などにあった日本初の本格的都城・藤原京（694～710年）を造った女帝・持統天皇の即位前の名鸕《う》野《の》讃良《さらら》にちなんだこだわりの名称で、変更の予定はないという。

かつては「かしはらキャンペーンレディ」として募集していたが、2009年から現在の名称に。毎年3人が選ばれ、1年の任期中に約30日間イベントなどに参加する。これまでは全員が女性だった。

担当者は「市の魅力を発信していただくため性別を問わず多くの方にご応募いただきたい」と話している。募集要項の詳細は協会ウェブサイトで。

山梨22・4・16

東京22・4・23

家庭との両立困難73%

女性研究者 日本に少ない理由

本紙200人調査

日本の研究者に占める女性の割合は17・5%で経済協力開発機構（OECD）加盟国の中で最低レベルにある。本紙が理系の女性研究者二百三人にその理由を尋ねた結果、「家庭（家事・育児・介護）との両立が困難」が73%と最多だった。理系は特に不安定な任期付き雇用が多く、出産や育児で研究中断が余儀なくされる女性が、大きな不利益を受けている実情も浮かんだ。（増井のぞみ）＝理系女性研究者の胸の内⑭賞で後押し㉖面

当事者が考える「女性研究者が少ない理由」とは？
（203人の複数回答を集計）

理由	%
家庭（※）との両立が困難　※家事・育児・介護	73%
無意識の偏見	64
職場環境	45
ロールモデルの少なさ	44
育児・介護期間後の復帰が困難	43
男女の社会的分業	40
家庭環境	38
教育環境	33
評価者の男性優先意識	33
少数派であることのつらさ	15
性別による適性、能力の差	4
その他	9

ジェンダー平等 ともに

無意識の偏見64%

調査では、「育児・介護期間後の復帰が困難」が43%、「男女の社会的分業」40%の回答も多かった。自由記述では「任期中に出産に時間を充ててしまうと、次のポストが見つからない」「育休の条件に合わず取れなかった」と、家庭との両立の難しさを訴える声があった。二〜三年などの任期付きは若手に多い。

二番目に回答が多かったのは「無意識の偏見」で64%。子どもの頃の「女性は理科や数学が苦手」「あまり勉強しなくていい」という周りの態度が志望者を減らし、成人後は「家事・育児・介護は女性」という社会の雰囲気が研究を阻んでいるという指摘があった。

アンケートは三月二十八日から電子メールで配布し、四月八日までに全国の大学や公的研究機関、企業などに所属する二十〜七十代から回答を得た。

「任期付き」増 雇用不安定に

政府が実現を目指す「科学技術立国」の陰で、若手研究者の多くが「任期付き」という不安定な立場に置かれている。とりわけ女性は研究か家庭かの選択を迫られ、研究をあきらめざるを得ない人も多い。

文部科学省によると、四十歳未満の国立大学教員のうち任期付きは二〇〇九年度は49%だったが、一九年度は66%。自然科学系の大学研究者でみると、女性は73%と男性よりも9ポイント高く、人文・社会科学系の女性と比べても20ポイント超上回る（二一年の総務省調査）。

背景には、特定の研究計画に期限を定めて投資する、国の「選択と集中」の方針がある。その計画の資金と期間に合わせて、研究員を集めるためだ。本紙アンケートでは、育児休業中に任期が切れて無職となれば、「保育園に子どもも預けられず、復職もできない」という回答もあった。子育て支援の仕組みが、特殊な雇用形態に対応しきれていない。

一方、理系研究科が多い国立大学は任期なしで研究者を雇いにくくなった。人件費に充てられる「運営費交付金」を政府が縮小してきたためだ。二二年度予算で交付金は、大学を法人化した〇四年度比で13%減った。名古屋大の丸山和昭准教授（高等教育論）は「一時的な人集めではなく、国は交付金を増やして若手の雇用安定化に充てる必要がある」と話した。（増井のぞみ）

に関する支援制度の情報収集から専門家への相談予約までがワンストップでできる。

県が昨夏行った実態調査では、母子・父子世帯の約3割が支援機関や制度を「知らない」と回

県・高知市 サ

制度検索・相談予約 簡易に

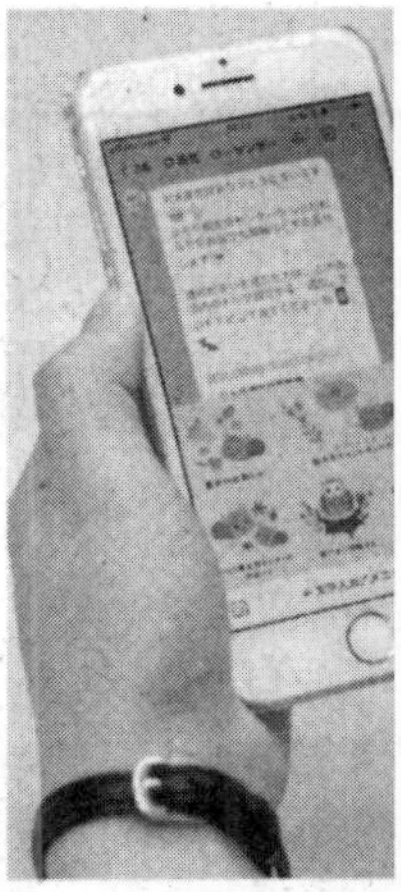

ひとり親家庭向
報を調べたり、
談の予約を取っ
きるLINEサ

るメニューなどが表示され、支援一覧から手当・年金、優遇制度、医療費、妊娠期などの情報詳細を見たり、自分の悩み

弁護士、心理カウンセラー、キャリアコンサルタントなど専門家への無料相談日を確認して予約が取れるほか、児童扶養手当の目安額の算出、チャット機能を使った同センターへの問い合わせも

らせも自動で届く。

同センターを運営するNPO法人「GIFT」（同市万々）が、IT関連企業「SHIFT PLUS」（同市駅前町）に委託してサービスを構築。4月からスタートし、登録

どの好きな時間に利用でき、相談の敷居が低くなったと思う。離婚前で悩んでいる方などにも使ってほしい」と呼び掛けている。（松田さやか）

高知22・4・28

●高齢者福祉

生活改善へ端末無償貸与

府、中高年向け実証実験

高齢化が進むニュータウンで暮らす中高年を対象に、府はタブレット端末を半年間、無償で貸し出す実証実験を進めている。健康をテーマにした2025年大阪・関西万博を3年後に控え、デジタル技術に気軽に触れてもらい、生活環境の改善につなげてもらう狙いがある。（山本貴広）

運動指導や認知症予防

参加企業などがデジタル商品の開発や住民生活の質の向上などに活用するという。

府の担当者は「まずは高齢者にデジタル端末を継続して使ってもらうことが重要」とした上で、「利用者の健康や生活の向上に役立てたい」と話している。

「高齢者が恩恵を簡単に受けられる環境を作りたい」

大阪市内で2月7日に開かれた製薬会社や保険会社などの企業23社と府の会議体で、万博が掲げるテーマ「いのち輝く未来社会のデザイン」の実現に向け、吉村知事はこう強調した。

府は、デジタル端末を活

貸与されるタブレット端末の利用画面＝府提供▼

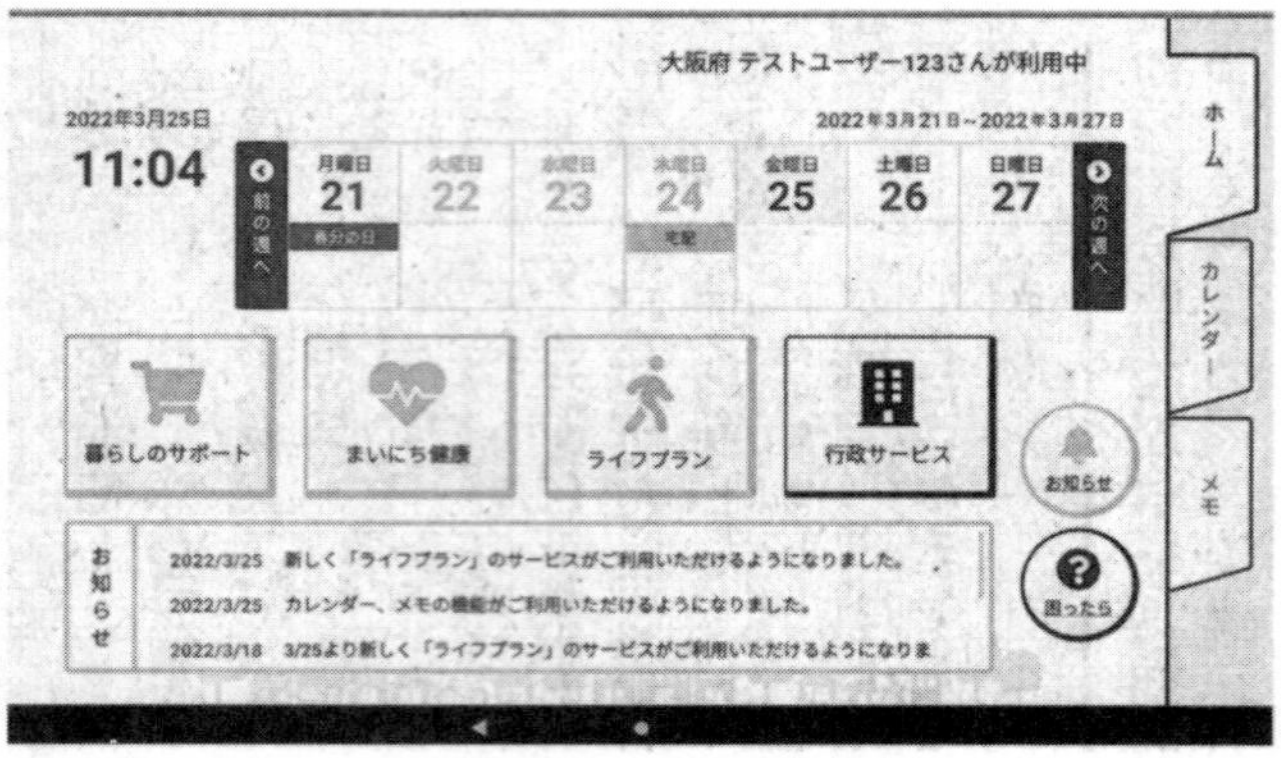

読売（大阪）22・4・22

エアコン導入に定額制

鹿沼市 高齢者ら熱中症対策

【鹿沼】佐藤信《さとうしん》市長は22日の定例記者会見で、高齢者などの熱中症予防のため本年度、「省エネエアコン定額利用制度」を開始すると発表した。定額でサービスなどが利用できる「サブスクリプション」を活用した環境省の本年度限りのモデル事業を活用。65歳以上か18歳以下の市民宅が対象で、電気料金は自己負担だが月額1800～1900円で5年間利用できる。（柴山英紀《しばやまひでき》）

設置無料、5年間利用

市環境課によると、市内の熱中症救急搬送件数は高止まり傾向で、4割は自宅で発生。対策にはエアコンが重要だが、購入や設置工事などの初期投資が壁になっていた。

市はエアコン卸販売のパナソニックコンシューマーマーケティング（東京都品川区）と設置工事を担うトラストワン（千葉県市川市）、市と同様に事業を検討していた埼玉県熊谷市の4者の共同体で同省の「サブスクリプションを活用したエアコン普及促進モデル事業」に応募し、選定された。この日、両社の社長が市役所を訪れ、包括連携協定に調印した。

同制度で提供するエアコンは最大175台。6畳用か10畳用のエアコンを原則無料で設置し、5年間の支払い終了後は利用者がエアコンの所有権を取得できる。修理費などが定額に含まれており、同課は「購入に比べ費用は抑えられるのではないか」としている。

申し込みは25日から5月17日まで同課で受け付ける。65歳以上の世帯が優先（先着順）で、18歳以下がいる世帯は、新設かどうかなどを勘案し選ばれる。

導入するのは、省エネ性能の高いエアコン。佐藤市長は「（昨年4月の）市気候非常事態宣言を具現化する取り組み。二酸化炭素削減にも大きく寄与すると期待している」と述べた。

下野（栃木）22・4・23

岡山市は、在宅介護を充実させる総合特区事業の一環として、認知症の高齢者に地域で働く場を提供するモデル事業を始めた。高齢者にはわずかだが報酬

駐車場で草取りをする認知症の女性＝コープ西大寺店

し出し、ビスイ

用し、高齢者が健康で便利に生活できる環境を目指す「スマートシニアライフ事業」に着手。その一環として、タブレット端末を通して行政や民間の様々なサービスを提供する実証実験を行っている。

2月から、堺市南区の泉北ニュータウン周辺、河内長野市の南花台、大阪狭山市の狭山ニュータウンに住む50歳以上を対象に、タブレット端末1000台の無償貸与を始めた。いずれも高度成長期に造成され、府によると、2015年の国勢調査では地区人口に占める高齢者の割合が約30～40％と、府内平均（26・1％）よりも高い地域。端末に不慣れな人も少なくないため、説明会を開催したほか、相談窓口を設けて支援態勢も整え、今月20日現在、858台を貸し出している。

通信料は無料で、内蔵カメラやマイクを使い、歩数アプリやオンラインカラオケ、運動指導、認知症予防といった17分野のサービスを利用できる。得られたビッグデータなどは、

山陽（岡山）22・4・16

市総合特区モデル事業　デイサービスと企業仲介

認知症高齢者 働く場提供

報酬得て社会参加実感

が入る上、社会参加を実感できるメリットがある。3月にスーパー駐車場での草取りの仕事が始まったのを皮切りに、ダイレクトメール（DM）配達、町工場の内職と業務を拡大している。（伊丹友香）

岡山市のモデル事業のイメージ

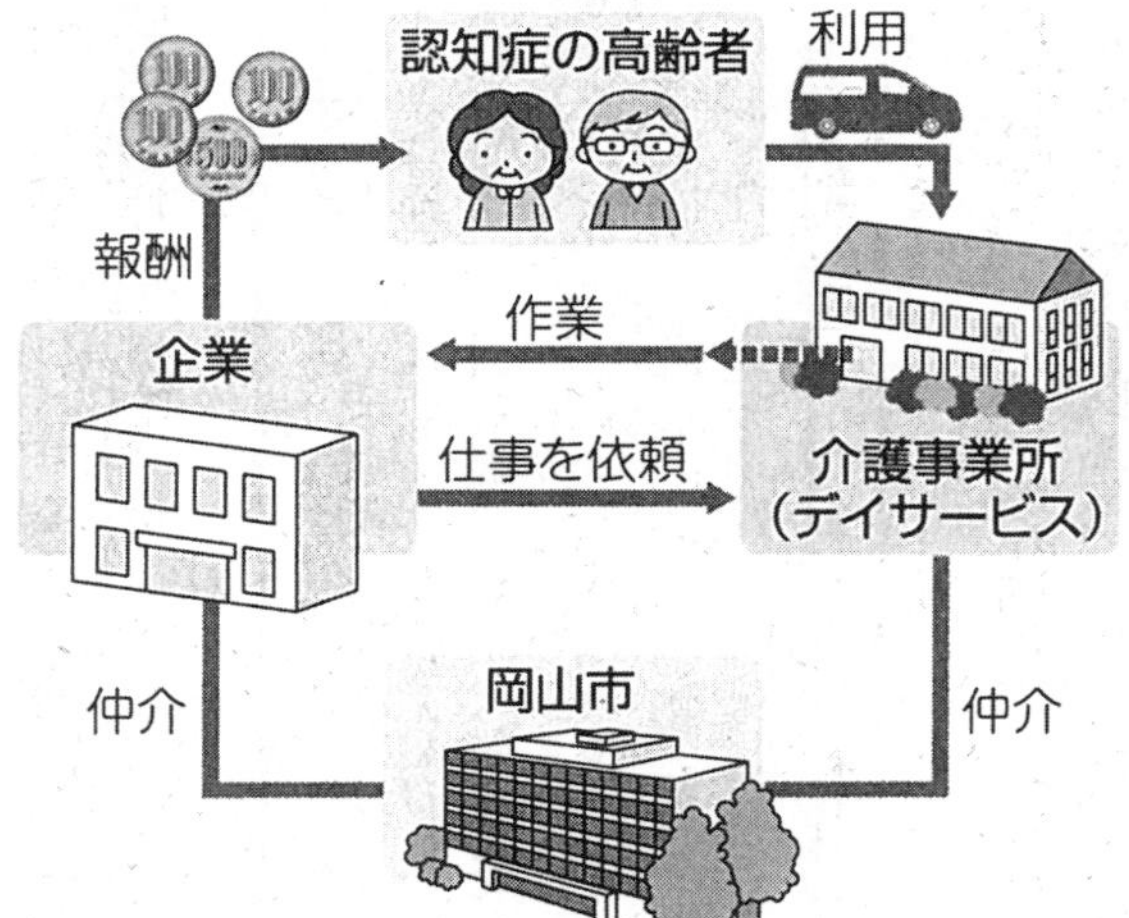

「仕事をしてお給料をもらえてうれしいわぁ」。認知症があり、東区の通所介護（デイサービス）を利用する女性（79）の顔がほころんだ。

3月中旬、コープ西大寺店（東区西大寺上）の駐車場で草取りに30分汗を流し、スーパーから報酬を受け取った。女性はかつて別の仕事をしており、働いて給料が欲しいとよく話していたという。

同店では気候のよい3～6月と9～11月に月1～2回、午後2時から30分程度作業する。働く意識を高めるためコープのエプロンを着用。報酬は1人当たり1回200円で、お金を得る意味を忘れないよう終了後ただちに手渡しする。

デイサービスの管理者・早見満暁さん（52）は「対価を得て、社会から認められたと感じられることは、認知症ケアで非常に大切」。コープの黒瀬修啓店長（47）は「趣旨に共感した。地域貢献として協力したい」と話す。

デイサービスと店の仲介を支援したのが市だ。デイサービスが提供する介護保険サービスとして就労の場を設け、企業側が謝礼を支払う全国でも先進的な仕組みを整えた。「ハタラク」と名付け、介護が必要になっても地域で活躍できる社会づくりを狙う。市はデイサービス事業者向けに研修を開いたり、受け入れ企業を開拓したりもする。

東区のデイサービスでは今月、DM配達と内職の仕事も始まった。

モデル事業には中区のデイサービスも参加の準備を進めている。市は近く「ハタラク」を紹介する手引を完成させ、モデルを10カ所程度に増やす方針。

市医療福祉戦略室は「認知症でも体は元気で働きたい人はたくさんいる。成果を全国発信できるよう課題を検証しながら進めたい」としている。

ズーム　総合特区　国が2011年度に設けた制度。岡山市は13年2月、地域の活力を高める「地域活性化総合特区」の指定を受け、在宅介護の充実に取り組んでいる。現在は2期目（18～22年度）。高齢者の活躍推進のほか、福祉用具の貸
生活機能を改善させた事業所に奨励金を支給するデイサー
ンセンティブ事業なども行っている。

電力使用状況でフレイル判定

松本市や中電など 来月から実証実験

AIが生活の変化を推測・分析

松本市と中部電力など3社は22日、電力の使用状況を人工知能（AI）が分析し、高齢者の心身機能が衰える「フレイル」かどうかを判定する実証実験を、5月に始めると発表した。市は結果を基に保健指導をし、介護予防につなげる。同様の枠組みの実験は全国4例目で、県内では初めて。

各戸の電力使用量を送信できる電力スマートメーターを活用。AIは受け取った情報から、夜間頻繁に起きる、外出が減った、食事のリズムが変わった—といった無数の状況を推測・分析し、フレイルの可能性を判定する。全体設計を担うIoTサービスなどの合同会社ネコリコ（東京）とAIを担当するベンチャーのJDSC（同）によると、精度は8割ほど。

市西部地区に住む1人暮らしの高齢者のうち、実験の同意を得た100〜150人の参加を想定。本年度末まで続ける。介護予防の他、介護や見守りを担う人材の負担軽減、健診などに足を運ばず自宅に閉じこもりがちな人の健康状態も把握できる、といった利点が見込めるという。

22日に市役所で開いた記者会見で、中電など3社は「行政が介護予防まで関わるのは初。実用化の一歩になる」と期待。市は3月に市立病院に「フレイル外来」を開設し、対策に力を入れており、宮之本伸副市長は「デジタル機器の扱いができないお年寄りも恩恵が受けられる」とした。

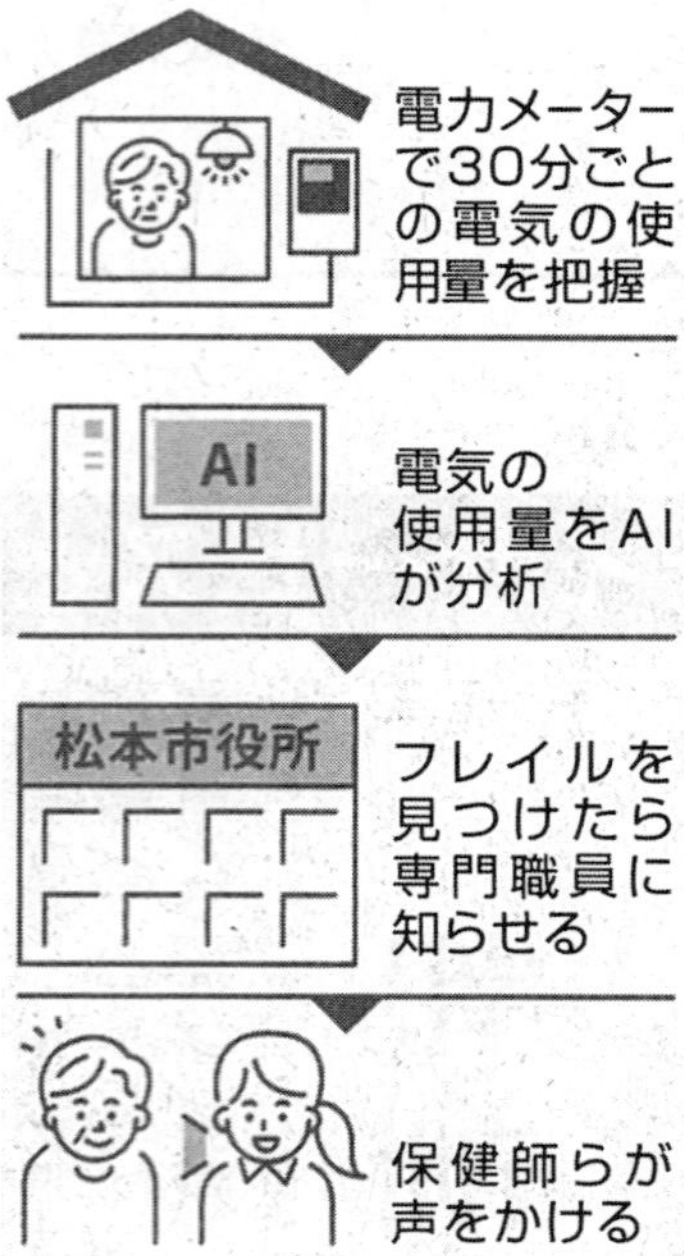

信毎（長野）22・4・23

援「おかえりＱＲシール」

購入費を助成

報など家族に通知

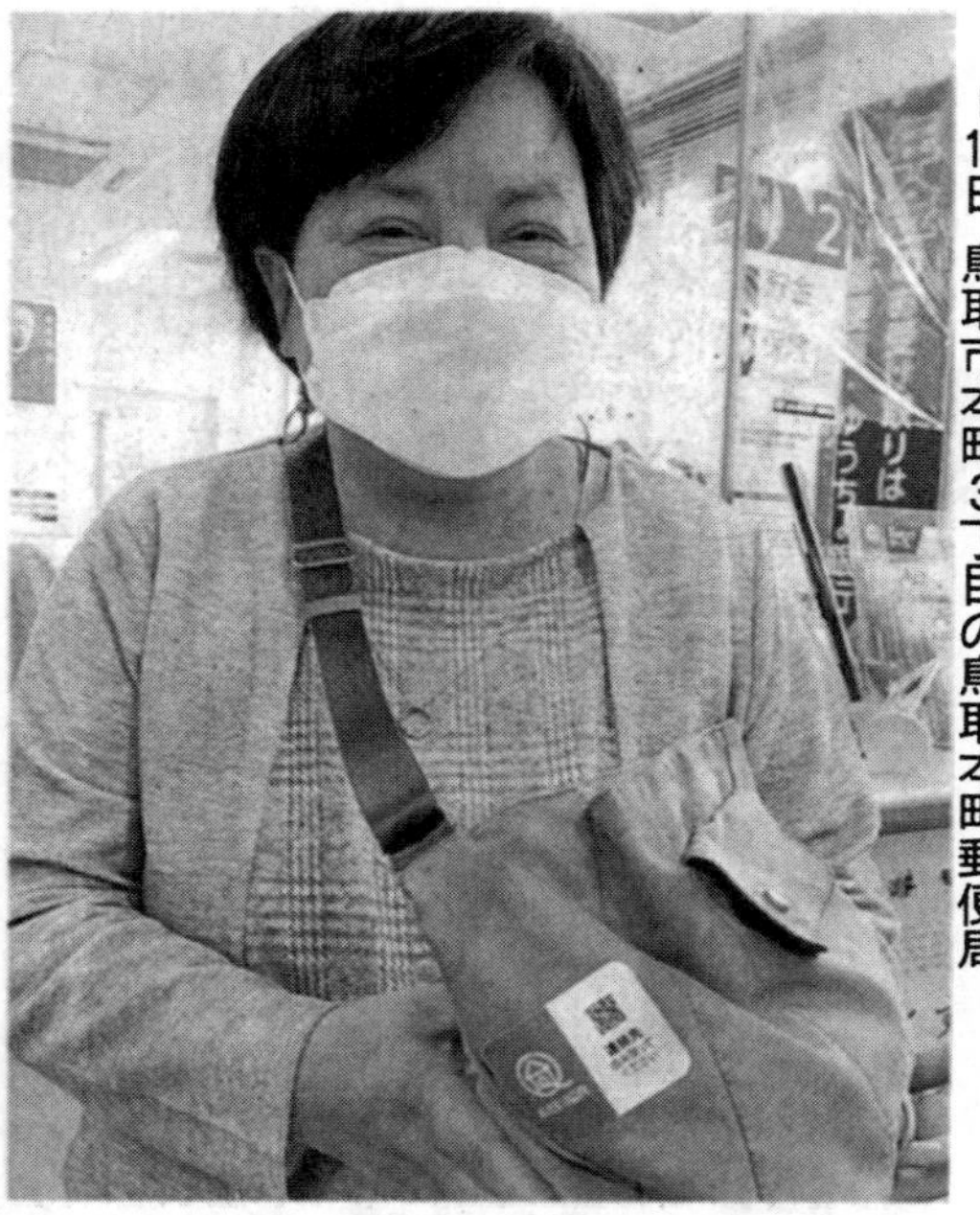

かばんに「おかえりQRシール」を貼る松本豊子さん＝13日、鳥取市本町3丁目の鳥取本町郵便局

QRコードを読み込むと位置情報などが通知される「おかえりQRシール」（運営会社のMAPPLE提供）

疾患申告 接種券を発行

60歳未満の4回目接種 3方法例示

厚労省

新型コロナウイルスワクチンの4回目接種について、厚生労働省は28日、全国の自治体に通知を出し、接種対象の18〜59歳の基礎疾患をもつ人から自己申告があれば、診断書がなくても柔軟に接種券を発行できるとする見解を示した。

4回目接種は、重症化予防を目的に、60歳以上の人、18〜59歳で基礎疾患をもつ人、そのほか医師が重症化リスクが高いと認めた人が対象。3回目からの間隔は5カ月以上空ける。

同省は28日付の事務連絡で、接種を5月下旬から始めるため、接種券を対象者に順次発送するよう求めた。ただ、基礎疾患をもつ人の所在を把握していない自治体が多く、国は、接種券の配り方について三つの方法を例示した。

①疾患があることを事前に申請書に書いて郵送してもらい、自治体が接種券を送る②接種券を持たず接種会場に来た人に疾患を自己申告してもらい、その場で接種券を印刷して渡す③接種券を持たず会場に来た人に自治体が券を渡せない場合で、3回目の接種済み証などを確認して接種する。いずれも、接種会場の予診で、医師が疾患の内容を確認することが前提だ。

3回目を打った人のうち60歳以上の人は、5月に17万人、6月に275万人、7月に1913万人、8月に1252万人が4回目の対象となる見込み。18〜59歳で基礎疾患をもつ人は、最大で1千万人規模と同省はみている。

（枝松佑樹）

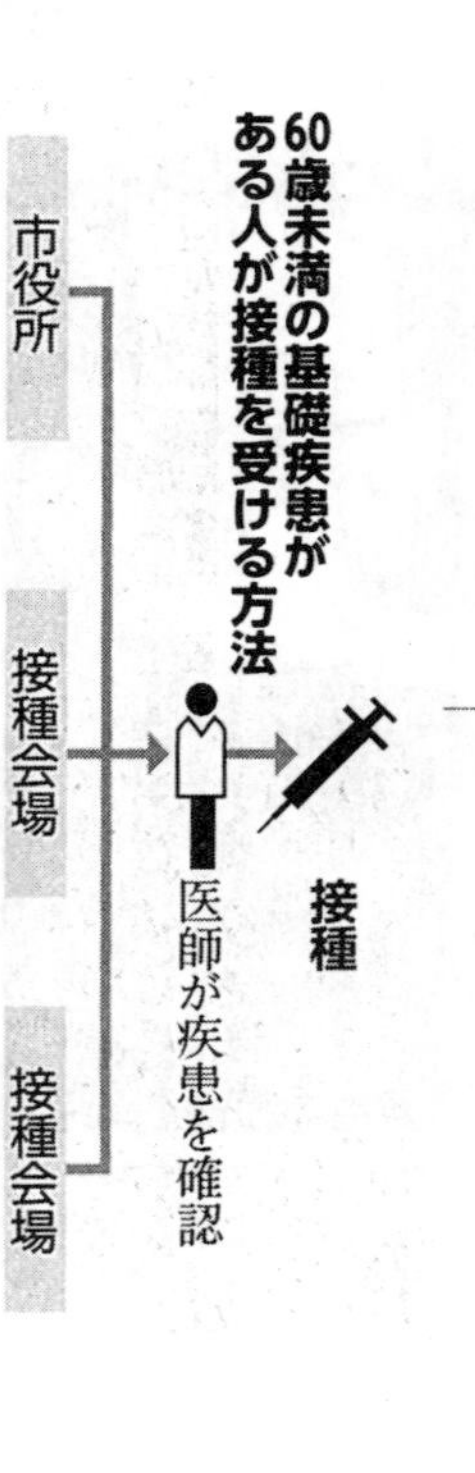

朝日22・4・29

認知症者支

鳥取市、

位置情

鳥取市は、認知症の人がかばんなどの持ち物に貼る「おかえりQRシール」の購入費用の助成を始めた。シールのQRコードを読み込むと位置情報などを家族に伝えることができ、外出不安がある人や、その家族が安心するためのツールとして期待される。

市は2002年、認知症の人の居場所を確認できる衛星利用測位システム（GPS）機能付きの機器を購入する際の初期費用の一部を助成する制度を導入したが、年間の申請件数が1、2件と利用は低迷。認知症の人との意見交換会を開いた際、「常に見張られているよう。持たされている感が強い」といった意見が上がっていた。

シールは縦2・5㌢、横3・5㌢。認知症の人が普段使う持ち物に貼り、迷子になった時に見かけた人がコードを読み込む仕組みのため、本人の位置情報が常に把握されることはない。居場所を通知する際にメッセージや写真など、現場の状況を送ることもできる。

1シート12枚つづりで1980円。鳥取県東部の郵便局56局の窓口で販売され、市は初回購入分のみ助成する（最大1万円）。

日本海（鳥取）22・4・19

山梨22・4・28

手すり・つえ購入費助成

富士吉田市　転倒予防を強化へ

富士吉田市は、高齢者がいる世帯を対象に、転倒を予防するための手すりやつえなど備品の購入費用を助成する制度を始める。市は「転倒予防都市」を宣言しており、今夏の開始を目指している。

市健康長寿課によると、手押し車や手すり、つえなど転倒予防につながる備品を購入した世帯を対象に、費用の半分（最大1万円）を助成する。段差の解消など整備費用も対象とする。

転倒は寝たきりや介護の原因となるため、予防が高齢者の自立した生活や家族介護の負担軽減につながる。市は昨年10月、転倒予防を強化し、市民の運動不足の解消や健康維持を目的とした「転倒予防都市」を宣言していた。

市は当初、1人暮らしや高齢者のみの世帯を助成対象に想定していたが、高齢者がいる家庭に広げる方針。担当者は「高齢者にとっての転倒は、日常生活に直結する大きな影響を与える可能性がある。健康寿命の増進にもつなげていきたい」と話している。

スマホ購入費 高齢者に助成

来月から、最大2万円

上毛（群馬）22・4・29

沼田　電子地域通貨の利用やIT活用を支援しようと、沼田市は5月から、60歳以上の市民が初めてスマートフォンを購入する際に、1台当たり最大2万円を助成する。

助成の対象になるのは、同1日以降に購入したスマートフォン本体の購入費用。購入端末に、電子地域通貨「tengoo」を利用するためのアプリや、市の防災アプリをインストールすることが条件となっている。

申請期間は同2日から10月31日。市経済部産業振興課の窓口かホームページで入手できる申請書兼請求書に必要事項を記入の上、同課に提出する。

問い合わせは同課（☎0278・23・2111）へ。

（多々納萌）

自宅で死亡 第6波2.7倍

第5波比 70歳以上8割

新型コロナウイルスのオミクロン株が主流となった第6波（今年1～3月）で、自宅で死亡した感染者が全国で555人に上り、第5波（昨年8～9月）で「自宅死」した202人の2・7倍に上ることが厚生労働省の調査でわかった。死亡後に感染が判明した人が34%を占めており、感染の自覚がないままコロナで持病を悪化させるなどして亡くなる事例もあったという。

厚労省が今月、都道府県に調査を行い、45都道府県から回答を得た。自宅死した555人のうち、陽性が判明して自宅療養中だったのは66%、死亡後に陽性が判明したのは34%だった。

年代別では70歳以上が8割を占めた。症状別では、軽症・無症状が43%と最も多く、中等症7%、重症2%、不明や死亡後の診断が47%だった。

具体的な事例としては▽家族らが自宅で倒れているところを発見▽自宅療養中に急速に重症化して死亡▽持病の悪化と思い込んで受診せず、数日後に死亡——などの報告があった。

1~3月に自宅で死亡したコロナ患者（年代別）

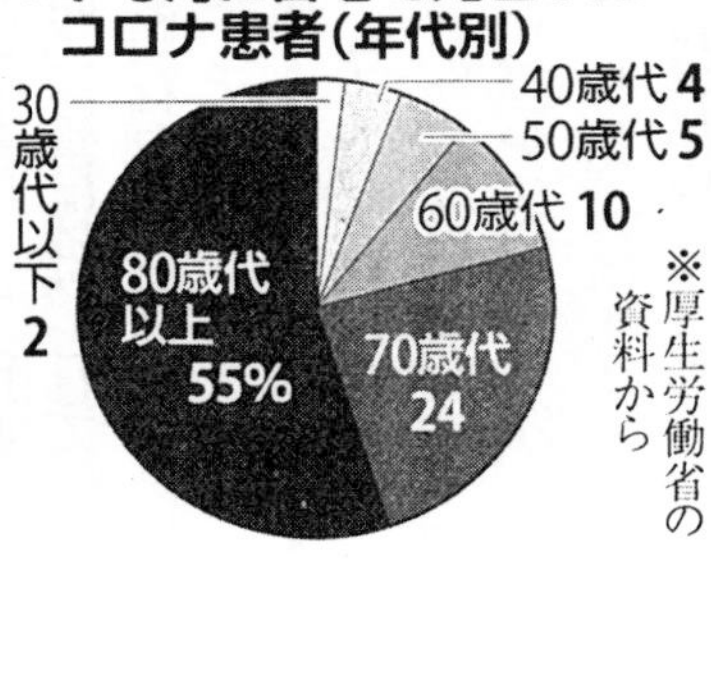

読売22・4・28

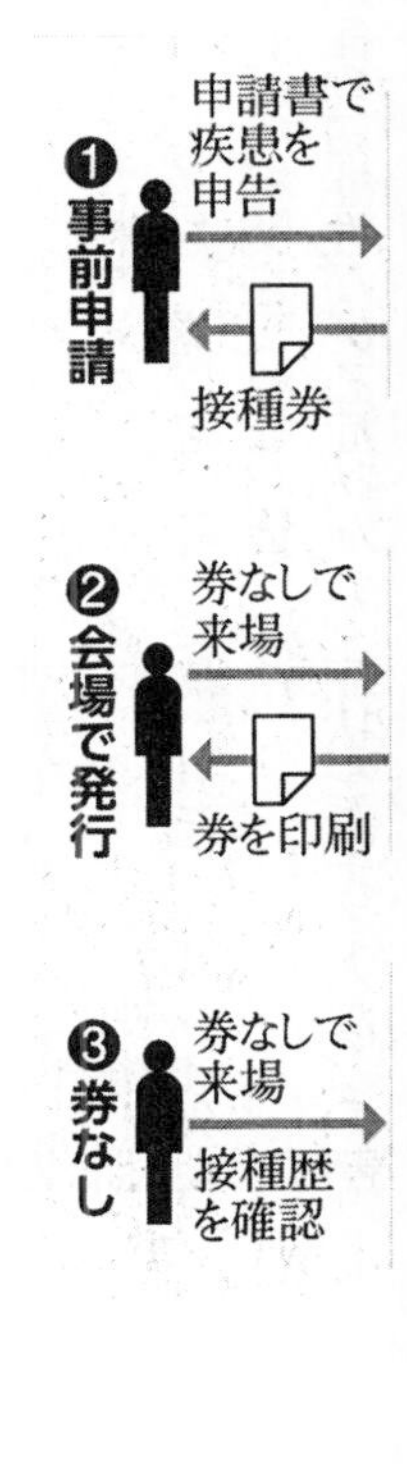

公立病院 統廃合求めず

総務省、コロナ影響で改革方針転換

京都22・4・19

公立病院の経営改革に関する総務省の方針が大きく転換した。3月に7年ぶりに改定した自治体向け指針で、不採算病院などの統廃合が必要とする従来の見解を撤回。統廃合は求めず、2024年3月までに病院の経営強化計画を作成するよう要請した。新型コロナウイルスの患者受け入れで、各地の公立病院が大きな役割を果たしたのが要因だ。

総務省が自治体に経営改革を呼びかけたのは07年だ。公立病院は民間では採算が取りにくい過疎地の医療などを担うため、赤字体質なのが特徴。赤字は自治体が穴埋めする場合が多く、経営を立て直さなければ、地方財政が大きく悪化するとの危機感があった。

経営改善策として、これまで重視していたのが統廃合を含む「再編・ネットワーク化」だ。07年と15年の2度にわたって策定した改革指針では、自治体に積極的な検討を要請。03年に1007だった病院数は21年に853まで減少し、病床数も15%減った。

こうした状況の中、新型コロナの流行で公立病院を取り巻く環境が一変した。全国に占める病床割合が13%なのに対し、各都道府県が感染第5波前の昨年6月に確保したコロナ病床の32%は公立病院。同1月には、人工呼吸器を使った入院治療のうち、約半数を担う時期があった。

公立病院改革の経過

2007年12月	総務省が改革指針。自治体に病院の統廃合を含む「再編・ネットワーク化」を呼びかけ
15年3月	2度目の改革指針を策定。引き続き統廃合を促す
20年春	国内で新型コロナウイルス流行が本格化
21年3月	公立病院数が03年3月から15%減り853に
22年3月	3度目の改革指針を策定。統廃合ではなく、病院間の「役割分担、連携強化」を促す

公立病院 2021年3月時点で全国に853あり、民間を含む全病院の約1割を占める。自治体自らが運営する「直営型」が主流。近年は経営効率化へ、地方独立行政法人への組織変更や、民間への運営委託に踏み切る自治体が増えている。20年度決算では約4割が赤字。新型コロナウイルス対応の財政支援がなければ、6割程度が赤字だったとみられている。

患者受け入れで大きな役割

分担・連携強化を要請

総務省は3度目となる今回の指針で「感染症拡大時に公立病院の果たす役割の重要性が改めて認識された」と強調。再編・ネットワーク化を促す文言をなくし、代わりに「病院間の役割分担や、連携強化」を進めるよう自治体に求めた。具体的には、基幹病院が高度な医療を引き受け、周辺の中小病院は初期治療や回復期のケアなどに特化する姿を想定している。限りがある医師や看護師、医療設備を地域内に効率的に配置し、経営効率化と病院存続の両立を図る戦略だ。自治体の判断による統廃合は妨げない。

総務省は「新たな感染症がいつ流行するか分からず、統廃合を進めれば地元への影響が大きい」と方針転換の理由を説明。「人口減少や医師不足で公立病院の経営は依然として厳しい。地域ぐるみで医療体制を維持する方法を考えてほしい」と話している。

コロナ後遺症 1年後も10%

厚労省 中等症以上で入院 調査

筋力低下が最多

新型コロナウイルス感染症で入院した人のうち約10%は、退院から一年たった果を、厚生労働省研究班がまとめた。中等症以上だった約七百人を分析した結%ほどだった。京都市で開催中の日本呼吸器学会で二十三日、発表した。

退院1年後に見られた後遺症の可能性がある症状の例

筋力低下	7.4%
呼吸困難	4.4
関節痛	4.0
だるさ	3.5
思考力・集中力低下	3.5
嗅覚異常	1.6
味覚異常	1.0

※厚生労働省研究班による

（呼吸器内科学）は、時間がたつにつれて症状を訴える人の割合が減っていると重要だ」と指摘した。感染対策の徹底とワクチン接種を呼びかけている。

二〇二〇年九月～二一年七月ごろに新型コロナの中等症以上で入院した人を対象に、その後の状況を調べた。

経過を把握できた六百九十三人のうち、退院の一年後も医療機関を受診し、後遺症の可能性がある症状が

主な症状別では筋力低下が7・4%、呼吸困難が4・4%、だるさが3・5%だった。嗅覚異常は1・6%、味覚異常は1・0%で確認された。複数の症状を訴える人も見られた。

またCT検査のデータがある人のうち、一年後に肺に影が残る人は5・1%だった。

症状を訴える人などの割

時点でも後遺症を抱えている可能性があるとの調査結

果。最も多い症状は筋力低下で、分析対象者全体の7

研究班の代表で学会理事長の横山彰仁・高知大教授

しつつ「一部の人には残っており、感染しないことが

確認された人が9・8％いた。

東京22・4・24

合は、今後データが追加されると増える可能性があるという。

コロナ療養先 判定サイト

札幌市導入 保健所負担減へ自動化

新型コロナウイルスの「第7波」の備えとして、札幌市は25日から、感染者がオンラインで症状を自己申告し、軽症なら、保健所からの連絡なしで自宅療養が決まる「療養判定サイト」の運用を始める。これまではすべての感染者について保健所が「入院」「自宅療養」などを判断し、電話で連絡していたが、第6波の感染拡大で業務が逼迫《ひっぱく》。判定を自動化し、保健所の負担軽減を図る。

コロナ感染者の療養先は、通常、各地の保健所が、医療機関から提出された発生届をもとに症状や持病の有無などを踏まえ、「入院」「宿泊施設」「自宅」のどれが適当かを判断している。その上で療養先を感染者一人ひとりに連絡している。

ただ、感染者が増えると療養先を決めるのに時間がかかり、感染者への連絡が滞る。札幌市でも、従来は全員の療養先を保健所が判断して一人ひとりに電話で連絡をしていたが、今年1月以降の第6波では最大で1日約2400人の感染が判明。療養先がすぐに決まらない事態が起きた。

高齢者や持病があるなど重症化リスクの高い人は、急に症状が悪化して命を落とす危険もあるため、療養先の判定には迅速さが求められる。このため同市は、医師が作成した基準に沿って「自宅療養でよい人」と「それ以外（入院や宿泊療養が必要）」を自動判定するサイトの導入を決めた。

発熱外来で検査を受けた人に判定サイトの閲覧方法を紹介し、陽性判明後、感染者自身に「氏名」「生年月日」「持病」「ワクチン接種の有無」などの約20項目を入力してもらう。入力時間は10～15分程度で、その場で「自宅療養」か「自宅以外」の判定が出る。「自宅以外」とされた人には、保健所がすぐ電話で連絡し、入院先などを手配する。

札幌市保健所の担当者は「自宅療養者の判定や連絡を省略できれば、重症者の健康観察に集中できる」と説明している。

自宅療養を自動判定する札幌市のサイトのイメージ

※市の発表に基づく

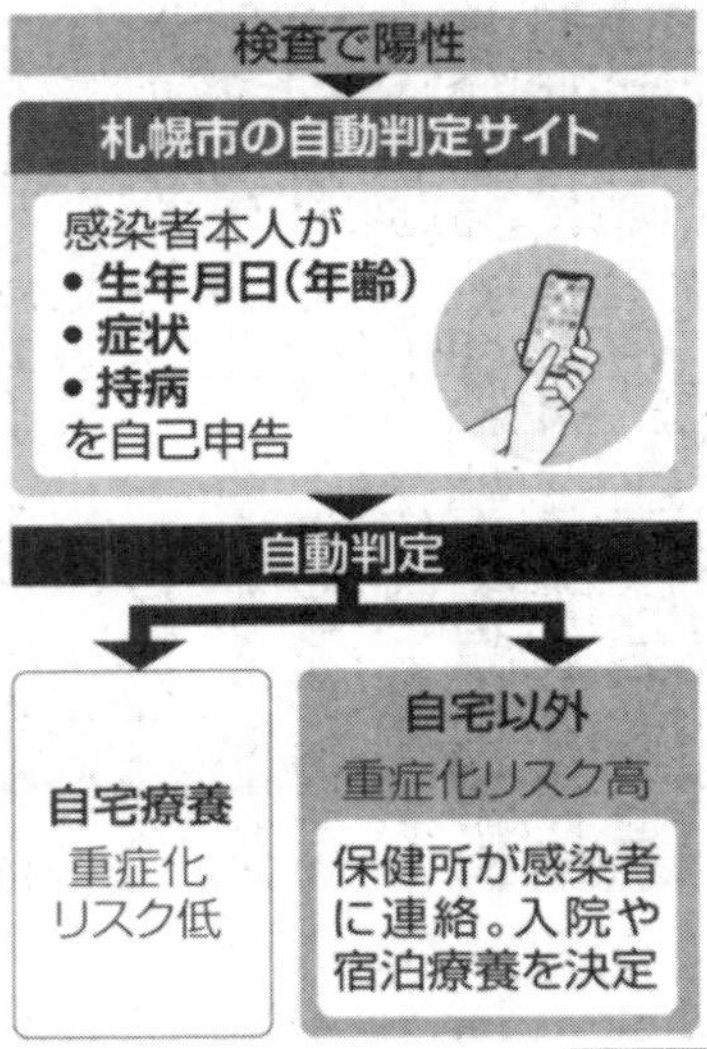

最初の連絡 SMS広がる

保健所からコロナ感染者への「最初の連絡」を巡っては、人口の多い都市部を中心に、電話での全員連絡をやめ、スマホなどの電話番号に届くSMS（ショートメッセージサービス）を利用する動きが広がる。

大阪府では、65歳以上の高齢者や持病がある人たちには保健所から電話をして療養先を伝えている。一方で、65歳未満で持病がないなど「低リスク」の感染者には、SMSでの連絡を基本とし、体調が悪化した場合に連絡可能な相談窓口「自宅待機SOS」などをSMSで紹介している。

東京、埼玉、神奈川の各都県や福岡市も、リスクが低い感染者らへの電話連絡をやめ、SMS対応に切り替えている。

読売22・4・24

朝日22・4・28

コロナ医師派遣 要請できる高齢者施設65%

厚労省 体制整備急ぐ

新型コロナウイルスの感染者が発生した際、医師や看護師らを派遣する医療機関を確保できているのは全国の高齢者施設の65%にとどまることが、厚生労働省の調査でわかった。「第６波」では、高齢者施設でクラスター（感染者集団）が起きて医療逼迫《ひっぱく》につながったことから、同省は全ての施設が医療支援を受けられる体制整備を急いでいる。

同省が28日、各都道府県を通じて全国５万6119施設を調べた結果を公表した。回答率は67%だった。

「医師らの往診・派遣を要請できる医療機関を事前に確保している」と答えたのは、未回答を含めた全施設のうち65%だった。都道府県別でみると、岩手や富山など７県が100%だった一方、兵庫は16%、鹿児島は21%にとどまった。

第６波では施設の入所者のなかで入院が遅れたり、入院によって身体が衰えたりする事例が確認された。同省は入所者らが感染した場合も「原則入院」の方針を維持する一方、再度の感染拡大に備え、施設での医療体制の強化を重視しており、現状について調査を進めてきた。

（石川友恵）

宇陀の医療、充実期待
市移動診療車運行へ
市長ら式典

奈良22・4・30

無医村地区の解消を図る、宇陀市移動診療車の運行セレモニーが29日、同市榛原下井足の市役所正面玄関前で開かれた。金剛一智市長や山本裕樹・市議会議長ら約60人が出席し、市内の医療体制充実へ期待を寄せた。

同市は2017年より開業医閉院が相次ぎ、地域の医療体制の構築のため、3年前から移動診療車の導入に向けて準備を進めてきた。

車輌（全長約9・8㍍、幅2・45㍍、高さ3・55㍍）は、「Uda Mobile Clinic（うだモバイルクリニック＝略称UMC）」と命名。乗車人数は最大6人。前方が検診室、後方が診察室になり、主にX線撮影装置、超音波撮影装置、モニター付き除細動器と心電図などを搭載。X線撮影装置を備えた移動診療車は全国にもないという。

市立病院地域医療部が医療を提供し、北部地区の大宇陀人権交流センターを拠点に火曜日午後と水曜日午前に診療を実施。さらに火、水、金曜日を移動診療日と

長は「まさに最新設備を備えた、車の付いた診療所。（青と白を基調とした）車両の色、イメージは、ドラえもんのように医療で地域の皆さんを幸せにして笑顔にする。ナンバープレートの車輌番号も8080で、『晴れ晴れ』としました」と説明した。

金剛市長から運行を担う市立病院へ診療車の鍵を贈呈。金剛市長や来賓らがテープカットして祝ったあと、車内内覧会が行われた。

5月10日午後からは、大宇陀人権交流センターにて、地域の住民へのお披露目会を開催。翌11日午前から診療を開始する予定。

更年期影響 初調査へ
40代以降の心身症状 職失う例も
厚労省

朝日22・4・18

めまいや頭痛、気分の落ち込みなど40代以降の「更年期」に生じる症状や、それが仕事や日常生活に及ぼす影響について、厚生労働省が初めての調査に乗り出す。症状が重く、仕事を続けられずに職を失うといった深刻なケースもあり、実態把握が必要と判断した。

更年期は女性の場合、閉経前後の計10年間ほどの時期を指し、ほてりやめまい、情緒が安定しないなど様々な症状が出る。女性ホルモンの減少などが要因とされ、日常生活に支障が出るほど症状が重い状態を「更年期障害」という。男性もホルモンの低下などによって同様の症状が起こることがある。

民間の調査などでも、症状が重く仕事を休まなければならなくなったり、仕事を続けられなくなったりした事例が報告されている。

個人で加入できる労働組合「総合サポートユニオン」などは昨春、インターネットで「更年期症状に関わる職場での悩み」を調査。285件の回答のうち「更年期特有の症状のために、仕事で悩みを抱えたり、職場トラブルや労働問題にあったりした」とした人は37%に上った。症状が原因で会社を休んだ人のうち、「何らかの不利益な取り扱いを受けた」という人は29%いた。

ただ、現行では更年期の様々な症状に対して、労働基準法に定められている「生理休暇」のような制度はなく、支援策を求める声が高まっている。

厚労省は今年度、研究事業を立ち上げて調査に取りかかる。まず実態把握を進めた上で、対策を検討していくという。

（石川友恵、中井なつみ）

援企業にマーク

厚生労働省は4月から、仕事と子育ての両立支援に積極的な企業を認定する「くるみん制度」を拡充し、不妊治療中の社員をサポートする企業向けの新たなマークを作った。社員の治療負担を軽減し、働きやすい環境を整備する狙い。企業は求人情報や商品にマークを使

ている企業のうち、不妊治療に使える休暇制度やテレワーク、フレックスタイムといった柔軟な勤務制度を導入するなど、条件を満たせば付与される。

従来のくるみんマークの下にハート形の手が添えられたデザインで、全国から寄せられた81点の作品の中から選ばれた。

くるみん制度は4月から男性

歯、口の健康促進へ新条例

県が制定、世代別に対策強化

兵庫県は、県民の生涯を通じた歯と口腔《こうくう》の健康づくりを進めるため、新たな条例を制定した。人生100年時代に向け、乳幼児期から高齢期まで全世代でケアの重要性が高まっており、歯科保健対策を強化することで口腔機能を保ち、健康寿命を延ばしたい考えだ。

条例は「歯及び口腔の健康づくり推進条例」。人生の段階に応じた具体的な施策、自治体や医療関係者、県民らの責務を盛り込む。新型コロナウイルス禍での歯科受診控えや外出自粛による口腔機能の低下などにも対応していく。

2022年度は条例に沿った新規事業を展開する。まずは乳幼児や保育園の歯科健診の実態を調査。虫歯予防のガイドラインや動画を作り、関係先に配布、啓発する。

また、歯科健診の学校実施の義務がなくなる大学生については、県内の学生有志が交流サイト(SNS)や動画で、主体的に歯科口腔の健康づくりに取り組むよう発信するプロジェクトを実施。18歳以降にリスクが高まる歯周病や親知らずのトラブルに備える。

このほか、口腔がんの早期発見・治療に向け、歯科医対象の研修会を開催。精神障害者や通所介護事業所利用者の口腔ケアを支援するため、施設職員の研修や人材育成にも取り組む。

11月には条例を普及、啓発する行事を開催する。県は定期的に歯科健診を受ける人の割合を19年度の44・3%から、26年度には51%にまで高める目標を定めており、県健康増進課は「条例を、歯磨きと定期的な歯科健診を進めるきっかけにしたい」とする。

県は22年度当初予算に、関連事業費約700万円を盛り込んでいる。（大島光貴）

神戸（兵庫）22・4・27

し、各日午前午後、計週6回の診療を展開する予定だ。

セレモニーでは、金剛市

宇陀市移動診療車運行を祝ったセレモニーでテープカットする金剛市長（中央）ら＝29日、同市榛原下井足の市役所正面玄関前

不妊治療 支

「くるみん制度」拡充

厚労省

い、こうした姿勢をアピールできる。

愛称は「くるみんプラスマーク」。くるみん認定を受け

くるみんプラスマーク

社員の育休取得率の基準を引き上げ、新たに「トライくるみん」を追加。現行の「プラチナくるみん」「くるみん」と計3種類の中から、取り組み内容に応じたマークが付与される。厚労省は中小企業などにも取得を呼びかけたい考えだ。

静岡22・4・19

ウイッグ、帽子… 補正具に勝山市助成

がん患者対象 最大22万円

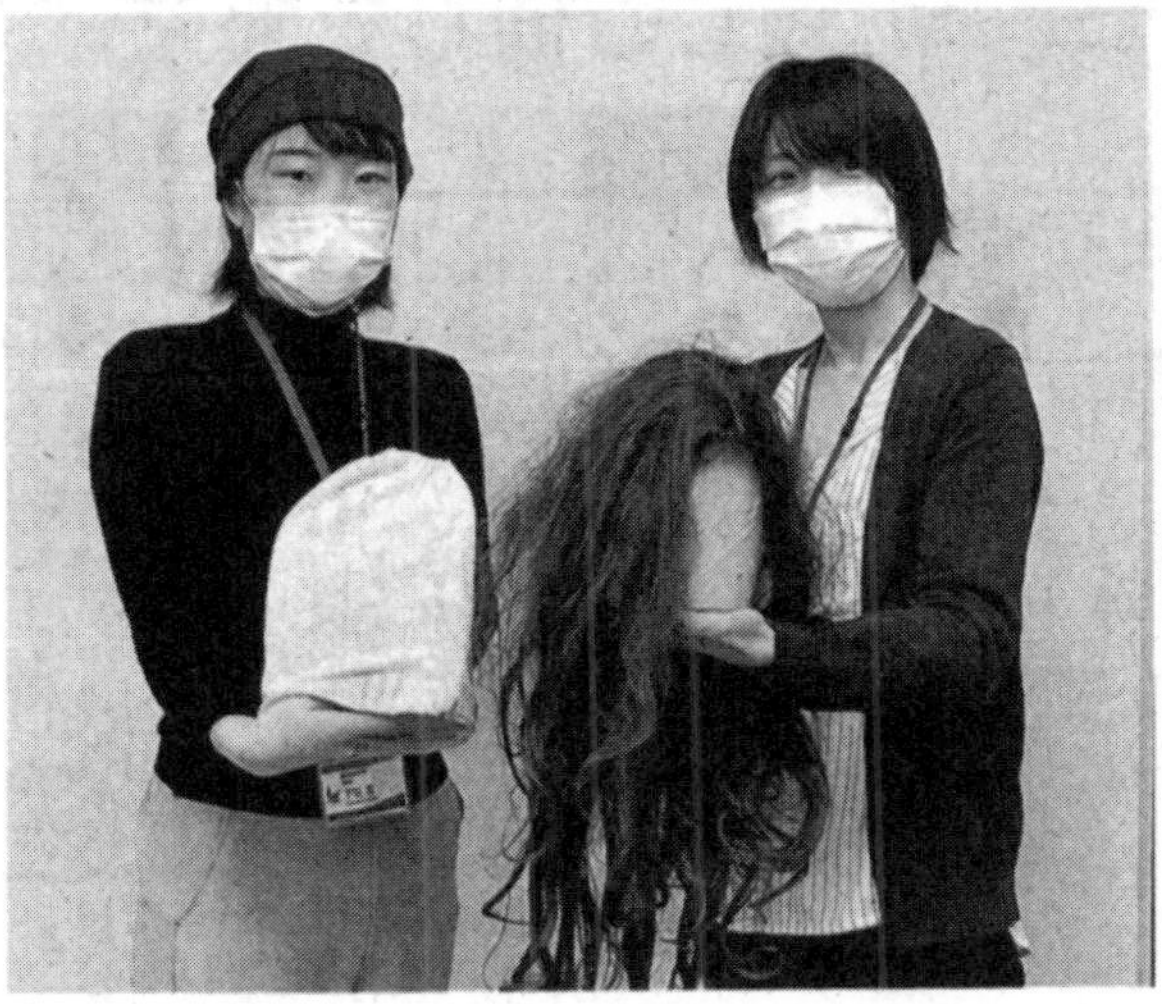
購入助成の対象となるウイッグや帽子＝勝山市福祉健康センターすこやか

勝山市は本年度、がん治療に伴う脱毛症状などに悩む市民に対し、ウイッグ（かつら）などの補正具の購入費用を助成する制度を創設した。1人5千円を上限に補助する県事業に市独自で上乗せをして最大22万円を援助する。

市健康体育課によると、補助対象の品物は頭部保護のウイッグや帽子のほか、乳房の切除をした人が着用する人工乳房・人工ニップル、補正用下着。がん治療経験者の意見を聞いて品物を選定した。

ウイッグ・帽子類と人工乳房類は各10万円、補正用下着は2万円を上限に補助する。再発した際などにも備えて同一年度内で上限額に達するまで何度でも申請が可能で、2022年度は当初予算に事業費100万円を計上した。

同課は「県内のほかの自治体と比べ、かなり手厚い内容だと思う。身体的、精神的な負担を和らげるために活用してほしい」としている。（桂知之）

福井22・4・27

開業医」不足解消を

所開設5000万円補助

中能登町 誘致へ 破格制度

志水、6年勤務で4800万円 綱引き激化

中能登町は15日、町内に新たに診療所を開設した医師に最大で5千万円を補助する石川県内初の制度の創設を決めた。建物を建てたり、医療機器を導入したりする際の費用の一部を助成する。町内では、身近な開業医の不足が長年の課題となっていた。最大4800万円の医学生修学支援制度を設けた宝達志水町を上回る破格の条件で、近くの町同士で医師確保の綱引きを繰り広げている。

中能登町によると、同様の制度を導入した県内市町はなく、他県の事例を参考に補助額を決めた。

新規の開業医に対しては、土地や建物の取得で最大2500万円、医療機器の購入で最大2500万円を支援。補助率はいずれも2分の1となる。町内の開業医が施設を拡張する場合も、建物の改修と医療機器の購入に必要な経費をそれぞれ1千万円を限度に町が負担する。

自治体の医師確保策としては、宝達志水町が今年度、医学生が卒業するまでの6年間に年額800万円を上限に貸

所があるが、内科と小児科のみ。ほかの診療科を受診する場合、七尾市の公立能登総合病院や恵寿総合病院など町外の医療機関に足を運ぶ必要がある。中でも、人工透析を受ける患者の通院負担が大きく、かねて医療環境の充実が求められていた。

制度の対象は内科、歯科、精神科、眼科、血液透析科、産婦人科など町内で需要が高い診療科を想定している。5月に制度要綱を策定し、受け入れ体制を整える。

15日に開かれた町議会総務建設、教育民生両常任委員会で町側が制度の概要を説明した。制度創設は、宮下為幸町長が昨年3月の町長選で掲げ

北國（石川）22・4・16

不妊治療相談24時間OK

府の電話窓口 仕事との両立支援

京都府は、不妊治療と仕事の両立を目指す人を対象とした電話相談窓口「仕事と不妊治療の両立支援コール」（予約制）を、今月から365日24時間対応に変更した。相談件数の増加や不妊治療の保険適用拡大を受け、見直した。

支援コールでは、治療と仕事の両立に悩む人や支援制度の導入を検討している企業からの相談に、産業カウンセラーなどの資格を持つ相談員が応じている。

2018年の開設当初は相談日が月1回で、年間利用は数件しかなかったが、週5日に増やした20年度以降は10件程度に増加。仕事を抱える人が主な対象という点も考慮し、柔軟に対応しようと365日24時間対応に改めた。今月からは不妊治療に医療保険適用の範囲も広がったため、相談ニーズも高まると想定している。

府によると、同様の相談窓口の24時間対応は全国的にも珍しいといい、「休日など利用者が余裕を持った状態で気軽に相談してほしい」（こども・青少年総合対策室）としている。

相談は無料で4日前までに予約が必要。きょうと子育てピアサポートセンター（京都市南区）のホームページにある予約フォームから。同支援コール075（692）3467。

（只松亮太郎）

京都22・4・27

松江市が不妊治療独自助成

混合診療 金額負担部分に30万円

4月に公的医療保険適用が拡大された不妊治療につ

に、1回30万円を助成する独自制度を設けると発表し

「身近な診療

与し、卒業後に町立宝達志水病院で同じ期間勤務すれば最大4800万円の返済を免除する修学資金貸付制度を新設している。中能登町の補助額はこれを上回る。

町内には現在、五つの診療

た公約の一つ。宮下町長は、腎臓内科・小児科と整形外科の医師が町内での開業を希望しているとし、「町民が近場で希望する診療科に受診できるよう、医療機関の誘致を進めたい」と話した。

宝達

常勤1病院だけの日野郡

町の小児科医確保へ

3医療機関が連携で後継

年少人口が減少する中、鳥取県日野郡の3町は郡内の小児科医を持続的に確保するため、連携して医師の受け入れ体制整備に乗り出す。共同で小児科医を雇い、各町の公立医療機関を回って診療や予防接種、乳児健診などを担ってもらう。将来的に他の診療科にも広げ、住民が地元で専門医の診療を受けられる環境を維持したい考えだ。

連携するのは、いずれも自治体経営の日野病院（日野町野田）、日南病院（日南町生山）、江尾診療所（江府町江尾）の3医療機関。小児科の常勤医がいるのは日野病院だけだが、高齢のため後継者の確保が急がれていた。

計画では、3町が人件費を分担して雇用した小児科医1人が、曜日を決めて3医療機関で診療。加えて、乳児健診や予防接種、学校医といった行政サービスも担い、郡内の小児医療を総合的に守る。医師が3医療機関のどこからでもカルテを確認できるよう、各自治体の公共施設をつなぐ行政用回線「情報ハイウエー」を活用した遠隔操作を検討する。

発案した日野病院の孝田雅彦病院長は昨年10月、3町議会の合同勉強会で議員や町職員に説明し、賛同を得た。3月に各町長と共に鳥取大医学部付属病院を訪れ、医局と3町で雇用形態などを協議していくことを決めた。

持続可能な地域医療の構築を目指し、他の診療科にも同様の仕組みを広げたい考え。孝田病院長は「来てくれた先生が一番勉強になり、私たちも助かる。採算のために総合診療科だけにする病院もあるが、専門医の診療を地元で受けられることが患者の負担軽減につながる」と話している。（本高屋修）

▲地域医療を支える、いずれも自治体経営の(左から)江尾診療所（江府町江尾）、日野病院（日野町野田）、日南病院（日南町生山）＝コラージュ

日本海(鳥取)22・4・16

いて、松江市が22日、保険外治療との混合診療で体外受精と顕微授精を行う場合

た。妊娠を目指す夫婦の費用負担の軽減につなげる。

体外受精と顕微授精は4月、42歳までの女性を対象に子ども1人当たり6回（初回治療時に40歳以上の場合は3回）を上限に保険適用され、自己負担が3割となった。一方、保険外治療を組み合わせた場合は適用部分の治療費を含めて全額自己負担となるため、市が制度を創設した。

助成の上限回数は初回申請時の女性の年齢が39歳以下は通算6回、40歳以上は同3回。保険適用の年齢制限を超える43歳以上も対象とする。採卵しない場合は助成額が10万円となる。

先進医療との混合診療では、全額自己負担となる先進医療部分の費用に対して1回当たり5万円を最高に助成し、回数に上限は設けない。

市は2016〜20年に約8千人だった出生数を26〜30年に1万人に増やす目標を掲げ、22日の定例会見で発表した上定昭仁市長は「診療を受ける方の負担額が多くならないようにしたい」と話した。（片山大輔）

山陰(島根)22・4・23

出産一時金42万円「足りない」

民間団体調査　まかなえた人は7％

「出産費用が高く、その後の生活に影響が大きかった」「出産費用を見たら、2人目を産むか悩んだ」——。子育て支援のあり方などを提言する団体が出産費用についてアンケートしたところこんな声が多く寄せられた。健康保険から支給される「出産育児一時金」42万円で出産費用をまかなえたのは7％だったという。

社会全体での子育て支援の必要性を提言する任意団体「子どもと家族のための緊急提言プロジェクト」が21日会見し公表した。2018年1月以降に出産した人を対象に、今年4月1～15日にインターネット上で調べ、1228件の有効回答を得た。

アンケートで、費用が61万円以上だった人は47・3％、71万円以上と答えた人も25・7％を占めた。東京、千葉、神奈川、埼玉の1都3県で特に高い割合だったという。本人が希望しなくても、「エステ代」「マッサージ代」などが出産費用にパッケージとして含まれ、高額化していたケースもあったという。

出産は自由診療のため、費用は妊産婦の全額自己負担が原則。出産育児一時金の支給は、当事者の自己負担を軽減する目的で設けられている。厚生労働省の資料によると、一時金の額は公的病院での出産費用の平均額を参考に定めているという。一方、同省の調査で、出産費用は年々、増加傾向で、19年度の平均で52万4182円（室料差額なども含む）。どの医療機関にかかるかは当事者が選べるものの、分娩《ぶんべん》に対応する産婦人科が減少しており、希望通り選べる状況にない場合も多い。

調査を担当した同プロジェクトの共同代表、佐藤拓代さんは「海外では、出産を保険適用にしているところも多い。国として、出産費用の自己負担額が適正かどうかも含めた議論をすすめてほしい」と話す。（中井なつみ）

■出産した当事者の声

◆高い。産みたくてもこの金額では産めない（茨城県）
◆予約金を払わないと分娩《ぶんべん》予約ができないため、急に大きな負担が生じて驚いた（千葉県）
◆毎月の妊婦健診で4千～1万円が飛び、その末の多額出費は痛かった（東京都）
◆母子健康手帳交付前の初診が自費で、妊娠40週超過の健診も自費。おかしい。少子化は国難なのに、もう少し助けてほしい（京都府）
◆教育にも多額の負担があるのに、（子育ての）入り口の出産でなぜこんなにお金がかかるのか（山梨県）
◆妊婦健診だけで計数十万円の持ち出しに。お金が足りなかった（東京都）

朝日22・4・22

妊娠中の不安をオンライン相談

25日から板橋区

板橋区は、つわりなどの体調面や育児への不安、経済面など、妊娠中の人の心配事にオンラインで保健師や助産師が応じる妊婦面接を二十五日から始める。

区では、妊娠から出産、育児まで切れ目なく支援する「いたばし版ネウボラ事業」を推進してきた。対面での妊婦相談を行ってきたが、外出や対面相談が難しい人や、自宅安静や入院が必要な人にも、PCやスマートフォンなどから安心して相談してもらおうと、オンラインの環境を整えた。

区担当者は「一人で悩みを抱えている妊婦さんに寄り添いたい」と、気軽な利用を呼びかけている。

面接時間は午前九時～午後五時の間に一人二十～三十分。予約は都電子申請システムから二十四時間受け付けている。区内五カ所の健康福祉センターごとに各日五人程度受け付ける。（長竹祐子）

オンライン相談のテストをする職員＝板橋区提供

東京22・4・20

低負荷のごみ袋を作製

村上市は地域の清掃活動などに使う専用のごみ袋を作製し、自治会や住民グループへの配布を始めた。古くなった備蓄米などを原料としたバイオマスプラスチックを利用。環境負荷の低いごみ袋を配ることで、市民に環境への意識を高めてもらうことが狙いだ。

村上市は昨年6月、温室効果ガス排出量を実質ゼロにする「ゼロカー

新潟22・4・20

生ごみ堆肥化 体験を

日出町が段ボール製コンポスト無料配布

環境対策、活用呼びかけ

【日出】日出町は本年度、段ボール製コンポストの無料配布を始めた。生ごみを堆肥に変える経験をすることで、町民にごみの減量や循環型社会に関心を持ってもらう狙いがある。担当者は「管理が簡単なのでぜひ活用してほしい」と呼びかけている。

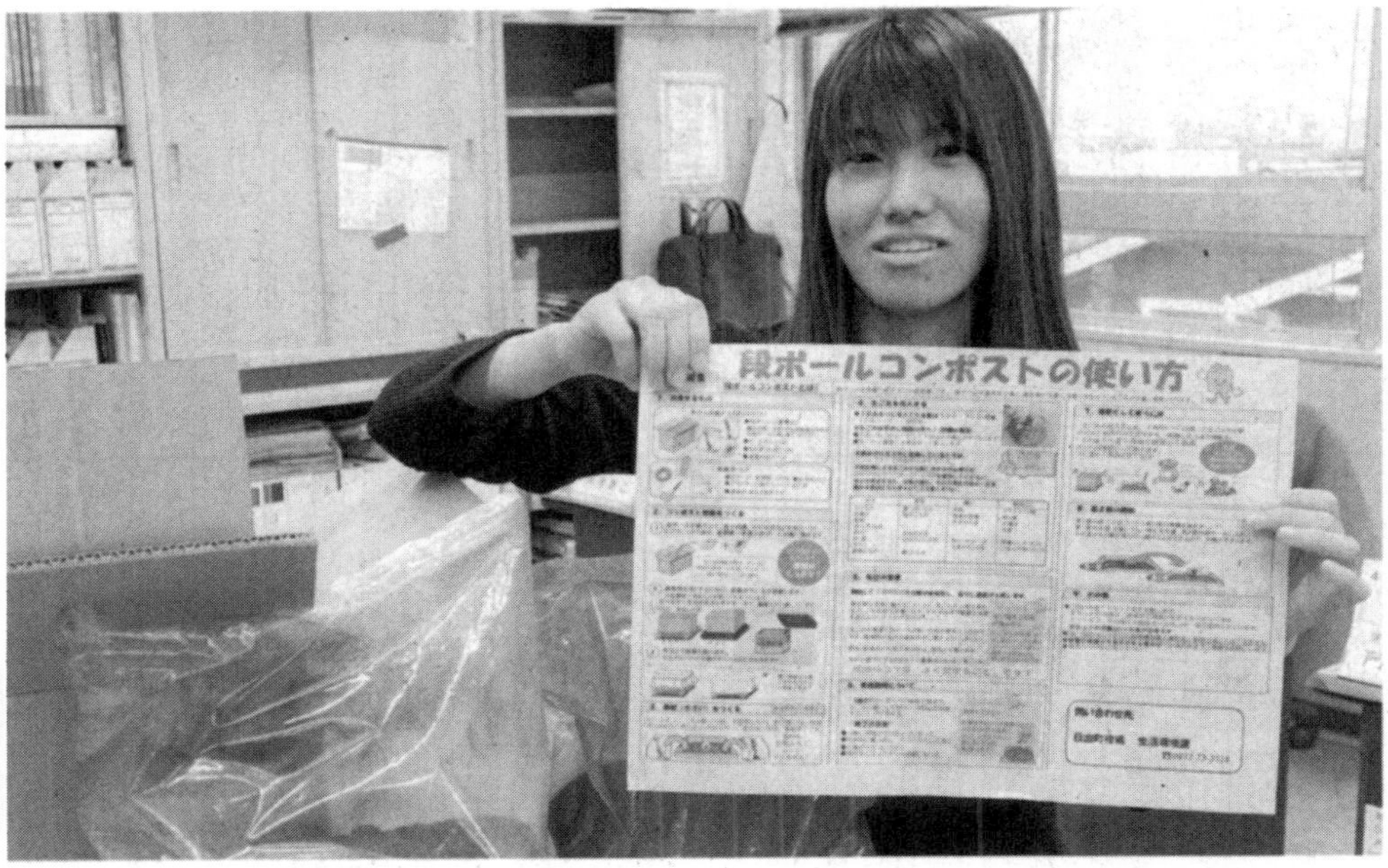

段ボール製コンポストの活用を呼びかける日出町生活環境課の職員

町生活環境課によると、日本では年間約600万トンの生ごみが出されており、うち半分近くが家庭から出る。各家庭が生ごみの資源化に取り組めば、ごみ減量に大きな効果が期待できる。

配るのはマニュアルと段ボール、ごみに混ぜるピートモス、もみ殻くん炭など。1箱で30～45キロほどの生ごみを処理でき、約3カ月間使用できる。配布対象は町内在住者で、1世帯一つまで。100セットを用意しており、なくなり次第終了する。すでに40セットを配り終えた。

町は環境啓発に力を入れている。本年度からは酒瓶の回収ステーションを公共機関に設置し、瓶のリユース（再使用）も進めている。同課は「温暖化対策は世界規模で取り組まなければならない。町民にも自分事に置き換え、行動してもらえたら」と話した。

問い合わせは同課（☎0977・73・3128）。（吉止啓貴）

大分22・4・26

「ゼロカーボンシティ」村上

ボンシティ」を宣言。取り組みの一つに、バイオマス資源のごみ袋導入を掲げていた。

バイオマスプラスチックは、原料となる植物が二酸化炭素（CO_2）を吸収するため、排出されるCO_2と差し引きゼロとなり、環境への負荷が小さいとされている。市は環境について考えるきっかけにしてもらおうと作製を決めた。

原料のうち、4分の1が非食用米やトウモロコシなどの植物由来の成分。「CO_2削減に貢献している環境に優しい袋です」などと説明が書かれている。

市は今回、10万枚を作製し、3月中旬から配布を始めた。本年度中に、クリーン作戦などを行う自治会など約150団体に配る予定だ。

市環境課は「専用のごみ袋を使ってもらうことで、市のゼロカーボンシティの取り組みを知ってもらいたい」としている。

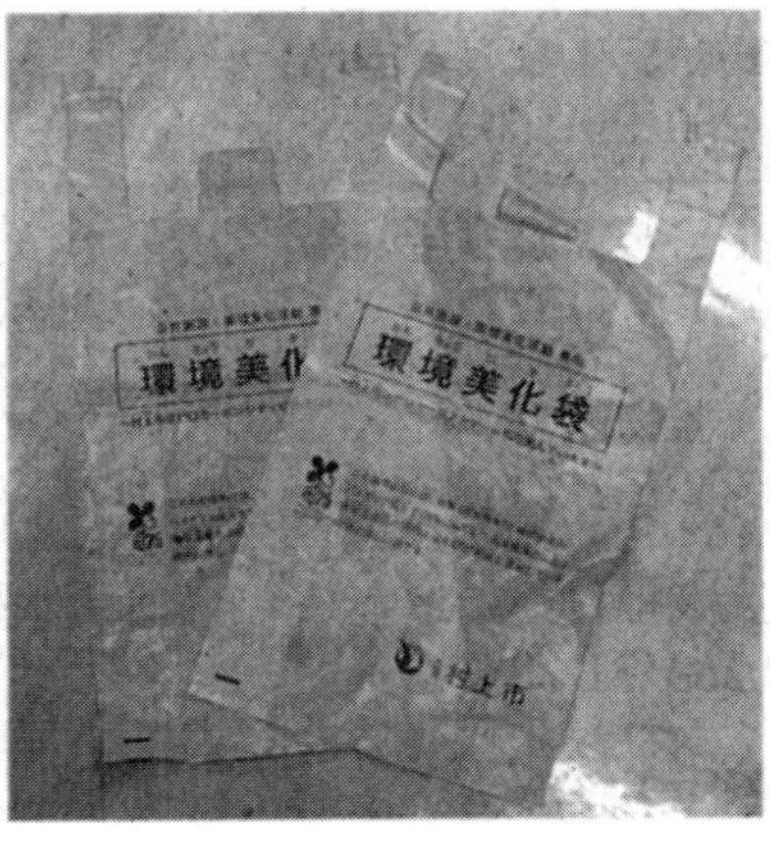

写真＝村上市が作製した清掃活動などに使う専用ごみ袋

●環境（廃棄物）／環境（大気）

網走に地域新電力会社

日本ガイシ　自治体出資は道内初

【網走】日本ガイシ（名古屋）は20日、網走市の出資を受け、地域新電力会社、あばしり電力（網走）を設立すると発表した。自治体出資による地域新電力会社の設立は道内で初めて。

資本金は7千万円で、出資比率は日本ガイシ85・7%、市14・3%。今月27日に会社を設立する。

あばしり電力は、市内に太陽光発電設備と日本ガイシが生産する大容量蓄電システム「NAS電池」を設置。発電した電力を北海道電力に売電し、市の公共施設や市内にある日本ガイシのグループ会社に電力を供給することで電力の地産地消を図る。災害などで停電が起きた際は、発電施設に隣接する避難施設に直接電力を供給する。

2024年度までに市内4カ所の市有地に計1500キロワット分の太陽光発電設備を整備する計画。今秋にも工事を始め、23年4月から発電事業を開始する。

日本ガイシは1991年に市内にグループ会社「NGKオホーツク」を開設、セラミックス用の治具などを製造している。

あばしり電力の社長に就任予定の日本ガイシ・エネルギー&インダストリー事業本部管理部の村本正義部長は「長年の付き合いがある網走で、電力が地域内で循環する流れを生み出していきたい」と話した。

（池野上遥）

北海道22・4・21

充電設備 義務化へ

東京都　新築建物にZEV用

東京都の小池百合子知事は22日、都内で建築物を新築する際、排ガスを出さないことを目指し、5月以降に中間報告をまとめる。小池氏は記者会見で「エネルギ

毎日22・4・16

国内温室ガス 7年連続減

20年度最少　コロナ影響

環境省は15日、2020年度の国内の温室効果ガス排出量（確定値）が二酸化炭素（CO_2）換算で11億5000万トン（前年度比5・1%減、13年度比18・4%減）だったと発表した。7年連続の減少で、算定を始めた1990年度以降、3年連続で過去最少を更新した。

同省によると、20年度に減少したのは、新型コロナウイルス感染拡大で製造業の生産が縮小したことや、旅客・貨物の輸送量が減ったことが主な要因。政府は、30年度までに「13年度比46%減」の削減目標を掲げるが、山口壮環境相は同日の記者会見で「46%削減という目標達成は簡単ではない。気を緩めず取り組みを継続する必要がある」と述べた。

温室効果ガスのうちCO_2の部門別排出量は、産業部門（工場など）で3億5600万トン（前年度比8・1%減）、運輸部門（自動車など）で1億8500万トン（同10・2%減）だった。【岡田英】

清掃の輪 アプリで広がる

港・渋谷区など導入

個人の活動を「見える化」

記録や交流 参加動機に

拾ったゴミの写真などを投稿できるアプリを活用して、ゴミ拾いや地域の清掃活動を「見える化」する動きが東京都内の自治体で広がっている。新型コロナウイルスの影響で清掃活動の担い手も企業・団体より個人の存在感が増すなか、住民一人ひとりの活動をインターネット上で統合して見せることで、モチベーション向上につなげようとしている。

環境スタートアップのピリカ（東京・渋谷）が提供するアプリ「ピリカ」は拾ったゴミの写真や場所を記録するほか、SNS（交流サイト）のように参加者同士で感謝の意を伝えたり、コメントを投

自治体版は世界中から収集したデータを自治体ごとに切り出してウェブ上で視覚的に表示する。地域で清掃活動に参加する企業・団体一覧のほか、ゴミ拾いの実績をランキングやマップで見られる。ただ、導入自治体は福井県や横浜市など19年時点で全国6県市にとどまっていた。

普及のきっかけはコロナの感染拡大だ。大勢での清掃活動が難しくなる一方、個人のゴミ拾い参加者は急激に増えた。ピリカの自治体版を担当する村越隆之さんは「把握が難しかった個々の活動もピリカでスポットライトを当てられる。住民同士の交流を促し動機づけにもなるということで、自治体の関心が高まった」とみる。

採用自治体は21年までに13県区市に広がり、22年も3府区市が既に導入。ほかにも複数の自治体が採用を決めている。東京都内では21年7月に渋谷区と港区が導入し、豊島区も約7カ月間の実証実験を経て22年4月から本格運用を始めた。期間中は14万個以上のゴミが拾われ、小学生や親子での参加も目立ったという。

それぞれの区は工夫を凝らす。約4200人が参加する港区は3〜4月にアプリと連動した美化キャンペーンを開催。拾ったゴミの数に応じて、建築家の隈研吾氏が設計した積み木や野菜の詰め合わせなどを抽選で贈る。渋谷区は7月をメドに自治体版サイトを改良し、清掃用品の貸し出し申請や落書きの通報機能などを使いやすくする。

ピリカはゴミがどこに落ちているかを調査する「タカノメ」も展開しており、村越さんは「ゴミの分布データと組み合わせれば、自治体はより効果

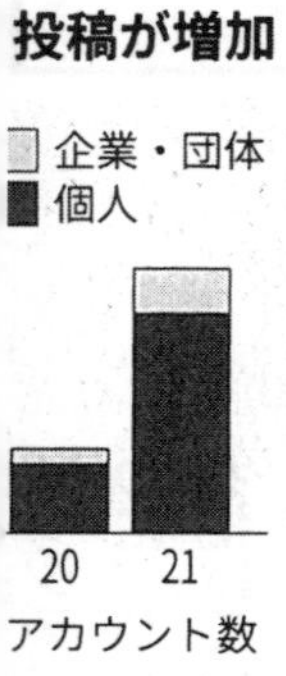

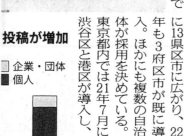

い電気自動車（EV）などのゼロエミッション車（ZEV）の充電設備の設置を義務化する方針を示した。定例記者会見で明らかにした。大規模なビルやマンションのほか、大手住宅メーカーが供給する戸建て住宅も対象としたい考えで、温室効果ガスの削減を目指す。

都が3月の環境審議会で示した制度案によると、延べ床面積2000平方㍍以上のビルやマンションを新築する際には、駐車場の台数に応じて一定数の充電器などを整備するよう供給側に要請。

戸建て住宅など2000平方㍍未満の建物についても、都内で供給する新築物件の延べ床面積が年間2万平方㍍以上になる一定規模以上のメーカー（約50社を想定）に対しては、充電用の配線設置などを求めるとしている。

都は審議会で、こうした仕組みの「標準化」を検討するとしていたが、小池氏は「義務化」を検討するよう指示。今後は既に義務化に向けた検討が進められている太陽光パネル設置と合わせて都条例に位置付ける

ーを減らす、つくる、ためるという取り組みの一層の定着に向けて制度改正を進める。ZEVの普及を支える充電設備の設置は不可欠だ。スピードを速めていかなければならない」と話した。【黒川晋史】

毎日22・4・23

プラごみ循環 加速へ

川崎市と6事業者

プロジェクト設立し連携

市民の行動変容促す

プラスチックごみの資源循環を加速させようと、川崎市とリサイクル事業者など6社が連携し、「かわさきプラスチック循環プロジェクト」を立ち上げた。まずは回収したペットボトルを処理して再びペットボトルを製造する「水平リサイクル」の取り組みについてPRし、市民の行動変容を促す。今後は参加事業者を増やし、将来的により多くのプラスチックごみを資源循環させ、脱炭素化につなげる狙いだ。（武藤 龍大）

プラスチック資源循環の加速に向けて連携する福田市長（中央）と事業者の社長ら＝川崎市役所

参加事業者は、ともに市内のリサイクル事業者のJ&T環境とペットリファインテクノロジー（PRT）、飲料メーカーのアサヒ飲料とサントリーホールディングス、小売業のイトーヨーカ堂とセブン―イレブン・ジャパン。

市が回収したペットボトルは、プロジェクトに参加するリサイクル事業者の2社などが再生している。昨年度は約5300㌧を回収したが、リサイクル率は9割で、ラベルなどの容器包装については4割にとどまるという。脱炭素化に力を注ぐ市は、さらに資源循環を進めるため、各事業者に声をかけた。

国内で主流のマテリアルリサイクルに取り組むJ&T環境や、世界で唯一、ペットボトルのケミカルリサイクル事業を手がけるPRTのほか、ペットボトルの回収や植物由来素材を使った容器の製造など、さまざまなリサイクル事業を行う企業が集結。市は、こうした取り組みを交流サイト（SNS）などを通じてPRし、市民のさらなる意識向上を図るとともに、新たな事業展開につなげたい考えだ。

19日に同市役所で行われた会見で、福田紀彦市長は「100%プラリサイクル都市を目指し、市民や事業者と共に取り組みたい」とし、事業者の社長らは「石油資源に依存しないサステナブルな社会を未来につなぎ、世界に向けて発信できるように挑戦したい」などと話した。

◆マテリアルリサイクル　プラスチックを異物と選別、洗浄し、プラスチックのまま原料にし、新たな製品を作るリサイクル方法

◆ケミカルリサイクル　プラスチックを化学的に分解し、製品の原料などに再利用するリサイクル方法

神奈川22・4・22

稿したりと交流できる。アプリのユーザーは2022年3月時点で世界112カ国・地域で延べ180万人にのぼり、2億3千万個のゴミ拾いデータが蓄積されている。

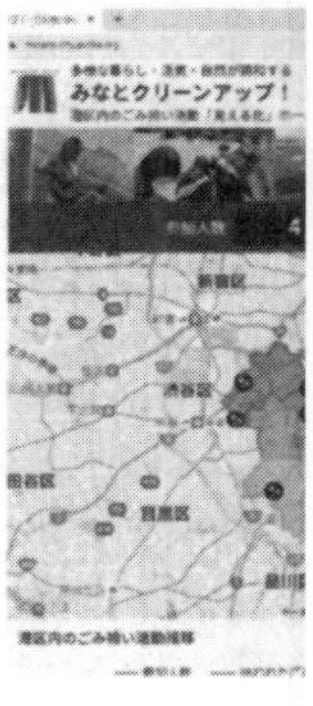

自治体版ページでは参加人数や拾われたゴミの数を地図やグラフで示す（港区版ピリカ）

コロナを機に個人の

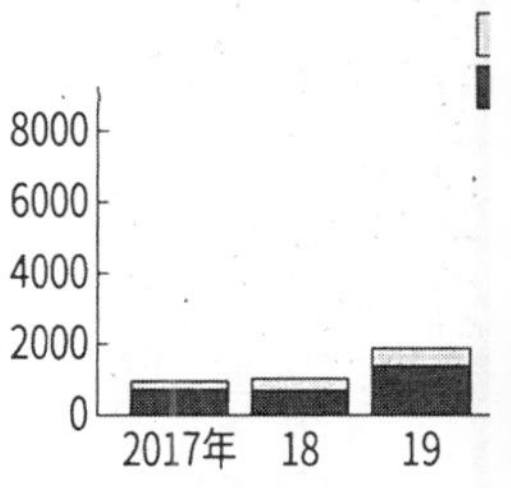

（注）清掃活動を投稿した

（出所）ピリカ

的な清掃イベントを企画できる」とみる。清掃活動のデジタルトランスフォーメーション（DX）をいかに進めるか、自治体のデータ活用の巧拙も問われることになりそうだ。

日経22・4・16

●環境（大気）

久山町、脱炭素社会へ本腰

「ネーチャーポジティブ」など宣言

農家収入増と環境改善図る

久山町は、町内の二酸化炭素（CO_2）吸収量が排出量を上回る「カーボンネガティブ」と、山林や農地をCO_2吸収源として活用し、農家や町の収入増と環境改善を狙う「ネーチャーポジティブ」を目指すと宣言した。今後、九大都市研究センター（福岡市）と連携し、山林や農地でのCO_2吸収量をクレジット（削減量販売権）として取引する。

宣言は3月30日。同センターによると、CO_2排出量をゼロにする「ゼロカーボンシティ」を掲げる自治体は多いが、同日現在でカーボンネガティブを宣言したのは大分県国東市に続き全国2例目、ネーチャーポジティブは初めてという。

脱炭素社会に向けた町の姿勢のアピールと、経済効果の一挙両得を期待した取り組み。まず本年度は、計3㌶を対象に、町有のぼた山や林、遊休地の樹木を切り、CO_2吸収量が多く5年サイクルで伐採できる早生《そうせい》桐《ぎり》などの広葉樹に植え替える。また今後、CO_2吸収量を増やす目的で、水田の麦の二毛作や遊休地での麦栽培にも乗り出すという。

町のCO_2吸収量の算出やクレジット化、国内外のクレジット取引所での販売、企業との相対取引などは、同センターが担う。

町役場であった宣言式で、同センター長の馬奈木俊介主幹教授（都市工学）は「久山のような小さな自治体がカーボンネガティブ、ネーチャーポジティブの先頭に立ち、成功させることが大都市や国を動かす」と宣言の意義を強調した。

脱炭素社会に向けた宣言をした久山町の西村勝町長（左）と連携する九州大学都市研究センター長の馬奈木俊介主幹教授

西村勝町長は「久山が守ってきた『自然資本』の質の向上で、農業後継者の育成、町の価値向上などにつなげたい」と話した。

久山町は1970年、開発しないことを前提とする市街化調整区域の網を町の97%にかぶせた。広さ約37平方㌔の町の3分の2は森林で、福岡市に隣接しながらマンションは1棟しかない。人口を計画的に管理し、現在は約9200人にとどめている。（森竜太郎）

西日本（福岡）22・4・19

下野（栃木）22・4・28

地域新電力会社が誕生

那須塩原「那須野ケ原みらい」

市など出資、10月から供給

【那須塩原】地域の再生可能エネルギーを活用し、地域経済の循環や脱炭素化の実現を目指す地域新電力会社「那須野ケ原みらい電力」が27日、設立された。市や市内企業、地元金融機関など10社・団体が出資し、うち市と金融機関を除いた6社・団体が事業実施者となって10月から電力供給を開始する。公共施設への供給から始め、将来的には学校や企業、家庭に広げる方針。地域新電力会社の設立は、宇都宮市の「宇都宮ライトパワー」に続き県内2例目。（野中美穂《のなかみほ》）

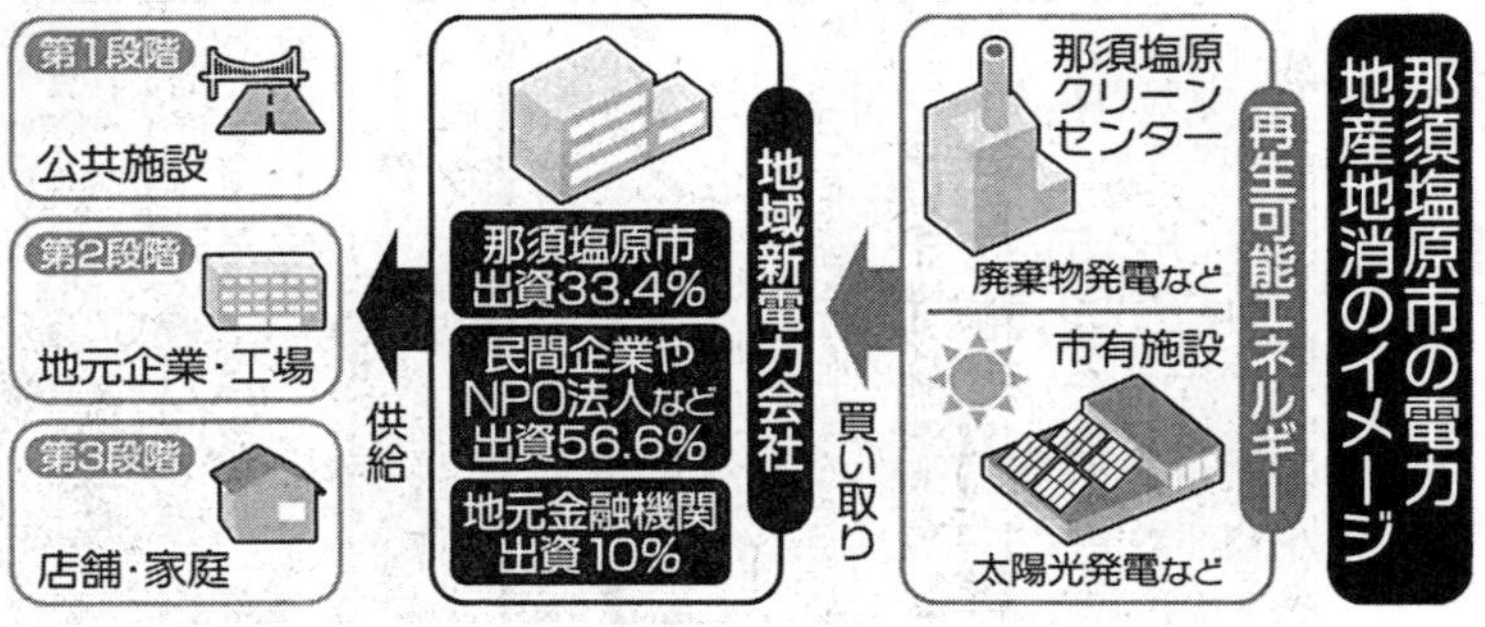

地域新電力会社設立は、持続可能なまちづくりを目指す市の「那須野が原グリーンプロジェクト」の一環。市外で使われている電力を市内で循環し、電力使用料などの収益を二酸化炭素を削減する脱炭素事業や地域貢献活動に生かす狙い。

同社は、電力を市営ごみ処理施設「那須塩原クリーンセンター」のごみ焼却熱での発電や電力卸売市場で調達し、10月から市内公共施設のうち39施設に供給する。来年度以降は学校や地元企業への供給を目指す。供給先拡大に伴い、新たな再エネ電源の開発や、市内事業者らが所有する再エネ電源の活用を検討する。

資本金は1500万円。市が33・4%、6社・団体が56・6%、金融機関が10%を出資した。

市は1月末に事業実施者を公募し、三区町の鈴木電機など計6社・団体でつくるグループが応募、事業実施者に決定した。社長には、鈴木電機の鈴木大介《すずきだいすけ》社長(43)が就いた。同社は同日、青木の那須環境技術センターで記者会見し、渡辺美知《わたなべみち》太郎《たろう》市長ら関係者約20人が出席。鈴木社長は「地元の民間企業などが一つになり、那須野ケ原の未来をつくっていきたい」と話した。

射水市と北電

射水市と北陸電力は28日、市庁舎や小中学校など市内38の公共施設に再生可能エネルギーを使って発生させた電気を５月１日から導入し、二酸化炭素排出量の15％削減につなげると発表した。10月からは、北電がバイオマス発電業者「グリーンエネルギー北陸」（同市片口久々江・新湊、加治幸大社長）から「非化石価値」を買い取って公共施設に再エネを供給し「地産地消」を実現させる。地元で民間事業者の再エネを特定して調達し、公共施設に供給するケースは北陸初という。（北崎裕一）

市庁舎・学校に再エネ

来月 38施設に導入
CO_2排出15％減目指す

射水市の再生可能エネルギーの地産地消イメージ

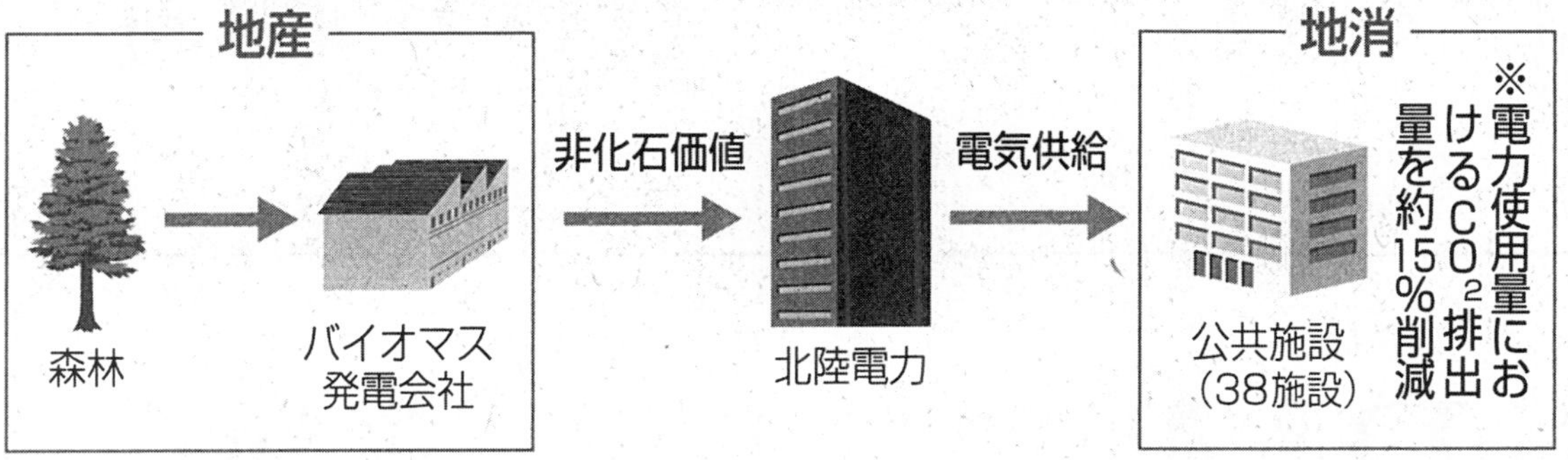

公共施設への再エネ導入は、2050年までに温室効果ガス排出量を実質ゼロにするカーボンニュートラル実現に向け、地域特性を生かした温暖化対策を進めようと実施する。

北電は9月までは射水市外の太陽光などから得た再エネを公共施設に供給する。非化石エネルギーの発電源が分かる「トラッキング付き非化石証書」が発行される10月からは、バイオマス発電による「地産地消」を実現させる。

夏野元志市長は「電気料は従来よりも高くなるが、全体使用量を節約してコスト縮減に努めたい」と述べた。

市と北電、北陸電力送配電が28日に6項目の包括的地域連携協定を締結した第1号事業として再エネ導入を発表した。

他に安全・安心で住みやすいまちづくり、デジタルトランスフォーメーション（DX）・持続可能な開発目標（SDGs）推進などで連携する。

北日本（富山）22・4・29

毎日22・4・27

脱炭素先行26件選定
環境省 48自治体の提案

環境省は26日、2030年度までに二酸化炭素（CO_2）排出実質ゼロを目指す「脱炭素先行地域」の第1弾として、26件（19道府県の48自治体）を選んだと発表した。

同省が今年1～2月に募集したところ、102の自治体から79件の応募があった。各市町村などが実質ゼロにする方法や、対象エリア・施設を計画。有識者による評価委員会で、CO_2削減だけでなく、農業や防災といった地域の課題解決につながっているかなど9項目で採点し、同省が最終決定した。

都市部で選ばれたのは、横浜市▽さいたま市▽静岡市▽名古屋市▽北九州市――など。兵庫県尼崎市は、プロ野球・阪神の2軍の本拠地が同県西宮市から25年に移転するのに合わせ、球場や室内練習場に太陽光発電設備を設けるなどして、周辺の鉄道駅6駅も合わせた脱炭素化を図る。

農村部では、町内全域の住宅（約2500戸）や事業所などの電力の脱炭素化を掲げた北海道上士幌町などが選ばれた。同町は酪農が盛んで、家畜のふん尿を発酵させて出るメタンガスを使って発電する「バイオガス発電」や、公共施設での太陽光発電の導入などを進める。

先行地域は、再生可能エネルギーの導入に伴う設備の整備費用を最大75％補助する国の交付金を受けられる。政府は、25年度までに全国で先行地域を100カ所以上選ぶことを目指しており、第2弾は今夏に募集し、秋にも決定する予定だという。【岡田英】

脱炭素先行地域に選ばれた提案を出した自治体

北海道石狩市	新潟県佐渡市	鳥取県米子市
北海道上士幌町	長野県松本市	島根県邑南町
北海道鹿追町	静岡市	岡山県真庭市
宮城県東松島市	名古屋市	岡山県西粟倉村
秋田県	滋賀県米原市	高知県梼原町
秋田県大潟村	堺市	北九州市
さいたま市	兵庫県姫路市	熊本県球磨村
横浜市	兵庫県尼崎市	鹿児島県知名町
川崎市	兵庫県淡路市	

※共同提案自治体は含まず

SDGs認定制度創設

龍ケ崎市 推進へ企業・団体募集

国連の「持続可能な開発目標（SDGs）」を一緒に推進する相手を求めようと、龍ケ崎市はパートナーシップ制度を創設した。SDGsの理念に基づく事業を市内で展開するか、その予定のある企業・団体が対象だ。募集はすでに始まっている。パートナーに登録されると、市から認定証が贈られる。

市では現在、来年1月から始まる次期最上位計画の策定作業が続く。SDGsの考え方も盛り込まれる方針だ。制度は、SDGsを巡り、企業・団体による具体的な事例を市政に反映させる狙いがある。パートナー同士での連携も深めてもらいたい考え。企業ほか、NPOや学校、住民自治組織からの応募を想定している。

パートナーになると、市広報紙や市ホームページで取り組みが紹介される。市は今後、パートナー間の関係を強めるため、勉強会や交流会を開催する予定だ。

市の担当者は「行政だけではSDGsを進められない。対等な立場で、共に歩める仲間を見つけたい」と期待を込めた。

要件を満たしていれば、企業・団体の所在地は問わない。登録に当たっては、申請書類を市ホームページでダウンロードし、必要事項を記入の上で市企画課に提出する。問い合わせは同課☎0297(64)1111。（鈴木剛史）

パートナーに登録された企業や団体に贈られる認定証の見本＝龍ケ崎市役所

焼きのPM2.5対策 難題

法令規制なし・「伝統農法」 自治体苦戦

大気汚染を引き起こす微小粒子状物質（PM2・5㊟）の濃度が国内で改善傾向にある中、発生源の一つの「野焼き」への対策が課題になっている。工場や自動車のように排出を規制する法令がない上、地域によっては伝統的農法として定着しているとの事情が難しさの要因だが、独自の対策に乗り出す自治体もある。（松田卓也）

条例で禁止、補助制度も

㊟PM2・5　大気中に浮遊している直径2・5㍃・㍍（1㍃・㍍は1000分の1㍉・㍍）以下の粒子。肺の奥まで入り込みやすく、ぜんそくや肺がんなどの呼吸器系や循環器系の疾患につながる恐れがあるほか、濃度が上がると心筋梗塞《こうそく》など心臓の病気による死亡リスクが上がるとの研究結果もある。

り取り後に行われた稲わらの野焼き（岡山市南区で）

■全体では減少

PM2・5は、主に工場や焼却炉などから排出された煙や自動車の排ガスなどに含まれる。国は大気中に含まれるPM2・5の濃度の基準（大気1立方㍍当たりで、1年平均値15㍃・㌘以下かつ1日平均値35㍃・㌘以下）を定める。

環境省によると、国内のPM2・5濃度は、2019年度の全国平均（観測地点835か所）が1立方㍍当たり9・8㍃・㌘で、6年連続で減少。環境省は、中国で排出規制の強化が進

県によると、県内の国のPM2・5排出基準の達成率は19年度が80・8%で、全国ワースト。こうした状況を受け、県は20年度から野焼きせずに発酵させた肥料にする「すき込み」を行う際に稲わらの分解剤となる石灰窒素などの購入費の補助制度を導入。同年度には155件の利用があった。

制度を利用する岡山市南区の国定俊彦さん（39）は「以前は全部野焼きしていたが、今は可能な限りすき込むようにしている。煙が減って近所にも喜ばれている」と話す。

■対応バラバラ

1960年代後半に「稲わらスモッグ」と呼ばれる大気汚染が生じ、視界不良で列車が運休するなど問題化した秋田県では、74年に県の公害防止条例で、稲わらも含めて野焼きを原則禁止とした。市町村や警察が見回りを実施し、違反者は行政処分の対象となる。

県の担当者は「長い年月をかけ、農家や住民に『野焼きはだめ』という意識が定着してきた」と話す。

茨城22・4・21

シカ捕獲 自動通知

わなにICT試験導入

見回り作業 負担を軽減

今夏から県

食害をもたらすシカの捕獲にかかる労力を軽減するため、県は2022年度、情報通信技術（ICT）を使った実証実験に着手する。山中に仕掛けた「くくりわな」の作動を知らせる機器を導入し、毎日の見回り作業を省力化する。捕獲従事者の高齢化が進み負担軽減が課題となる中、県は実験で効果が認められれば普及に取り組む考えだ。

県環境森林部によると、シカによる20年度の林業被害額は約6300万円。過去10年間で最大だった15年度の約1億1800万円からは減少したものの、依然として高い水準となっている。近年では特に、幼木がシカに食べられる被害が深刻化。県は伐採と造林によって森林の若返りを図る「循環型林業」に力を入れているが、支障をきたす可能性も出ているという。

くくりわなは、踏み板を踏むとワイヤが締まって獲物の足を捕らえる仕掛け。わな猟は銃猟に比べて免許を取得しやすく、近年登録者が増加。21年度のわな猟の登録者は1386人で、10年前の2倍近くに増えた。くくりわなは機材が比較的安価なこともあり、シカの捕獲を目的とした設置が増えている。

一方、わなの作動後に現地に行って確認する必要があり負担が大きかった。足場の悪い山中に仕掛ける場合が多く、見回りに危険が伴うことも難点だった。

実証実験では、離れた場所からわなの作動状況を確認できる2種類のICT機器を試験導入する。一つはわなの作動を携帯電話に知らせるシステムで、遠距離でも確認できる。わなの位置情報も地図上に表示される。もう一つは小型の受信機に信号を発信するタイプで、より簡易に設置できる利点がある。

実験は夏に始める予定で、捕獲従事者に機器を使ってもらい、性能や効果を検証する。「とちぎの元気な森づくり県民税」を活用し、22年度当初予算に約470万円を計上した。県自然環境課は「捕獲従事者の負担軽減を図るため、有効な手段を見極めたい」としている。（小口華奈子《こぐちかなこ》）

下野（栃木）22・4・24

野

稲の刈

み、大陸からの流入量が減少したとみている。

野焼きは散発的に行われるため、排出量の実態把握は工場や自動車より難しいとされる。国立環境研究所の伏見暁洋主幹研究員は野焼きが占める割合は全体の3～9％程度と推計し、「自動車や工場の排出量は減少しており、野焼きが無視できないレベルになっている」と指摘する。

工場や自動車からの排出は大気汚染防止法などで規制されているが、同法は大規模な公害を想定しており、農業は対象外だ。家庭ごみなどの野焼きを禁じる廃棄物処理法でも、農業の稲わらは例外として扱われる。

環境省は18年、各都道府県や政令市に対し、野焼きがPM2・5の濃度上昇に影響を与える場合があるとして、一般に周知するよう通知している。

■抑制乗り出す

岡山県は、野焼きの抑制に乗り出している。

しかし、こうした自治体は、少数派だ。

兵庫県三田市は、住民からの苦情で2018年に野焼きが可能な時間や季節を細かく定める指針の策定を目指した。しかし、農家から「昔からの手法なのになぜ制限されるのか」などの反対が出て見送った。

排出基準の達成率ワースト2の熊本県。同県は野焼きや放牧で日本最大級の草原を守ってきた阿蘇地域が「世界農業遺産」に認定されており、県の担当者は「文化的にも貴重で、規制は考えていない」とする。

汚染物質の問題に詳しい立命館大の市木敦之教授（環境政策）の話「規制の効果が大きい工場や自動車に先に手を付けたため、農業の対策が最後に残った面がある。規制や補助など地域の実情にあった対応を選択すればよいが、『野焼きも大気汚染につながる』という共通認識のための教育や啓発は不可欠だ」

読売22・4・17

目標は「人も猫も幸せな三田市」

神戸（兵庫）22・4・24

野良猫の不妊・去勢費募る

市がふるさと納税活用

●環境

三田市は野良猫の不妊・去勢手術費を補助するため、ふるさと納税の仕組みを使ったクラウドファンディングを28日から始める。繁殖を抑制することで、飼い主のいない猫を1代で終わらせる取り組み。市は「人も猫も幸せな三田市」を目指し、2021年度から手術費の補助を続けている。（土井秀人）

市には野良猫のふん尿や鳴き声などの苦情が寄せられる一方、野良猫を殺処分などから助けたいと活動している人もいる。両者に共通するのが「飼い主のいない猫が減っていくこと」だ。

猫は繁殖力が強く、1回の妊娠で4～8匹が生まれる。さらに年に2～4回出産できるとされる。ねずみ算式に増えるため、そのため市は「TNR活動」を支援してきた。TNRとは、捕獲（Trap）し、不妊・去勢手術（Neuter）をし、元の場所に戻す（Return）取り組み。手術することで発情期の鳴き声が少なくなり、尿の臭いも減るという。手術を受けた猫は耳の先端を桜の花びらのようにV字にカットされ、「さくらねこ」とも呼ばれる。

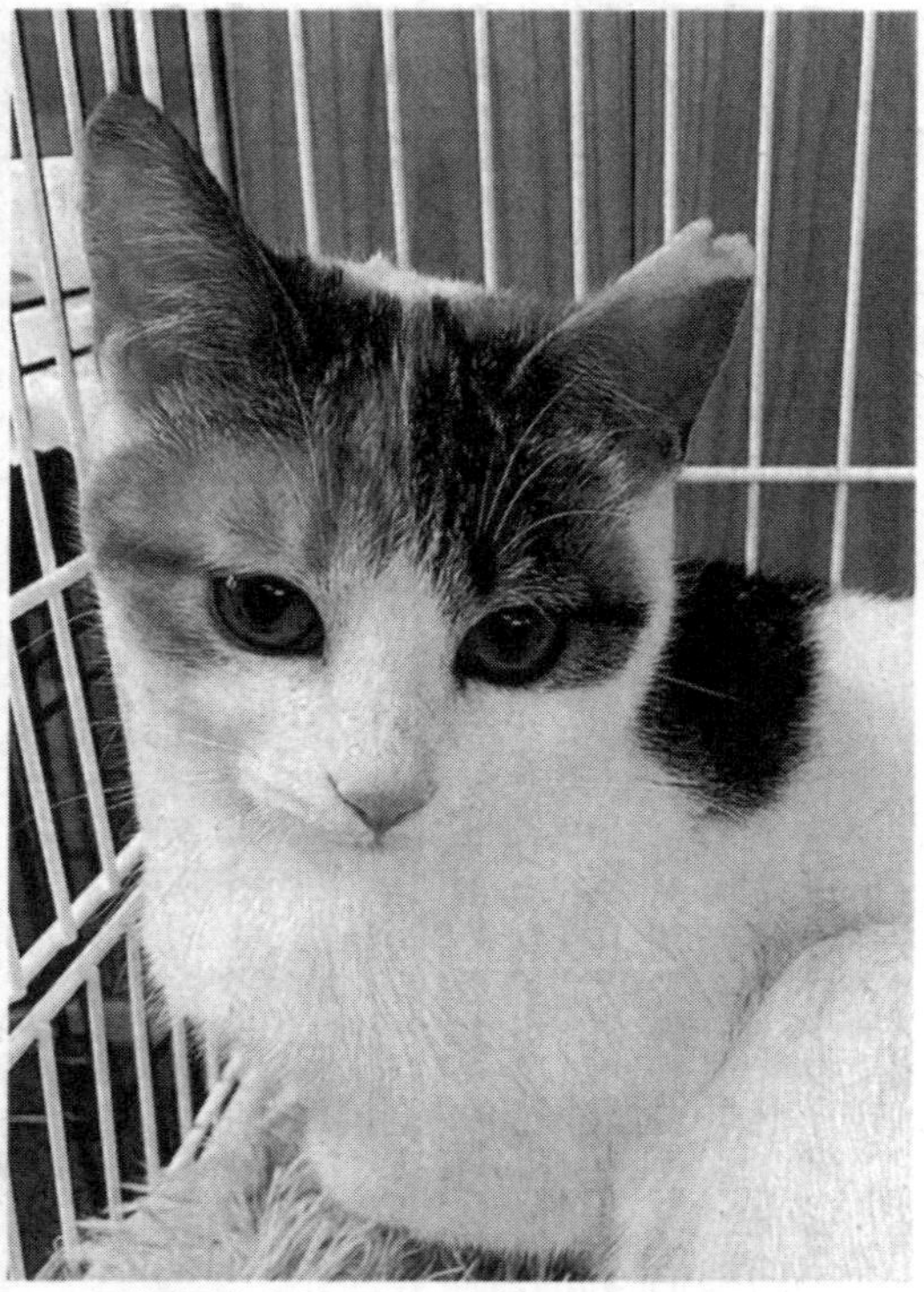

手術を済ませ、耳の先端をV字にカットした猫（三田市提供）

殺処分減へ目標100万円

市は21年度、市内の住民らに45万円を補助し、野良猫67匹が手術を受けた。21年9月からは、取り組みを広げるため、クラウドファンディングを実施し、105万円が集まった。

市環境創造課の担当者は「猫が好きな人もいれば、嫌いな人もいる。活動を理解してもらい、不幸な猫を減らしたい」と話す。

22年度の寄付は「ふるさとチョイス」のホームページで7月26日まで受け付け、目標額は100万円。市環境創造課☎079・559・5064

動物看護師、国家資格に

ペットにも質の高い医療も可能

動物病院で獣医師を補助する動物看護師を国家資格とする「愛玩動物看護師法」が5月1日に施行される。近年のペットブームに伴い、動物病院に求められる内容が多様化していることを受け、より質の高い医療を提供する狙い。初回試験は2023年2月の予定で、資格を取得すれば、動物看護師が従来できなかった採血や投薬などの医療行為が可能となる。

「動物看護のプロとして認められるのはうれしい。試験は必ず受けたい」。日本獣医生命科学大付属動物医療センター（東京）で動物看護師として働く彦根菜々子さん（33）は笑顔を見せる。ペットや飼い主に寄り添えるこの仕事にやりがいを感じてきた。ただ、獣医師のような法的資格ではないため、長期的なキャリアの展望を描きにくいことが悩みだった。同センターの森昭博動物看護科長は「国家資格化が現場の動物看護師の士気を高めるきっかけにな

る価値観の浸透がある。業界団体「ペットフード協会」（東京）の推計によると、21年の犬猫の飼育数は全国で計約1600万匹と、同年の15歳未満の子どもを上回った。ペットにも人間同様、高度な医療を求める飼い主の思いは高まっている。

近年は犬猫を繁殖させすぎて飼いきれなくなる多頭飼育崩壊といった社会問題も各地で後を絶たない。飼い主に適正な飼育を促すためにも、獣医師、動物看護師などのチームとして対応する必要性が指摘されていた。

受験資格は、大学や専門学校で動物看護の技術や知識を学ぶことで得られる。一方、現役の動物看護師については経過措置として実務経験5年以上の人を対象に、27年4月末までに予備試験に合格することなどで受験資格が与えられる。

日本動物看護職協会によると、動物看護師は米国や英国などで既に国家資格としての運用実績が長いという。同協会の横田淳子会長は「社会的役割は大きくなる。給与や

夏の景観 病害虫から守れ

県が対策マニュアル

沖縄の夏を紅《くれない》に彩る花木「デイゴ」と「ホウオウボク」。道路や公園、学校などに多く植えられ、南国の夏の景観をつくっている。半面、病害虫にむしばまれて枝を切り落とされたり、大量発生した病害虫が木の下に広がったりと美観を損なっているという苦情が上がることもあり、時には人体への健康被害も発生していた。南国・沖縄の夏の美観を守るべく、県は両木に特化した病害虫の予防、診断、防除マニュアルを作成した。県環境部環境再生課は市町村や道路、公園管理者らに配布する予定だが、ホームページでも公開し県民にも活用を呼び掛けている。

デイゴ・ホウオウボクの被害

環境再生課によると、市町村、道路、公園管理者らから上がる病害虫の被害報告のうち、デイゴとホウオウボクが特に多かった。防除は剪定《せんてい》が主な手法だが「剪定し過ぎて美観を損ねたり、剪定した部位から逆に病原菌に感染したりすることもあった」（環境再生課）と対応に苦慮していたという。

マニュアルは「ベニモンノメイガ」「タイワンキドクガ」といった主な病害虫別に防除だけではなく予防、診断の最新情報を掲載した。

剪定については、イラストを添えて適切な手法を紹介。農薬については、病害虫それぞれに適したものを検証、整理し、農薬取締法への登録も実現した。予防のための農薬の注入手法を写真で示し、防除のための農薬散布時の告知看板・告知文の例も示すなど、対応に苦慮していた管理現場の声に応えるものにした。

環境再生課は「デイゴ、ホウオウボク共に沖縄の観光資源の一つ」と指摘。「病害虫それぞれに応じた予防、診断、防除で環境にも美観にも優しい手法を選んでほしい」と話している。

「デイゴおよびホウオウボクの主要病害虫診断防除マニュアル」は県環境部環境再生課のホームページからダウンロードできる。（安里周悟）

上開花したホウオウボク（県環境部環境再生課提供）下病害虫被害で枝を切り落とされたデイゴ

琉球（沖縄）22・4・26

来年に初回試験、採血・投薬

れば」と期待を寄せる。

環境省によると、動物看護師は21年時点で全国に約2万5千人。業界団体が設けた認定資格を取得するのが一般的で、窓口業務や会計、入院したペットの食事管理、診療中に体をおさえる保定など業務は幅広い。

今年5月施行の同法では、獣医師の指示の下、診療補助や看護にあたる人を愛玩動物看護師と規定。採血やカテーテルによる採尿、犬や猫への装着が義務化されるマイクロチップの装着などの医療行為も可能になる。

国家資格化の背景にはペットを家族同然と捉え

待遇の改善を図るほか、資格取得後も日々進歩する獣医療に対応できるよう技術水準を維持できる仕組みづくりが不可欠だ」と話した。

▼愛玩動物看護師法 2019年6月に成立。環境省と農林水産省が、国家試験のカリキュラムなど具体的内容を検討会で議論してきた。同法が定める愛玩動物には犬と猫のほか、政令で定める動物としてインコやカナリアといった鳥が含まれる。愛玩動物看護師の資格を取得しなくても、現役の動物看護師は引き続き、病院の窓口業務や薬の受け渡しなどの従来業務はできる。

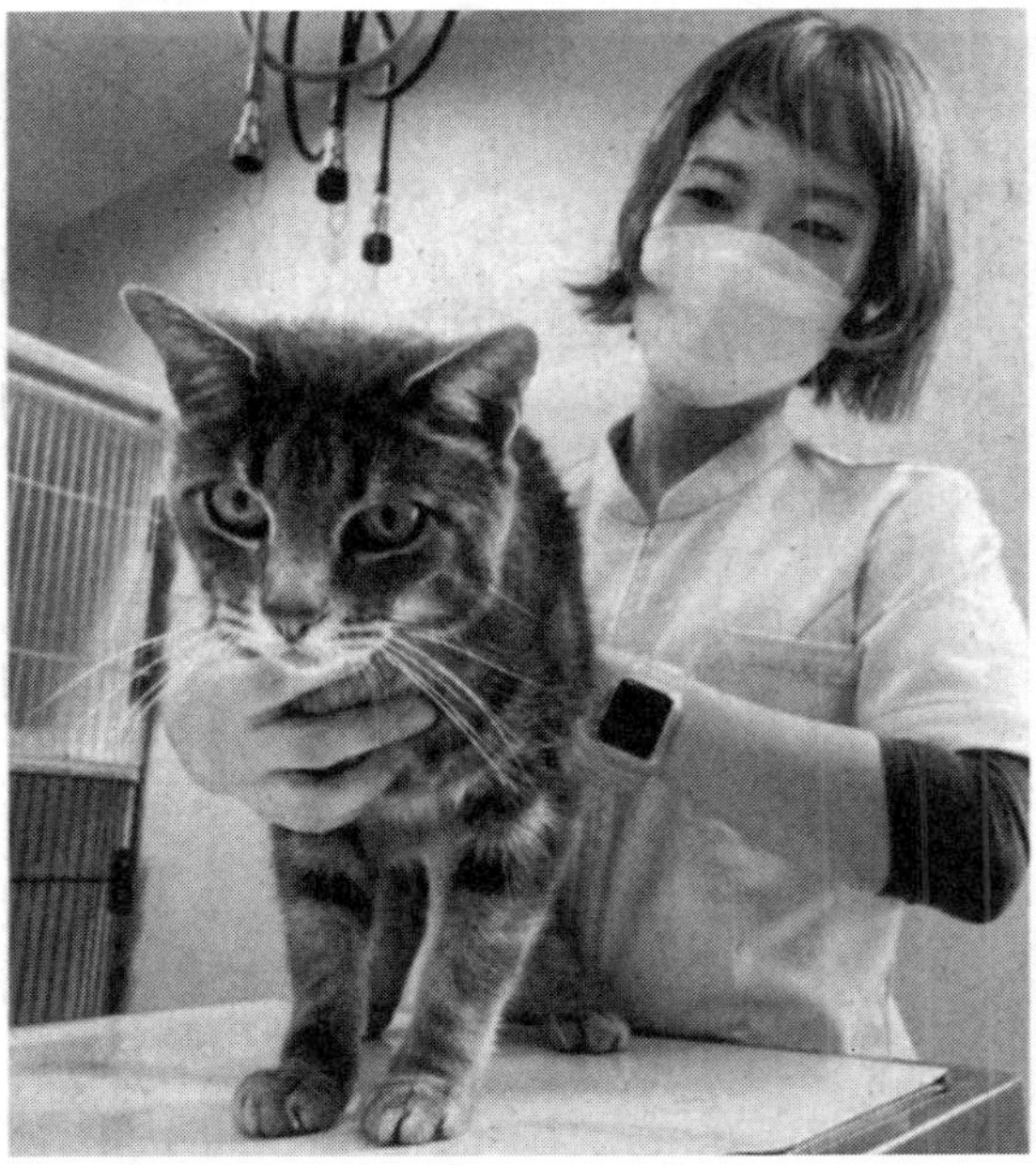

猫の健康状態を確認する動物看護師の彦根さん（13日、東京都武蔵野市の日本獣医生命科学大付属動物医療センター）

日経22・4・23

岩手22・4・30

SDGs認証します

岩手町が制度創設

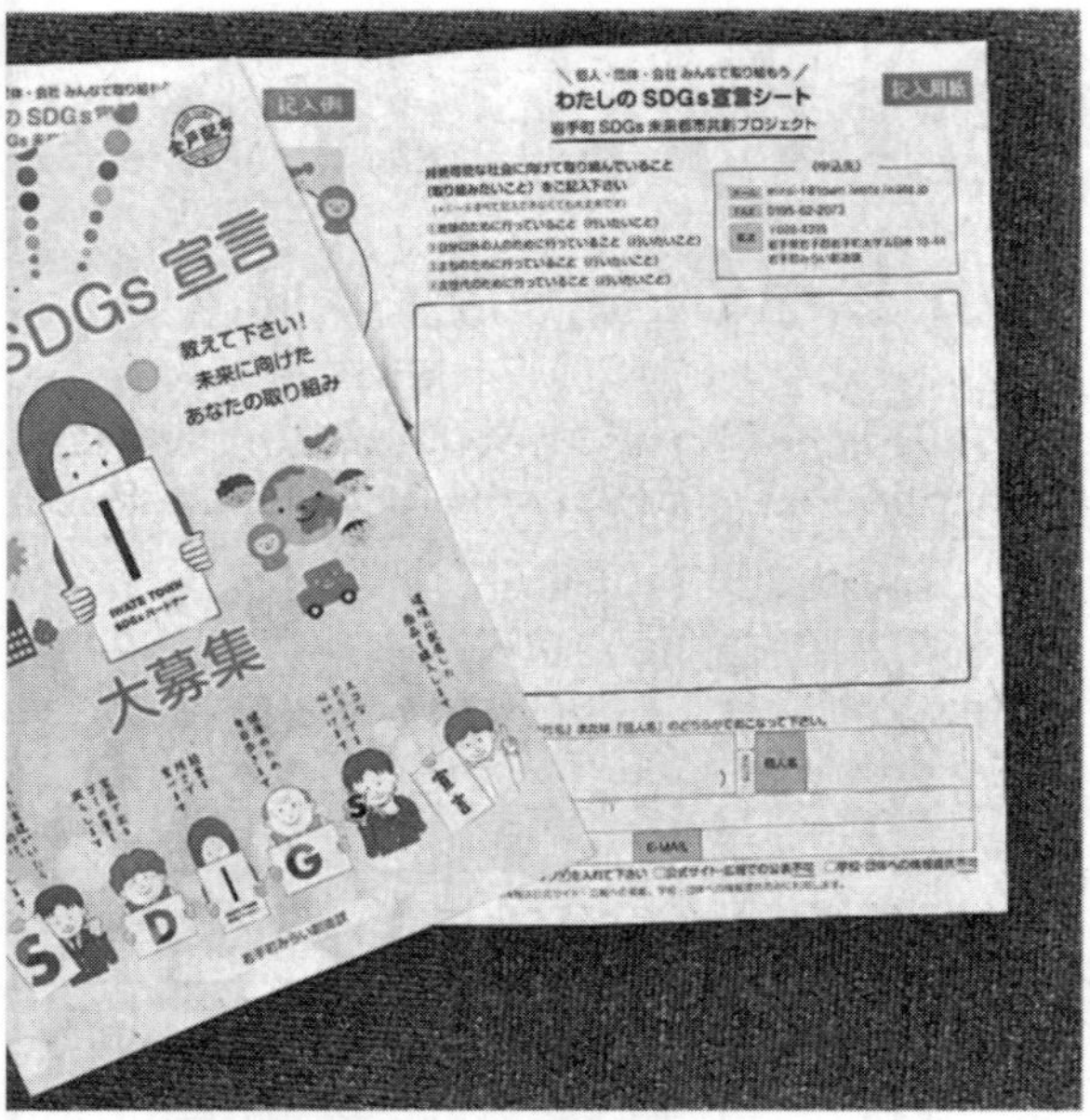

SDGsの目標を記す宣言シート

言証やマーク交付 個人、事業者の活動を後押し

岩手町は本年度、持続可能な開発目標（SDGs）の認証制度を創設した。町と関わりのある企業・団体や個人から、目標達成のための活動や目標を募り「宣言証」などを交付して後押しする。内閣府の「未来都市」として率先し、地域の魅力を高める。

町に関わりがあれば対象となり、居住や所在地の要件は設けない。専用のSDGs宣言シートに、持続可能な社会実現に向けた各自の目標を記し、町が確認を経て宣言証を交付する。

目標は「環境に配慮した商品を購入します」「家庭で出るごみの量を減らします」など、身近な生活の中で取り組める内容で構わない。各宣言は町のホームページ（HP）で公開するなど広く発信する。

この発展形として、事業者向けに、商品やサービスの認証を設ける。専門家らによる審査を経て「マーク」を交付。商品に付したり、店舗に掲げるなどして模範的な事業者とのお墨付きを与える。

2020年に「未来都市」に選ばれた町は、住民が主体的に地域課題の解決に当たる「リビングラボ」の取り組みを推進しており、さらに機運を高めようと認証制度を企画した。

専用シートは町のHPから入手できる。町みらい創造課の地舘浩二課長は「皆さんの積極的な取り組みが共感を広げ、（関わったり住みたくなる）選ばれる町につながってほしい」と期待する。

SDGsは15年の国連サミットで採択された国際目標。環境破壊や人権侵害をなくし、全ての人が豊かに

茨城22・4・27

かさましこ物語、1冊に

焼き物の文化 親しみやすく

日本遺産活性化協が作成

焼き物文化を軸に笠間市と栃木県益子町が共同認定（2020年）を受けた日本遺産に関連して、両市町などで組織する「かさましこ日本遺産活性化協議会」は、認定ストーリーをたどる小冊子を作成した。笠間焼と益子焼にまつわる歴史物語や地域の文化財が、柔らかなイラストを交えて紹介されるなど、親しみやすい内容となっている。

小冊子のタイトルは「日本遺産かさましこ～兄弟産地が紡ぐ〝焼き物〟ストーリーブック」。B5判31ページ。「中世に両地域を支配した宇都宮氏一族」「笠間焼と益子焼の創生期」「自由な作風で親しまれる両産地の現在」などを切り口に、8章で構成されている。時代ごとの出来事や主要な人物の業績を分かりやすい言葉で表現。歴史上の人物や著名な陶芸家などのイラストは、言い伝えや見た目の特徴を

楽（現滋賀県）の陶工から助言を得て焼き物を始めた経緯を紹介。明治期に笠間焼の販路拡大に尽力した田中友三郎＝美濃藩（現岐阜県）出身＝についても触れている。

「益子焼の変化」（1900年代）の章では、昭和に入って益子に移住した人間国宝の陶芸家、浜田庄司に光を当てている。流し掛けなどの独自の技法で制作された浜田作品をはじめ、浜田らが益子を拠点に展開した「民芸運動」についても記述している。

両市町の文化財のコーナーでは、平安時代から昭和時代に至る約1200年間を俯瞰《ふかん》し、認定ストーリーと関係の深い古窯《こよう》跡群、寺社仏閣、陶芸作品の写真などを地図と一緒に掲載している。

発行した同協議会は「硬くなりがちなテーマなので、子どもから大人まで楽しく学べる内容を目指した。認定ストーリーと地域の貴重な文化財について理解を深めるきっかけになれば」と話している。

小冊子は非売品。問い合わせは笠間市文化振興室☎0296(77)1101。

（沢畑浩二）

デジタル博物館創設へ

小田原市、4万点アーカイブ化

古文書や文化財など

貴重な歴史的資料の風化による散逸を防ごうと、小田原市が所有する古文書や文化財など約4万点を高精細なデジタル画像でアーカイブ化し公開する「デジタルミュージアム」を今年度内に開設する方針であることが26日、分かった。約1億6千万円を投じて一部は3D画像として記録し、劣化が進んだ状態でも研究に活用したり、展示では見られない「土器の底」などがインターネット上から見られたりするようになる。（深沢　剛）

内閣府が3月、「デジタル田園都市国家構想」の推進事業として市が提案したデジタルミュージアムなど3事業を採択し、市町村では全国最高額となる計2億円の交付金を決めた。市は総事業費約4億2千万円の一般会計補正予算案を6月の市議会に提出する。

市郷土文化館（同市城内）や松永記念館（同市板橋）の計約4万点のほか、小田原城や尊徳記念館（同市栢山）の所蔵品の一部を4K解像度の画像データとして永久保存。東日本最大級とされる弥生時代の集落跡「中里遺跡」（同市中里）で出土した土器や石器、小田原北条家が公文書に押印した「虎朱印状」の古文書などがある。

市は来年3月末までにネット上でミュージアム開設を目指し、所蔵品の劣化状況などの調査にも着手する。常設展示していない所蔵品もネット上でいつでも見られ、普段は手に取れない古文書も全文が閲覧できるようになる。

全国では山梨県が先駆的に「富嶽三十六景」やミレーの絵画など博物館や美術館の所蔵品のアーカイブ化を進めているが、市郷土文化館は「ほぼ全ての所蔵品を高精細画像で保存する取り組みは珍しいのでは。コロナ禍で学校の授業にも活用できる」と説明する。

このほかの選定事業では河川や土砂災害警戒区域にセンサーを設置し、災害発生の危険性を知らせるシステムを新たに構築。転入届などでOCR（光学文字認識）技術を活用した「書かない窓口」を実現して業務効率化を図る。市担当者は「デジタル技術で市民サービスを向上し、国のスーパーシティ構想の特区指定に向けた環境整備につなげたい」と意気込む。

神奈川22・4・27

宣

暮らす世界の実現を目指す。17の目標と、具体的な取り組みとなる169のターゲットを掲げる。（斉藤大樹）

捉えて描かれ、読み手との距離感を縮めてくれる。

例えば、「笠間焼のはじまり」（1700年代〜）の章では、江戸安永年間（1772〜81年）に笠間藩箱田村の久野半右衛門が、信

日本遺産かさましこ〜兄弟産地が紡ぐ"焼き物語"〜ストーリーブック

河北（福島）22・4・22

古関裕而作曲コンクール

福島市創設　作品を募集

福島市は21日、市出身の作曲家古関裕而の名を冠した作曲コンクールを創設すると発表した。吹奏楽の未発表作を5月9日〜8月31日に募り、11月27日に結果を発表する。1位受賞者に賞金50万円や市内産フルート1年分が贈られ、受賞作は出版される。

応募は日本国籍を持つか日本在住が条件で、年齢制限はない。作品は4〜8分程度。参加料は1曲当たり5000円。池辺晋一郎氏ら5人の作曲家が審査委員を務め、譜面審査後、本選に進む上位8曲程度を10月14日に発表する。11月27日の本選では、飯森範親氏指揮、シエナ・ウインド・オーケストラ演奏による公開演奏審査が行われる。

コンクールは今後毎年開催し、第3回までは吹奏楽が対象。木幡浩市長は21日の定例記者会見で「古関さんの曲は吹奏楽が多く、（受賞作を）小中高生のブラスバンドなど多くの人に演奏してもらえるようにした」と話した。

詳細な募集要項は市のホームページなどで26日に公表する。連絡先は市文化振興課024（525）3785。

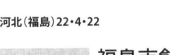

災害から文化財を守る行動指針紹介

県がガイドライン作成

県は文化財を災害から守るための具体的な行動をまとめた「県文化財防災ガイドライン」を初めて作成した。所有者や周辺住民、行政職員らとの協働体系、平常時の備えなどをチェックリスト形式や時系列の行動図で示した。県ホームページで公開している。

ガイドラインは①災害発生前②発生当日③発生1カ月後まで④その後の中長期的な復旧ーの4段階に分けて掲載。発生直後に取るべき文化財保護の行動を地震や風水害などの災害別フローチャート化した。自治体に提出する被害報告書のエクセルデータや、復旧に活用できる補助金の案内などもある。

平常時の防災チェックリストは建造物、美術工芸品、史跡、天然記念物といった種別ごとに用意した。

今後、パンフレットなど作成して周知を図る。2019年度策定の「県文化財保存活用大綱」に基づき昨年度、県文化財保護審議会内の防災専門部会で内容を検討してまとめた。

（北沢彩）

上毛（群馬）22・4・19

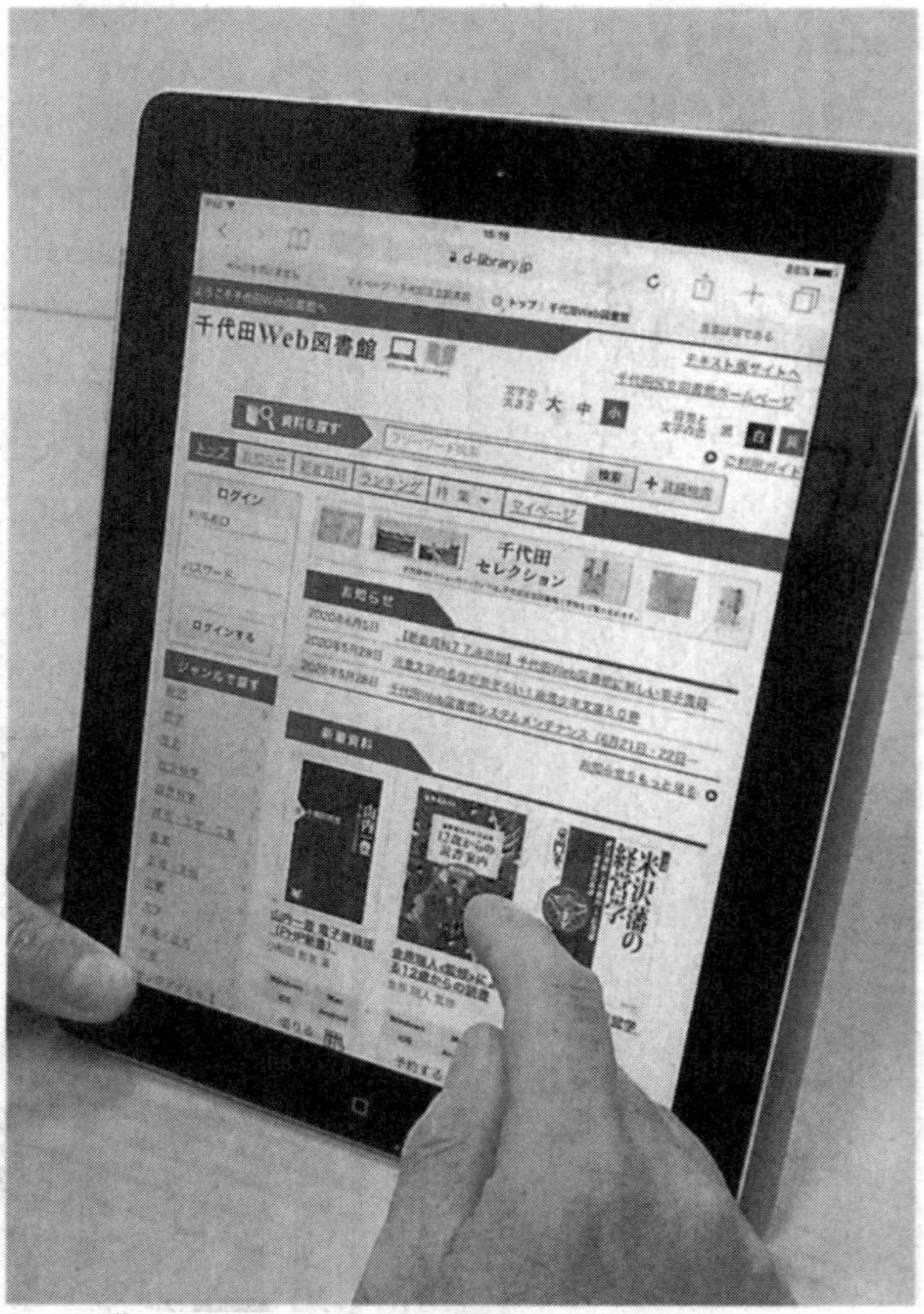

タブレットで「電子図書館」から本を選ぶ＝東京都千代田区立図書館提供

出し回数に制限も

のためのＷｅｂ図書館講習会」＝いずれも同館提供

流協が全国の公共図書館にアンケートしたところ、75%が「ベストセラーが電子書籍向けに提供されない」ことを課題に挙げた。

21年に電子書籍の貸し出しを始めた関東地方の町立図書館の館長は「交付金を使っても買えたのは500点未満。訪れる人も貸し出しも低調で、サービスを維持していけるか、正直心配だ」と打ち明ける。

秋田県立図書館は12年に電子書籍の貸し出しを始めたが、18年に休止した。電子書籍の購入とシステムの

朝日22・4・16

コロナ下に電子図書館どっと増え

□

新型コロナウイルスの感染拡大を受け、外出しなくてもパソコンやスマートフォンで電子書籍を借りられる電子図書館が人気を集めている。昨年は全国の272自治体がサービスを実施し、前年の143自治体からほぼ倍増した。ただ、電子書籍は種類が偏っていたり、紙の書籍より高価だったりするといい、現場では試行錯誤が続いている。

導入自治体 1年で倍増

一般社団法人「電子出版制作・流通協議会」（電流協）によると、電子図書館は2020年秋ごろから導入が本格化した。コロナ禍で多くの図書館が休館したことや、国のコロナ対応の地方創生臨時交付金を使えたことなどが理由という。24時間いつでも借りられて、期限がきたら自動で返却される便利さに加え、貸し出しや返却に携わる職員の手間も不要だ。

電子図書館を持つ自治体数は昨年、全国約1700のうち272に倍増。今年1月1日時点で導入率が最も高かったのは山口県の40%で、大阪府の39%、兵庫県36%、東京都35%と続いた。新年度も導入がないのは秋田と福井、鳥取、岡山、佐賀の5県にとどまる。北海道天塩町や神奈川県山北町、埼玉県神川町など、公共の図書館を持たずに電子図書館を持つ自治体もある。

専修大の植村八潮教授（出版学）は「ハコものの新しい図書館を建設するのは大変。特に、島嶼《とうしょ》部や山間部では地域ごとに分館を設けることも難しく、電子図書館を導入するメリットは大きい」と話す。

ただ、課題も多い。

関係者によると、図書館向けの電子書籍の価格は紙の2～3倍など、総じて高価という。「2年間もしくは貸し出し52回まで」といった上限が設定されているものもあり、定期的に買い直さなければいけない場合もある。専用システムの利用料や、数年ごとの更新費もかかる。

ベストセラーやロングセラーは出版社や作家から電子化の許諾を得るのが難しく、一般書や実用書に偏りがちという問題もある。電

紙の2～3倍の価格■貸し

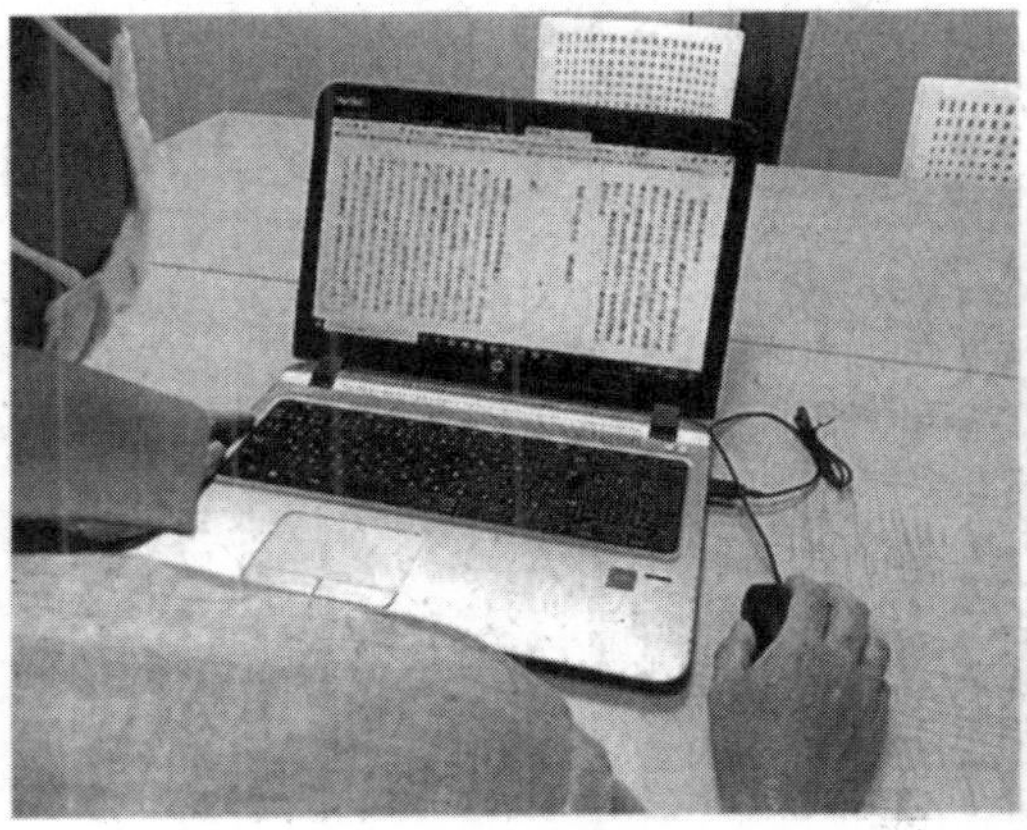

㊧パソコンで電子書籍を読む様子㊥東京都千代田区立図書館で開かれた「シニア
㊨図書館に掲示された電子図書館の紹介チラシ＝2月、東京都港区

維持管理に年数百万円かかる一方、利用頻度は伸び悩んでいた。いま、導入を検討する全国の自治体から相談が相次いでいるという。吉田孝副館長(63)は「紙の本を維持しながら電子書籍の予算も確保できるか。長期的に予算を担保できるのか考える必要がある」と話す。

ただ、ネット社会の浸透とともに、電子図書館が増える傾向にあるのは間違いないとみられる。電流協によると、米国では94%の自治体が15年の時点で電子書籍の貸し出しをしていた。オーディオブックを含めた電子資料の点数は、紙の資料を上回っているという。

電流協事務局の長谷川智信さん(59)は「米国では紙と同等の主要サービスになっている。とはいえ、電子図書館は、数が増えればいいわけでも、人気の本を増やせばいいわけでもない。自治体が特色を生かして、紙と電子をどう位置づけ、市民サービスをどう向上させていくのか。考える必要がある」と指摘した。

（大坪実佳子）

県境またぎ電子図書館

大牟田市　柳川市　みやま市　長洲町

有明海沿岸域にある福岡県大牟田、柳川、みやまの3市と熊本県長洲町が、共同運営による電子図書の貸し出しサービス「ありあけ圏域電子図書館」を5月から始める。コロナ禍で図書館利用が制限される中、読書の推進と子どもたちの学習支援を図るのが狙い。県境を越えた同様のサービスは全国初という。

全国で初、来月開館

大牟田市の関好孝市長が22日の記者会見で明らかにした。同市が、コロナ対策に充てる国の地方創生臨時交付金を活用してシステムを構築。電子書籍8500冊を閲覧可能にした。総事業費3300万円。年間のシステム管理費132万円は4市町で分担する。

4市町の図書館利用者はパソコンやスマートフォンで電子書籍を借り、読むことができる。電子書籍の2割は児童書。読み上げ機能など視覚障害者の利用をサポートする態勢も整える。

有明海沿岸の福岡、熊本両県の4市2町は「有明圏域定住自立圏」として図書館の相互利用などで連携していた。電子図書館には熊本県荒尾市と南関町を除く4市町が参加した。

4市町は年間500冊ずつ電子書籍を増やしていく方針。関市長は「コロナ禍に対応した新しい読書スタイルを活用してほしい」と話す。（立山和久）

西日本（福岡）22・4・23

教員採用

情報資格者を特別選考

県教委、願書の性別欄廃止

県教委は21日から、2023年度公立学校教員採用校両方の教員免許を持つ人を対象とした加点を行う。

募集人数は小中学校300人程度、高校50人程度、特別支援学校40人程度。願書提出前に県電子申請システムでの手続きが必要になる。願書の受付期間は21日～5月10日。（三谷《みたに》千春《ちはる》）

東京22・4・28

日本遺産

養蚕で栄えた八王子の歴史

市が紙芝居制作

紙芝居の一場面

養蚕や織物で発展した八王子市の歴史を紡いだストーリーが日本遺産に認定された「霊気満山　高尾山～人々の祈りが紡ぐ桑《そう》都《と》物語～」を子どもたちに知ってもらおうと、市が、紙芝居「空とぶはっぱときぬのようせい」を制作した。

市内に引っ越してきた桑多《そうた》と祈《いのり》の兄妹が、蚕の姿をした絹の妖精「シルク」に案内され、八王子の歴史を学ぶというストーリー。市職員が絵と脚本を手掛けた。就学前から小学一年までの子どもたちへの読み聞かせに使ってもらうため、計六百部を市内の保育園や幼稚園、小学校、図書館などに配布する。

紙芝居の動画もユーチューブ（https://www.youtube.com/watch?v=BPX0-bdoeE0）で公開している。（布施谷航）

朝日22・4・23

教員不足に社会人「特別免許活用を」

文科省通知

今年度も学級担任などに配置する教員が足りない状態が生じているとして、末松信介文部科学相は22日の記者会見で、教員免許を持たない社会人も教壇に立てる「特別免許状」を活用して対応するよう、都道府県教育委員会などに通知したと明らかにした。

文科省は昨年度、教員不足の調査を初めて実施し、公立の小中学校では始業日時点で2086人が不足していたことが判明。今年度の状況を文科省が各地の教委に聞いたところ「昨年度同様、厳しい状況にある」（末松文科相）という。

博士号取得者など専門的な知識・経験のある社会人が、都道府県教委の検定を受けるなどすれば得られる特別免許状の授与数は、1989年度の開始から2019年度までで約1700件。文科省は通知で、特別免許による採用計画の情報を公表したり、教員免許が失効した人らにも臨時免許状を授与したりして積極的に対応するよう求めた。（桑原紀彦）

試験の願書受け付けを開始する。受験資格で年齢の上限を従来の45歳から60歳未満に引き上げたほか、高校のプログラミング教育を充実させるため情報系の資格保持者を特別選考に加えるなどした。性的少数者への配慮から、願書の性別欄は廃止した。

22年度からプログラミングなどを学ぶ「情報Ⅰ」が高校の必修科目になり、25年以降の大学入学共通テストでは出題教科に加わる。一方で県教委によると、21年度に高校で情報の授業を受け持った教員154人のうち、7割以上が情報の教員免許を持っていなかった。

このため、「基本情報技術者」などの資格を持ち、3年以上の実務経験がある人を特別選考の対象に追加。高校の情報科以外の教科に応募し、情報の教員免許を持つ人（見込み含む）への加点措置も設けた。

また小中一貫教育の取り組みが進んでいることや、小学校での教科担任制の導入を見据え、小学校と中学

下野（栃木）22・4・21

大分22・4・23

「くにさき学」創設

歴史、文化、自然学び郷土に誇りを

児童・生徒向け ガイドブックを配布

【国東】郷土を深く知り誇りを持ってもらおうと、国東市は歴史や文化、自然を学ぶ「くにさき学」の取り組みを始める。第1弾として、参考書となる子ども向けガイドブックを作った。文化財や伝統行事、産業を写真とイラストを多用して分かりやすくまとめている。市内の小中学校に配布し、地域学習に活用してもらう。

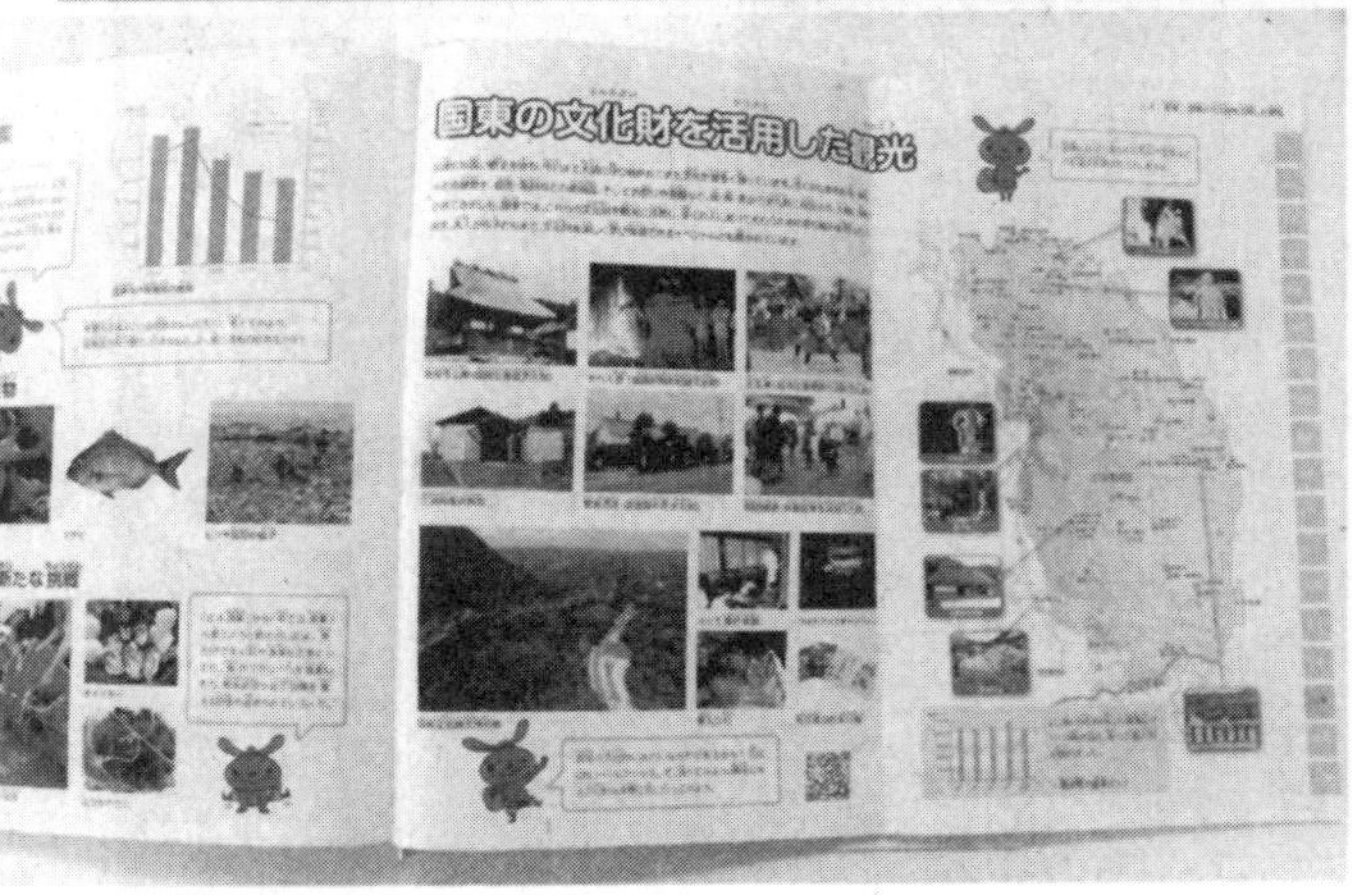

㊤ガイドブックを紹介する吉水良仲副市長（左）と金田信子名誉館長㊦ガイドブックは写真やイラストを多用し、分かりやすい内容になっている＝国東市役所

くにさき学は国東市の伝統や風土を次世代に受け継ぐことなどを目的に、歴史、文化、自然環境を学ぶ。市と交流がある岩手県平泉町の郷土学「平泉学」を参考にした。

冊子のタイトルは「くにさき学まるわかりガイドブック」（A4判、72ページ）。小学校高学年から中学生向けの内容で、▽歴史▽偉人・芸術▽自然・くらし・環境▽民俗・祭り▽産業（農林水産・商工観光）▽世界農業遺産―の各分野に分かれている。

ファイル形式で分野ごとに取り外して使え、新たに写真付き資料や見開きの年表をとじることもできる。

千部を発行。市内の小中全校に配った冊子には内容の半分をとじ込んでおり、本年度中に残り半分を追加する。

作製に向けて、市は2020年、市の関係者らでつくる推進委員会（委員長・吉水良仲副市長）を立ち上げた。市歴史体験学習館名誉館長の金田信子さんらを中心に準備を進めた。事業費は約440万円。

くにさき学の浸透を目指し、市教委は今後、市民講座や検定試験の実施なども考えている。

文化財課は「ガイドブックを自主学習や地域を知ることに役立ててもらいたい。分からない点や興味のある分野を詳しく調べるきっかけになれば」と話している。

（広瀬悠一）

●教育一般

5歳から小1 学び円滑に

日経22・4・23

「不適応」改善へ 12地区で試行

学校・幼保 一体カリキュラム

小学1年生が学校に適応できない「小1プロブレム（小1問題）」の改善に向け、文部科学省は幼稚園・保育所と小学校の連携強化を進める。各地で協議会を設け、5歳児～小学1年を一体とした教育カリキュラムを開発するよう促す。小学校の入学前後に生じる学びの段差の解消は長期的な課題で、カリキュラムとともに指導にあたる教員の育成も重要になる。

新入生が学校になじめるための対応策を議論してきた中央教育審議会の特別委員会が3月、カリキュラム開発の手引をまとめた。5歳児～小学1年の2年間を「学びや生活の基盤をつくる重要な時期」と位置づけ、教育内容の連続性を重視する姿勢を示した。具体的には各地域の幼稚園・保育所や小学校などで構成する「カリキュラム開発会議」を設け、協議しながら5歳児～小学1年の教育課程や指導計画を検討する案を示した。

各機関の連携のため有識者をコーディネーターとして配置する。今年度中にモデル地区の12カ所で試行する。手引は各地域での取り組みを促す位置づけで、法的な拘束力はない。連携した指導内容としては、小1生活科でアサガオ栽培を学習する場合を例示した。幼稚園・保育所では植物との触れ合いを通じて葉や茎の成長、開花の様子への関心を高め、小学校での本格的な観察や植物についての学習につなげるイメージを示した。

小1問題の原因として、幼稚園・保育所と小学校の教育や指導方法の差が指摘されている。2008年に改められた幼稚園教育要領や保育所保育指針、小学校の学習指導要領では、小学校への円滑な接続を図るよう求めているが連携には課題がみられる。

文科省が19年に実施した全国調査によると、幼稚園・保育所と小学校の交流イベントを開いている自治体は86％を占めた。一方「接続を見通した教育課程の編成・実施が行われている」と答えた自治体は36％にとどまった。連携のあり方は各学校・園に委ねられている地域が多く、取り組みにはばらつきがある。

栃木県で認定こども園

「係決め」を児童に任せるよう提案した。

教員からは不安の声が上がったが、自主的に黒板を消すなど係活動を率先する児童が現れ、自然と係を分担するようになったという。中山理事長は「指導方法を共有することで、学校になじめずに苦しい思いをする子どもは減る」と連携の効果を強調する。

京都文教大の大前暁政准教授（教育学）は「小1問題への対応の必要性への認識は広がってきた

リキュラム開発のイメージ

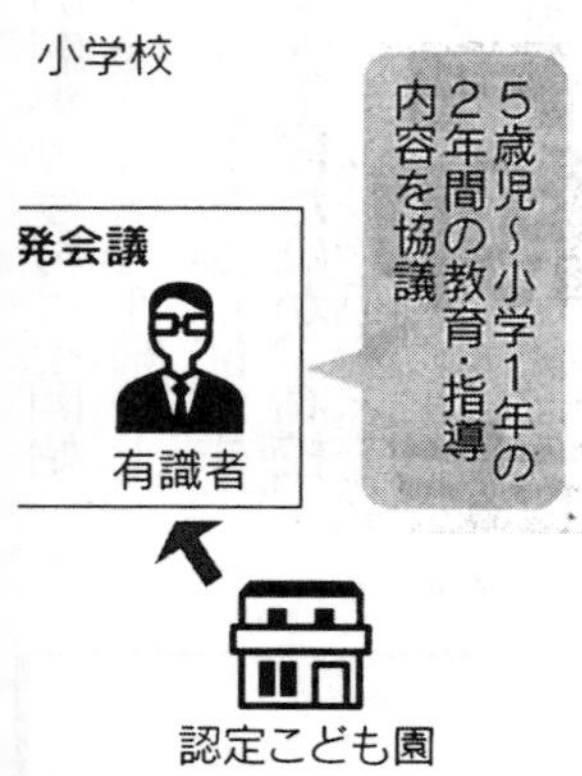

）取材を基に作成

連続性があるカリキュラムの例

	国語	算数	生活
5歳児	ままごとで知っている文字を使いメニュー表を書いてみる	ドッジボールで同じ人数になるようチーム分けする	植物が種から育つこと、世話が必要なことに気づく
小学1年	自分の名前を丁寧に書き、友達に伝える	個数の数え方や数の構成を学ぶ	アサガオを栽培し、感想を周囲に伝える

（出所）文部科学省の資料

九州初の公立夜間中開校

不登校、外国人ら30人入学

福岡

宮崎22・4・21

九州・沖縄では初となる福岡市の公立夜間中「福岡きぼう中学」で20日、開校式と入学式が開かれた。不登校のまま義務教育を終えた人や外国人ら10～80代の男女30人が入学し、新たな学びを始める。中学時代、祖母の介護で十分学べなかったという1年生の五十嵐登代子さん(70)は「もう一回学ぶチャンスがあればと思っていた。うれしくてワクワク、胸がいっぱい」と声を弾ませた。

学校によると、入学できるのは市内に住む15歳以上。週5日、午後6時から4時限の授業を受ける。教職員15人には日本語指導ができる教諭がおり、多様な生徒に寄り添うためスクールカウンセラーやソーシャルワーカーを配置した。

勉強の習熟度に応じてクラスを分け、初年度は1年生26人、2年生2人、3年生2人でスタート。制服や校則といった決まりはない。校歌は、今後生徒と相談して決める予定という。

式では、中国出身の新1年生曹随《そうずい》さん(38)が新入生代表として「年齢に関係なく助け合い、共に成長を目指し、よりよい自分となる

学力テスト 208万人参加

４年ぶり理科実施

小学６年と中学３年の全員を対象にした文部科学省の「全国学力・学習状況調査」（全国学力テスト）が19日、一斉に行われた。約208万5000人が参加し、国語と算数・数学に加えて４年ぶりに理科を実施。児童生徒や学校に普段の学習状況を尋ねる質問紙調査も行い、新型コロナウイルスによる影響がないかどうかを調べる。結果は７月下旬に公表する。

文科省によると、参加するのは国公立の全校と私立の46.3％。小学校は１万9007校の約105万1000人で、中学校は9856校の約103万4000人。

「主体的・対話的で深い学び」の実現に向けて思考力や判断力を重視する小中学校の新学習指導要領が全面実施されており、昨年度の小６の出題に続いて中３は今回から新指導要領に基づく出題となった。

新型コロナ拡大から初の全国学力テストだった昨年度の結果について、文科省は質問紙調査と併せて分析し「休校期間が短い学校と長い学校との間で正答率に大きな差はない」と結論付けた。今回も学校に、休校中にどんな指導をしたかなどを尋ねて学力との関連を調べるとしている。

全国学力テストは2007年度に開始。現在は全て紙のテストだが、文科省は25年度にも、まずは中３を対象にパソコン方式への移行を目指し、通信環境が整っているかどうか課題を検証している。

毎日22・4・19

5歳児～小学1年向けのカ

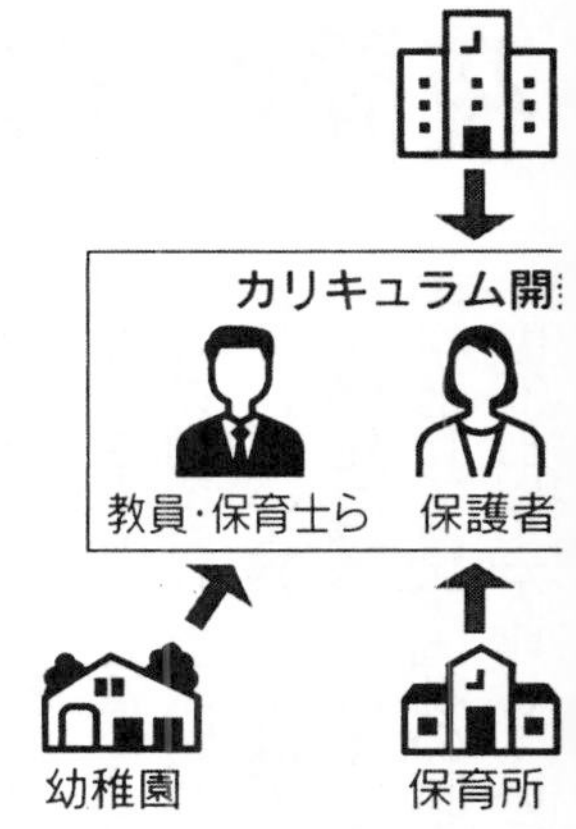

（注）文科省への

▼小1プロブレム　小学校に入学したばかりの児童が、じっと座って授業を聞けない、学級のルールや教員の指示に従って集団行動をとれないなど、学校生活になじめない問題。1990年代から指摘され始め、幼稚園・保育所と小学校の指導方法の違いや家庭環境の変化など様々な原因があるとされる。東京都の2017年度の調査によると、6割以上の小学校が「過去5年間で小1問題が発生したと感じる」と回答した。

を運営する学校法人の中山昌樹理事長は卒園後に学校になじめない子がみられたことから、15年度に地元小学校の教員と研修を開いた。自主性を重視する幼児教育のノウハウを紹介し、入学直後の

が、質の高い接続のための取り組みは十分とは言えない。移行期のカリキュラムの開発とともに、幼稚園・保育所と連携しながら授業や学級運営をできる教員の育成も重要になる」と指摘した。

ために一緒に勉強しましょう」とあいさつ。内田久徳校長は「夢や希望の実現に向け、一つずつ学んでいきましょう」と話した。

茨城22・4・26

中高入試 デジタル採点

県教委 文字認識、導入へ

県立高や県立中・中等教育学校の来春入試を巡り、県教委は25日、スキャナーで読み込んだ解答用紙をパソコンで分析する光学的文字認識（OCR）を使い、「デジタル採点」を導入すると明らかにした。都道府県教委では神奈川、東京に続き3例目。県内入試では昨春、大量の採点ミスが発生。OCRの活用を採点時間の確保につなげ、ミス防止につなげたい考え。

森作宜民教育長が同日、発表した。採点ミス問題を検証した第三者委員会は昨春、「人手と機械を併せた効率的な採点の検討」を提言。これを踏まえ、OCR活用を検討してきた。

OCRは、スキャナーとパソコンのソフトが必要となる。専用機器を新たに購入する必要はなく、県教委はコストを抑えられるとみている。

読み取りは、選択式問題と記述式問題のいずれにも使う方向で検討する。選択式問題の記号なら、99％読み取れるという。

構想では、一つの解答を2系統のパソコンで採点する。パソコン上で結果をすり合わせた上、さらに各校の担当者がチェックする。東京都と神奈川県では、解答の一部に対し、既にOCRを活用している。

今春の入試では、昨春に比べて県立中高とも選択式問題が増えた。半面、記述式問題が大幅に減少していた。

こうした点について、森作教育長は「採点誤りの再発防止に向け、適切な解答用紙や問題の構成となるよう工夫した」と説明。一方で、「受験者の表現力を見られる出題」をどうするかが課題との認識を示す。課題解決に向けては、表現力を測る記述式問題の充実と同時に、採点時間を確保するOCRの活用が必要と判断した。

県教委によると、今春の県立高入試の平均点は、国語が10年間で最高の78・05点（前年比14・4点増）、社会が61・48点（5・29点増）で、難易度が下がったと受け止められている。県立中・中等教育学校の入試でも、一部教科で前年から20点超の上昇が見られた。

（今井俊太郎）

読売22・4・17

全面移行「懸念」86％
デジタル教科書
全国公立小中 本社調査

国が2024年度から学校への本格導入を目指すデジタル教科書について、読売新聞が全国の公立小中学校500校にアンケートを実施したところ、デジタル教科書への全面移行に懸念を抱く学校が9割近くに上ることがわかった。

〈関連記事3面〉

アンケートは3月、各都道府県で児童生徒数の多い小中学校計500校を対象にインターネットで実施。329校が回答し、回収率は65・8％だった。

調査では、「紙の教科書からデジタル教科書に全面的に移行することに懸念はあるか」との問いに「懸念がある」が28％、「懸念がややある」は58％の計86％だった。「懸念はない」は12％だった。懸念の理由に「端末の故障や不具合」を挙げた学校が18％で最も多く、端末の学力向上への効果に対する疑問も目立った。

小中学校では20年度までに1人1台の学習用端末が配備された。文部科学省は、小学校の教科書が新しい内容になる24年度にあわせ、デジタル教科書の本格導入を目指す。専門家や学校長らによる議論を進め、夏頃に一定の結論を出す。

デジタル教科書に対する懸念

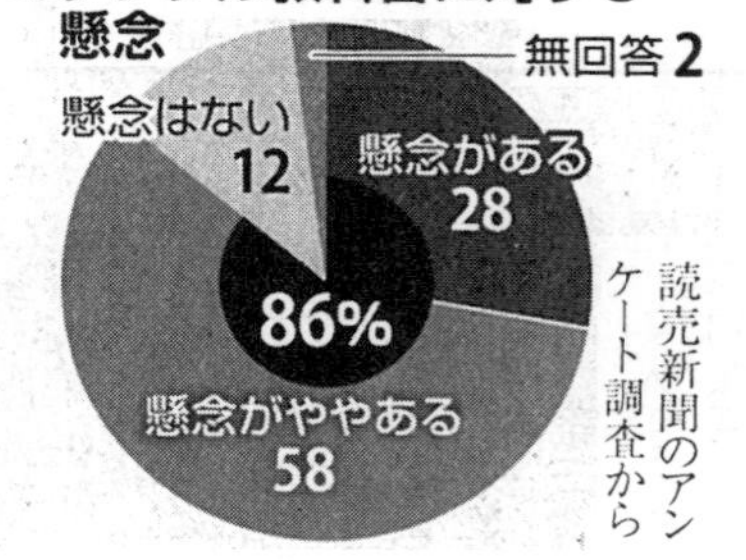

読売新聞のアンケート調査から

夜間中学開校
国初

香川県三豊市は14日、県内初となる夜間中学の開設式を開いた。公立の夜間中学は全国に40校あり、子どもの頃に通学できなかった高齢者や外国人労働者らが学ぶ場として定着しているが、市は不登校の中学生も受け入れる。夜間中学としては全国初の試み。年間30日以上欠席している不

日は10～80代の9人が開設式に出席した。学齢期の中学生はまだいない。設置を決めた山下昭史《やました・あきし》市長は「人権を踏みにじるさまざまな障壁が皆さんの行く手を阻んできた。ここで学び自由を取り戻しましょう」と祝辞を述べた。

夜間中学は生徒の個性に合わせた柔軟な授業が特長で、

朝日22・4・26

デジタル教科書 浸透が課題
教員54％「使わない週も」
文科省調査

デジタル教科書の使い方を議論する中央教育審議会分科会のワーキンググループが25日あり、昨年度小中学校に実証事業として配布された教科書についてのアンケート結果が報告された。デジタル教科書を使うようになり、勉強を楽しいと感じた小中学生が全教科で半数以上に。ただ、教員の5割超は「使わない週もある」と答え、教える側への浸透が課題となりそうだ。

文科省は2024年度からデジタル教科書の本格導入を検討中。昨年度は小5～中3を対象に、全国の4割の学校に任意の1教科分を配った。「デジタルと紙の教科書を比べて感じること」をアンケートし、小中学生約5万8千人と教員約3万6千人から回答を得た。

「デジタル教科書で勉強が楽しいと感じるようになったか」を尋ねると、「あてはまる」「少しあてはまる」と答えた児童生徒は全教科で半数以上に。小学生は理科の79・7％、中学生は美術の72・0％が最多だった。

「情報を集めやすい」「図や写真が見やすい」と肯定的に捉えた割合は小中学生とも5割を超え、紙を30～50㌽ほど上回った。「書き込みやすい」「自分の学んだことを残しやすい」と感じる割合は紙の方が10～40㌽ほど高かった。

一方、教員の使う頻度は、それほど高くない。指導でどれくらい使ったかを尋ねると、54・4％は「使わない週もある」。不便な点として、5割近くが「フリーズ、エラー対処が必要」「児童生徒が授業と関係ない操作に集中することがある」を挙げた。（桑原紀彦）

大分22・4・26

民間サポーター派遣
教職員の負担軽減

用へ

市金池南

援の計58校に対応するチームを編成。現場に出向いて授業や日常業務での活用方

香川に

登校の子どもは全国的に増加傾向で、昼間の中学になじめない生徒の受け皿拡大が課題となっていた。

既存の市立高瀬中に夜間学級を併設する形で開校。この

香川県三豊市で開かれた夜間中学の開設式で、新入生に祝辞を述べる山下昭史市長＝14日午後

不登校者も対象は全

お年寄りや外国籍の人だけでなく、不登校を経験した若者らが自分のペースで学ぶ。札幌市、相模原市、福岡市も今月新たに設置した。昼間の中学と比べて授業時間が短いため、文部科学省は三豊市の要請に応じ学習内容を弾力的に調整できる「不登校特例校」に指定した。

2023年度以降も複数の自治体が夜間中学を設置する。三豊市と同様に首長のリーダーシップで開校にこぎ着ける例が多い。地元の教育委員会は必ずしも積極的ではなく「現場では夜間中学の先生を下に見る空気がある」（香川県の中学教諭）といった声もある。

下野（栃木）22・4・22

「特別支援の児童・生徒 授業過半、支援学級で」

文科省、全国に通知

特別支援学級に在籍する小中学生の約半数が、授業の半分以上を通常学級で受けていることが文部科学省の調査で判明した。文科省は27日、障害の特性などに十分に対応できない通常学級での授業が多いと学びが保障できないとして、週の授業時間数の半分以上を目安に、支援学級で授業を受けるよう求める通知を全国の教育委員会などに出した。

特別支援学級は、障害があったり、発達に課題があったりする子どもが通う。

調査は2021年10月～22年2月、10府県・政令市の小中学校を抽出し、988の支援学級に通う計5658人の状況を調べた。その結果、総授業時間数の半分以上を「交流及び共同学習」として、通常学級で過ごしていた子どもは小学校で54％、中学校で49％に上った。97％の子どもが授業の半分以上を通常学級で受けていた自治体もあった。

個別のヒアリングでは、学校が支援学級と通常学級の子どもの交流に重点を置いたために、時間数が増えたケースもあったが、文科省は通知で「交流のみに重点を置くのは適切ではない」と指摘。一部の自治体では「算数や国語の指導のみ支援学級で学び、それ以外は通常学級で学ぶ教育課程の編成が行われている」とし、個別の障害などに応じた授業をするよう求めた。【深津誠】

毎日22・4・28

県立校でＩＣＴ活

大分県内の学校現場でＩＣＴ（情報通信技術）活用を進めるため、専門的な知識を身に付けた民間サポーターを派遣する取り組みが始まった。県立校が対象。新型コロナウイルス対策として広まったオンライン授業など、教育分野のデジタル化は急速に進む。文明の利器をどう使いこなし、学習の質を高めていくか。習熟した教職員が限られる中で、外部の助っ人に期待がかかる。

県教委の公募を通じて、元ＩＴ企業社員や大学生ら38人がサポーターに決まった。任期は1年。

3週間の育成研修で円滑な意思疎通の手法や学校で求められる情報セキュリティーなどを学んだ。今後、県立の中学、高校、特別支

育成研修会に参加したＩＣＴ教育のサポーターら＝大分

法を助言する。

プログラマー経験がある金谷清さん（23）＝別府市石垣東＝は「先生の負担軽減に貢献したい」と話した。

県立校は2020年度末までに生徒や教員に1台ずつタブレット端末を用意し、電子黒板も導入した。機器類が充実する中で、現場は有効な活用法を模索する。

大分市南鶴崎の鶴崎高は生徒がタブレットに書き込んだ内容を瞬時に電子黒板に反映させ、板書の手間を省く。授業中の課題の正答率をデータ化し、苦手な部分の解説に力を入れる。お知らせのプリント代わりに通信アプリやメールを活用するなど教員の負担軽減にも力を発揮した。

デジタル化を担当する古庄博之教諭（43）＝**顔写真**＝はこうした成果の継承を課題に上げる。「知識豊富な推進役の教諭が異動すると、取り組みが途絶えかねない。一部の人に頼らない仕組みが必要だ」と指摘。サポーターの力に期待をしている。

（指原祐輔）

ようという気持ちがい」に当てはまるとた割合

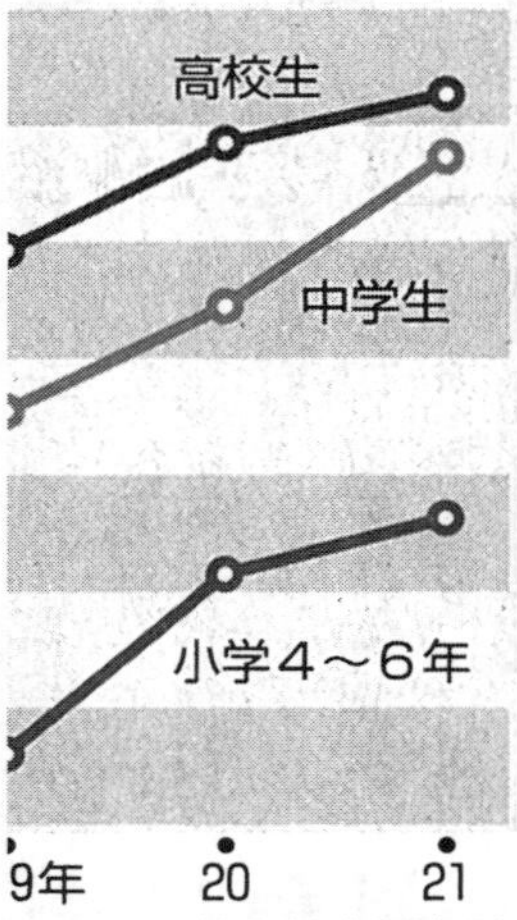

ベネッセ教育総合研究所

「勉強意欲わかない」54%

コロナ禍影響？ 最悪に

小中高生 東大・ベネッセ調査

東京22・4・20

東大社会科学研究所とベネッセ教育総合研究所は二十日、小中高校生の学習意欲に関する調査結果を公表した。「勉強しようという気持ちがわかない」との項目に「当てはまる」とした回答が二〇二一年は54・3%に上り、新型コロナウイルス感染拡大前の一九年と比べて9・2ポイント上昇。一五年の調査開始以来、過去最高となった。

東大の佐藤香教授（教育社会学・社会調査）は「コロナ禍で友達との接触や遊びが制限され、給食も黙食を求められるなど学校生活の楽しさが減少し、勉強に対する意欲も低下した可能性がある」と分析している。

調査は二一年七〜九月、全国の小四から高三に郵送などで実施し、約一万人から回答を得た。

「勉強しようという気持ちがわかない」と答えたのは、小中高校生全体では一九年は45・1%、コロナ禍が始まった二〇年は50・7%だった。

二一年の結果を学校段階別に見ると、小四〜六年生は43・1%（一九年比10・1ポイント増）、中学生58・6%（同10・9ポイント増）、高校生61・3%（同6・7ポイント増）で、いずれも過去最高だった。

学校の授業形態では、二〇年は「グループで調べたり考えたりする」や「自分で決めたテーマを調べる」といった探究的な活動を実施していると答えた割合が前年よりも落ち込み、コロナ禍の影響をうかがわせたが、二一年は回復した。

パソコンやタブレットを使った授業は、一九年に54

スポーツ、文化芸術も支援

大村市の給付型奨学金

長崎22・4・22

大村市は本年度から、返済の義務がない給付型の奨学金「∞MURAミライno（オオムラミライノ）奨学金」の募集を始める。学業のほか、県内自治体で初めてスポーツ、文化芸術分野での成績優秀者や海外留学も対象としており、幅広い分野で活躍する子どもたちの大学進学を支援する。

同市では2012年度に学業の成績優秀者を対象とした給付型奨学金制度を創設。ただ、大学入学共通テストの結果による成績要件と家庭の所得による経済要件の「二つを満たすのはハードルが高かった」（大村市教委）ことから、これまでに採用されたのは2人にとどまっていた。

本年度から募集

新たな制度では経済要件を大きく緩和し対象を拡大。成績要件にはスポーツや文化芸術分野での全国大会以上で入賞といった内容を追加した。大学1〜4年が対象で月額2万5千円を給付し、毎年再審査する。海外留学は大学院生も対象。2年以上の留学に年額最大150万円などを支援する。

今月中にも市ホームページで募集要領を発表し、8月ごろに受け付けを開始する予定。定員は全体で5人。

遠藤雅己教育長は「志の高い子どもを支援することで、大村から全国、そして世界の舞台で活躍する人材の育成につながれば」と話した。問い合わせは市教委教育総務課（電0957・53・4111）。

（荒木竜樹）

域で指導を 日の部活

公立中、25年度まで移行目指す

スポーツ庁提言案

公立中学校の運動部活動の在り方を検討しているスポーツ庁の有識者会議は二十六日、休日の部活指導を地域や民間の団体に委ねる「地域移行」を二〇二三〜二五年度の三年間で達成するとの目標を盛り込んだ提言案を提示した。この期間を改革集中期間と位置付け、自治体に具体的な取り組みやスケジュールを定めた推進計画の策定を要求。休日の地域移行がおおむね完了すれば、平日でも進めていくとした。

有識者会議は五月中に提言を取りまとめる予定。公立中の部活動

文化庁の有識者会議も吹奏楽や合唱などの文化系部活動の地域移

北方を学べる教科書

小中一貫校開校に向け2種作成

英文解説や人口密度計算 他教科と連携

北方町は、「北方学園構想」として小中一貫の義務教育学校2校が来年4月に開校するのに伴い、新たに設ける教科「北方科」の教科書を作成した。国語などの各教科と連携して古里を学ぶことができる。今月から小中学校で試行的に活用している。（高橋友基）

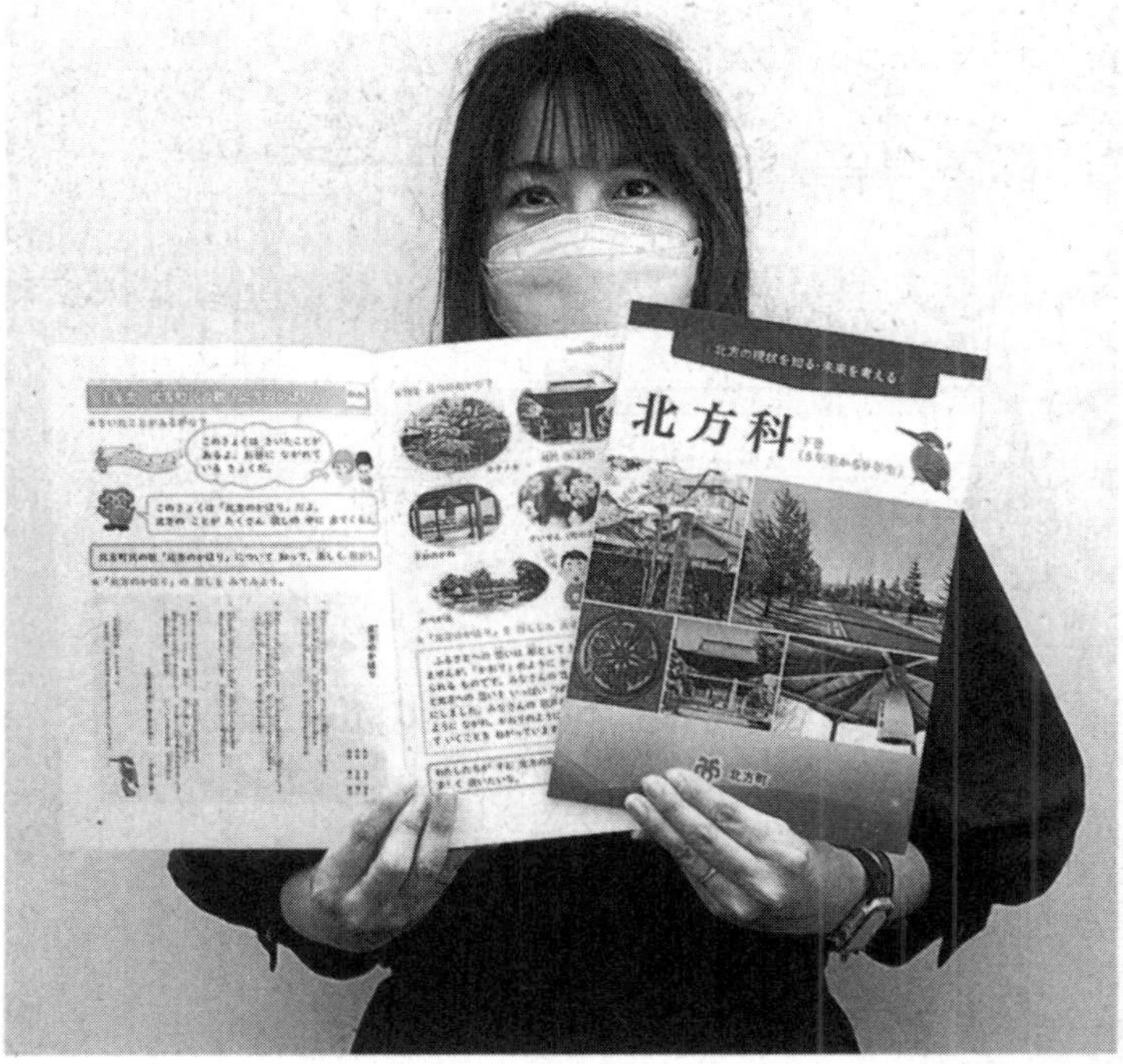

作成された新設教科「北方科」の教科書＝北方町役場

義務教育学校は、北方、北方西、北方南小学校、北方中学校の4校を再編。北方小と北方西小を統合して隣接する北方小、北方中の校舎を北学園の校舎とし、北方南小を南学園の校舎として利用し、開校時の北方中の在校生は両校に分かれる。

北方科では古里の魅力を学んで愛着を高める。作成した教科書は、小学1年～4年生、同5年～中学3年生向けの2種類で、町の歴史や文化、行政、産業、自然などを解説。さらに、県内自治体で最も高い人口密度を実際に計算して求めたり、町の歴史を英語で紹介したりと、他教科と連携している。記載されたQRコードをタブレット端末などで読み取ると、関連動画を視聴できる。

現在、小中学校の授業で試行的に教科書を活用し、改善を進めて来年度につなげる。名取康夫教育長は「北方科の学習を通じ、古里の良さや課題、解決策を考え、未来を切り開く力を身に付けてほしい」と話す。

岐阜22・4・16

「勉強し
わかな
回答し

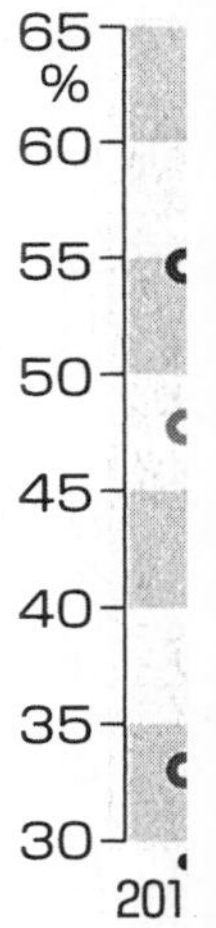

※東大と

・5%、二〇年に56・1%だったのが、二一年は80・1%に大きく伸びた。

地 休

を巡っては、少子化の進展で存続が困難な学校がある他、教員の長時間労働の一因と指摘されている。

行について検討しており、七月に提言をまとめる見通し。

提言案は、このまま少子化が進めば、どの中学校でも運動部活動は廃部や縮小に追い込まれ、学校単位で教員が指導する現状の形を維持するのは極めて困難と指摘。中学生のスポーツ機会を確保するため、まずは休日の部活指導から段階的に地域移行することが重要で、山間部や離島を除き二五年度までに達成することを目指すとした。

地域移行は、単に部活の実施主体を学校から地域・民間に移すのではないと強調。総合型地域スポーツクラブや民間事業者、プロスポーツチームや大学など、地域の実情に応じた多様な実施主体による、新たな地域スポーツ環境構築の必要性を訴えた。

公立中の運動部活動に関する有識者会議提言案のポイント

- 休日の部活指導の「地域移行」を2023～25年度の３年間で達成する
- 実施主体は、総合型地域スポーツクラブや民間事業者、プロスポーツチームなどを想定
- 保護者の費用負担が増えるため、経済的に困窮する家庭には国や自治体による支援を検討

東京22・4・27

新築住宅25年度 省エネ義務付け

既存住宅の改修も促進

今国会で改正へ

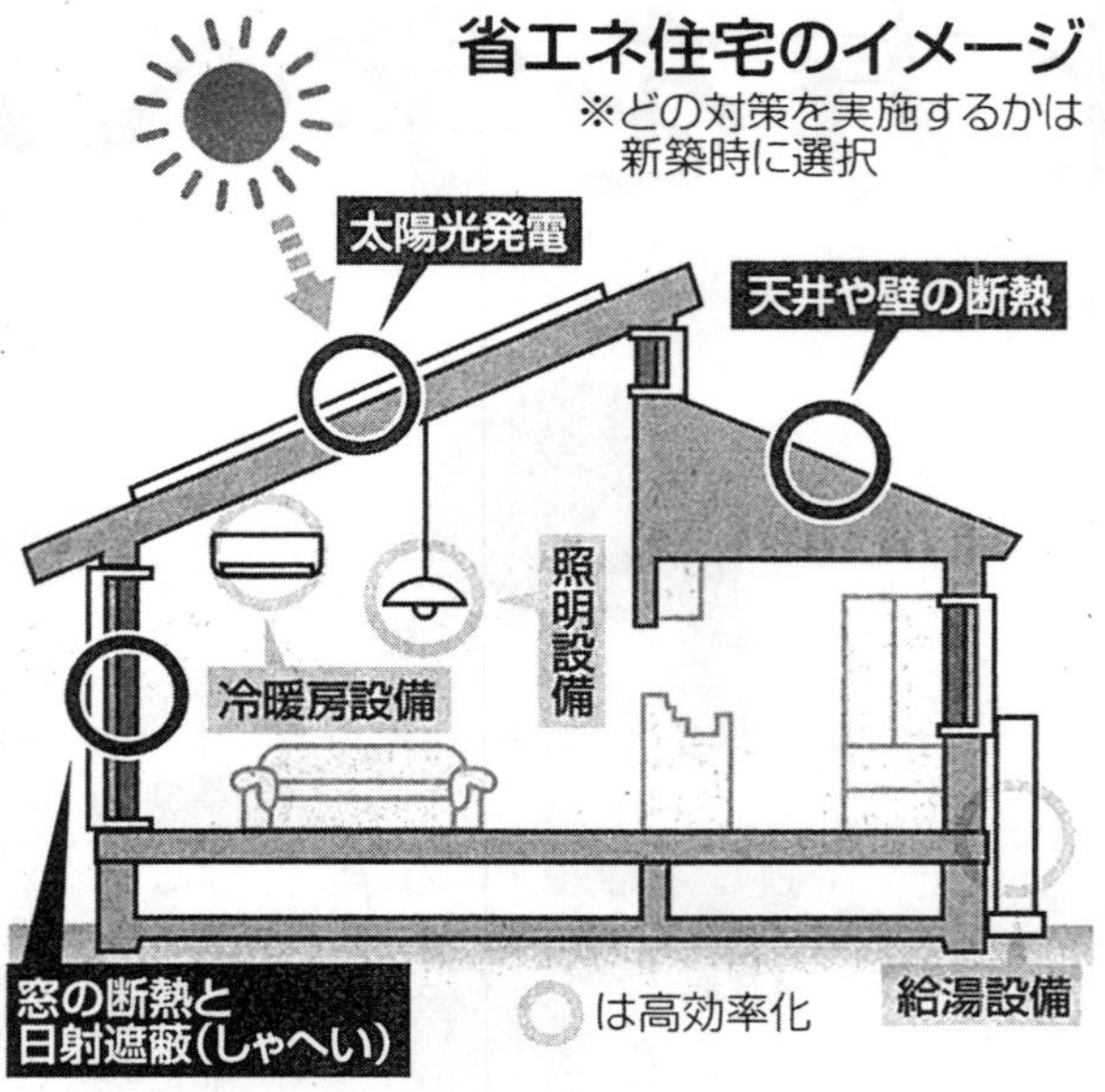

省エネ住宅のイメージ
※どの対策を実施するかは新築時に選択

政府は22日、新築住宅に省エネ基準適合を義務付ける関連法改正案を閣議決定した。住宅を建てる際、断熱材を厚くしたり、効率的な冷暖房や照明を採用したりして数値基準を満たすことが求められる。義務化は2025年度からの見込みだ。既存住宅の省エネ改修や、太陽光発電導入を促す仕組みも新設。脱炭素社会実現に向け、建物分野の対

たが、専門家から批判があり、会期内成立を目指す方針に転じた。

新築住宅の省エネ基準適合率は19年度で81％。国土交通省は、120平方㍍の一戸建ての場合、適合に約11万円の追加コストがかかると試算しているが、光熱費を節約できると説明している。

法案によると、住宅や小規模ビルを含め、新築物件の数値基準を満たしているかどうか調べる。太陽光発電導入でエネルギー消費の一部を相殺することも可能だ。違反者には自治体が適合を命令、従わない場合は300万円以下の罰金を科す。

既存住宅の省エネ改修は、住宅金融支援機構が低利で融資。省エネ施工の経験が少ない中小工務店もあり、国は技術力向上を支援する。住宅を売ったり貸したりする際、事業者は広告に省エネ性能を表示。虚偽広告などには国が対応を勧告、命令する。

太陽光パネルなど再生可能エネルギー設備は、自治体が設置促進区域を指定する。区域内では、再エネ設

建物省エネ関連法案のポイント

- 新築住宅、小規模ビルに省エネ基準適合を義務付ける
- 住宅広告に省エネ性能を表示
- 既存住宅の省エネ改修に住宅金融支援機構が低利融資
- 太陽光発電パネルなどの設置促進区域を自治体が指定

小中高全校に生理用品配備

富士市教委、心配軽減へ

富士市教育委員会は4月から、市立小中学校全43校と市立高の女子トイレに生理用品を置く取り組みを始めた。家庭の事情や急な対応で必要になった場合に気兼ねなく利用できる。生理に対する心配を減らし、学業に専念できる環境を整える狙い。児童生徒への調査で「必要」との回答が大半だったことが事業を後押しした。関係者によると、市町単位の全学校の取り組みは県内で珍しいという。

同市立校では保健室で生理用品に困る児童生徒の相談対応をしている。さまざまな事情で生理用品を手にできない「生理の貧困」が問題視された昨年度からは「さくらカード」を示した場合に複数をまとめて提供する。

トイレ配備は、各校で月経や配備目的を児童生徒に説明した上で、小学4年生以上が使用するトイレの洗面台に生理用ナプキンを入れたふた付き容器を設置する。

吉原一中では昨年度末に誰でも使える性別不問のトイレを整備した。まずはそのトイレに生理用品を配備し、順次、校内の女子トイレに置いていく。木内麗子養護教諭は「父子家庭などで言い出しにくい場合や初潮で戸惑うこともあるが、トイレにあれば安心できる。困った時に助けを求める力や環境も育みたい」と話した。

市教委がことし1月に小中高生428人から回答を得たアンケートでは、「トイレにあれば利用したい」との回答が71％に上った。「急に必要になる」「教室から持ち出しにくい」との理由が多数を占め、配備を決める要因となった。

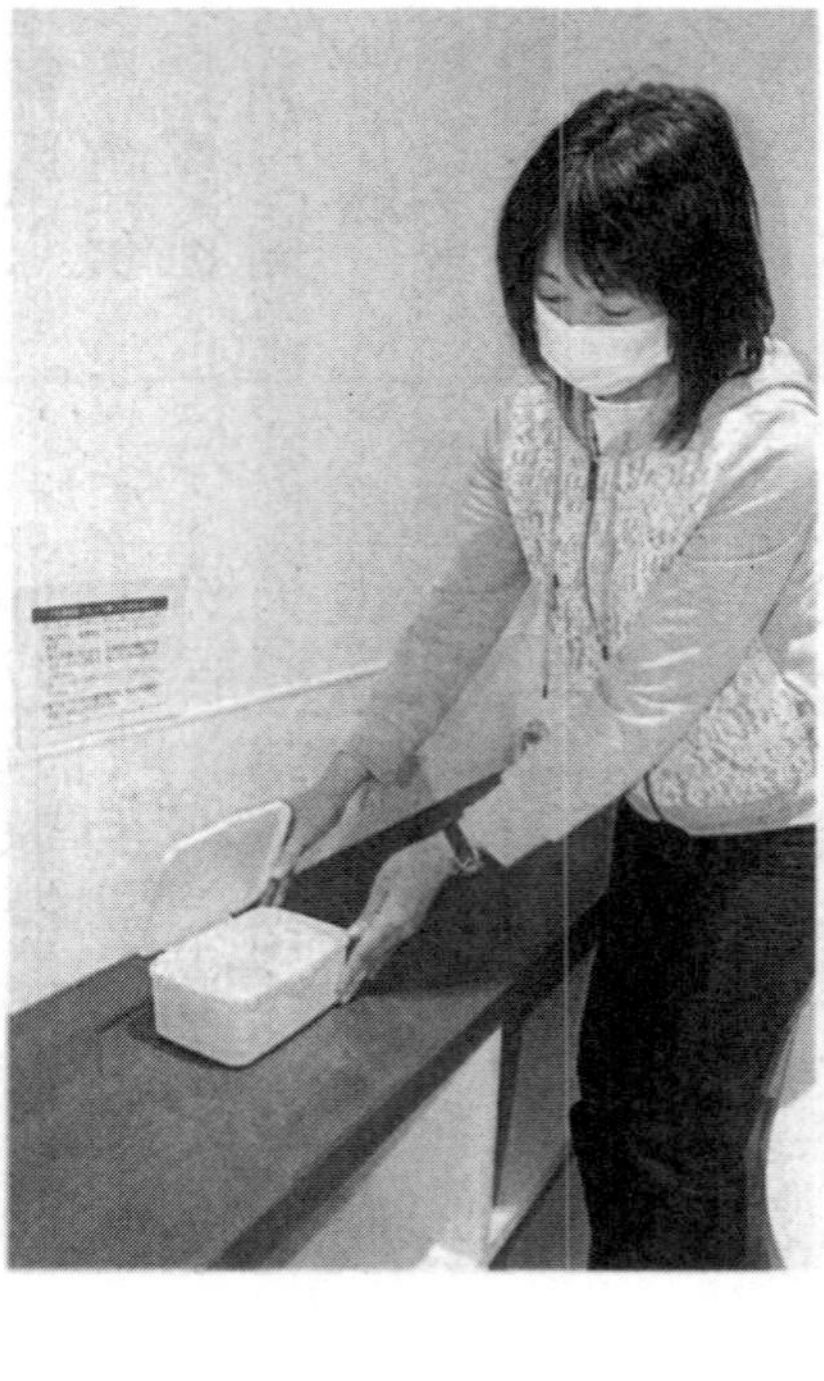
トイレに生理用品を設置する教職員＝富士市の吉原一中

静岡22・4・29

ョン

6%

朝日22・4・18

建物の老朽化や住民の高齢化で、マンションの管理不全が問題になっている。東京都が1983年以前に建てられたマンションを対

不全の兆候がある」と判定。2021年12月末時点で都に届け出を済ませた9436棟(約80%)のうち、15・9%にあたる1497

策を強化する。
当初、今国会は審議日程を確保できないとして法案提出を先送りする予定だっ

は原則として適合を義務化。自治体は建築確認審査時、断熱やエネルギー消費

備の導入効果を建築士から施主に説明するよう義務付ける。

京都22・4・23

フリースクールもバス無料

非課税世帯の中高生対象

今月から、県が支援拡大

県が実施する住民税非課税世帯などの中高生を対象にしたバス・モノレール通学費無料の支援が、4月からフリースクールに通う中高生にも拡大された。生徒の在籍校が、フリースクールへの通学を出席扱いとしている場合に限る。申請は随時受け付けている。

対象は、①最新年度の都道府県民税や市町村民税所得割が非課税の世帯②児童扶養手当または母子・父子家庭など、医療費助成受給世帯③離職など家計急変で、①と同程度の収入状況と見込まれる世帯—という、3つの所得要件のいずれかに該当する者。生活保護など他の制度で、通学費の支弁対象となっている場合は対象外となる。

申請は随時受け付け中。毎月5日までに必要書類を提出し、不備がなければ審査後、翌月1日から利用可能な交通系ICカード「オキカ」などが交付される。

通学無料化支援は、2020年9月末までは半額補助にとどまっていた。その後、住民税非課税世帯などの高校生や、児童扶養手当の受給世帯などの県立中3校（球陽・開邦・与勝緑が丘）と、私立中にも対象を拡大して無料化した。

フリースクール通学費無料支援に関する問い合わせは、在籍校が国公立の場合は県教育委員会教育支援課☎098（866）2116、私立の場合は県教委総務私学課☎098（866）2074。（嘉数陽）

琉球（沖縄）22・4・30

都内 1983年以前建築のマンシ

「管理不全の兆候」1

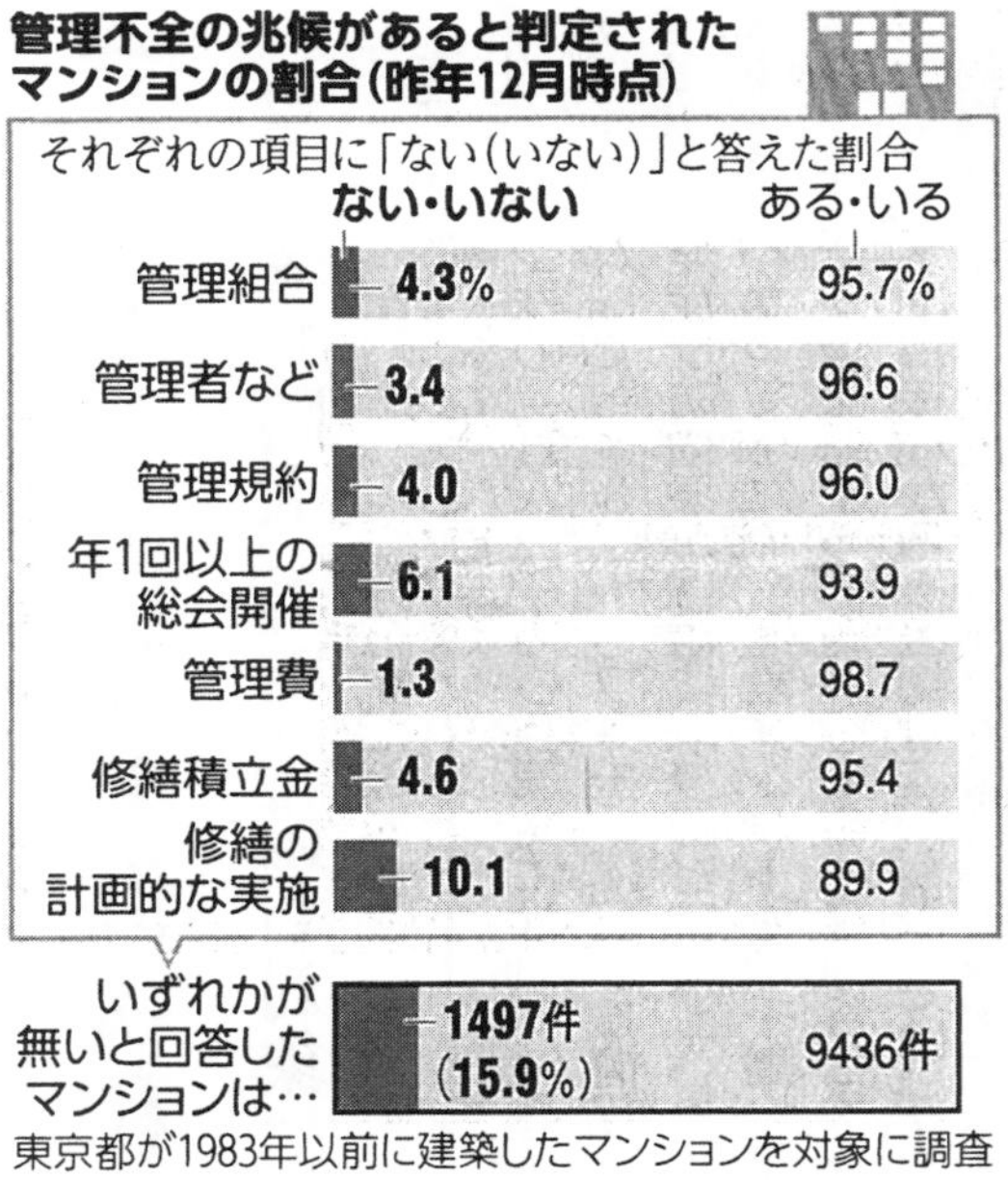

東京都が1983年以前に建築したマンションを対象に調査

象に実施した管理状況の調査では、約16%に管理不全の兆候があることがわかった。マンションは私有財産だが、防災拠点になるなど「公共財」に近い役割もあり、今後行政がどのように関わっていくかが課題だ。

都は2019年、管理状況の届け出をマンション管理組合に義務づける条例を制定。条例に基づき、管理組合に関する明確な規定が定められた1983年までに建てられた住戸数6戸以上のマンション約1万2千棟を調査した。

管理不全を予防するための必須事項として定めた7項目のいずれかが「ない」としたマンションを「管理

棟に兆候があるとされた。

届け出を受けて都は、管理不全の兆候があるマンションに、区や市などの自治体と訪問調査を進めるほか、マンション管理士などの専門家を無料で派遣。都の担当者は「大規模な調査は初めてで、不全の兆候をつかめたことは大きい」。

マンション管理を巡っては20年6月、適切な管理を行政も後押しする改正マンション管理適正化法が成立。今年4月からは新たに二つの制度が始まった。

一つは国の「管理計画認定制度」。適正な管理のための基準を示して管理不全を防ぐのが目的で、国や地方自治体が示す17項目を審査し、地方自治体が管理組合を「認定」する。もう一つはマンション管理会社の業界団体のマンション管理業協会が運営する制度で、管理状況を100点満点で点数化し、将来的に市場価値に反映されることを目指す。

ただ、いずれも強制力がないなどの課題も。東京都マンション管理士会の担当者は「管理意識の低いマンションは申請せず管理不全を把握できない可能性がある」と指摘する。（片田貴也）

県営住宅 単身若者、妊婦OK

福祉の「受け皿」機能充実へ

氷河期世代も、入居対象拡大

兵庫県は4月から、県営住宅（県住）の入居要件を見直し、単身者の入居対象を拡大した。従来、単身者は主に高齢者と障害者に限っていたが、収入要件に合致する「就職氷河期世代」の中年や若者世代も受け入れる。予期せぬ妊娠をした女性の入居も想定し、福祉の受け皿としての機能を充実させる。

（金 旻革）

現在、約4万7千戸ある県住には約7万1千人が暮らす。入居は親族との同居が前提だったが、3月の県議会定例会で関連条例が改正され、同居親族の要件を撤廃。都道府県では大阪府や鳥取県など7府県が先行して廃止している。

条例改正は県住宅審議会（会長＝安田丑作《ちゅうさく》・神戸大名誉教授）の答申を受けた動きだ。同審議会は昨年12月、60歳未満の単身者による住宅の確保が困難になっていると指摘。「（単身者数が）低廉な家賃で入居可能な民間住宅の供給を上回っている」として、県住の入居要件を見直すよう県に答申した。

国の就業構造基本調査（2017年）によると、年収300万未満の若年・中年単身者は県内で約19万3千世帯。長引く新型コロナウイルス禍や非正規雇用などで収入減となり、住まいの確保が難しい人は増えているとみられる。一方で家賃4万円未満の民間賃貸住宅は、県内では15年度の約7万2千戸から18年度に約6万9千戸に減少しているという。

また県は21年度から、予期せぬ妊娠、出産をした人たちへの生活支援を全庁的に進めている。その一環として、単身で生活を余儀なくされている妊婦の受け皿として県住を提供する。県公営住宅管理課は「福祉のセーフティーネットとしても県住を活用していきたい」と話す。

神戸（兵庫）22・4・21

マンション再建要件緩和

改正法施行 防火、外壁不備も対象に

老朽化したマンションの再生を促す改正マンション建て替え円滑化法が四月、全面施行された。敷地の売却に必要な所有者の同意要件を緩和し、八割以上の賛成があれば売却できる対象を耐震性不足だけでなく、防火基準の不適合や外壁剥落の危険がある物件に拡大。防火構造に不備などがあり、建て替える場合は延べ床面積を広くできる特例も利用可能だ。

敷地を売れば、代金を元手に再建後のマンションや別の住居に入居しやすくなる。通常は区分所有者全員の同意が必要でハードルが高かった。

四月から特例の対象となったのは、建設後の防火基準見直しによって不適合が生じた物件。具体的には①避難階段が二カ所以上②階段、吹き抜けに炎や煙が広がらない構造—などの基準を満たしていないケースだ。外壁のひび割れが基準値以上で剥落の危険がある建物も対象となる。

一方、同法はマンション再建時に延べ床面積を増やせる容積率特例を規定。建て替えで増えた住戸を売り出せば資金が得られ、積立金不足の管理組合も再生を進めやすい。

従来は耐震性不足の建物に限っていたが、昨年十二月から、防火基準不適合や外壁剥落、配管設備の二カ所以上で漏水が生じたり、バリアフリー基準を満たさなかったりする物件も対象になった。

国土交通省によると、築四十年超の分譲マンションは二〇二〇年末時点で約百三万戸。二十年後には約四倍に増えると想定している。

中日（愛知）22・4・23

発行、配布

富士河口湖町は町内に設置したマンホールのふたにあしらっているデザインを紹介する「マンホールカード」を配布している。ふたには富士山と河口湖大橋、月見草などが色鮮やかに描かれている。

カードは縦8・8ｾﾝ、

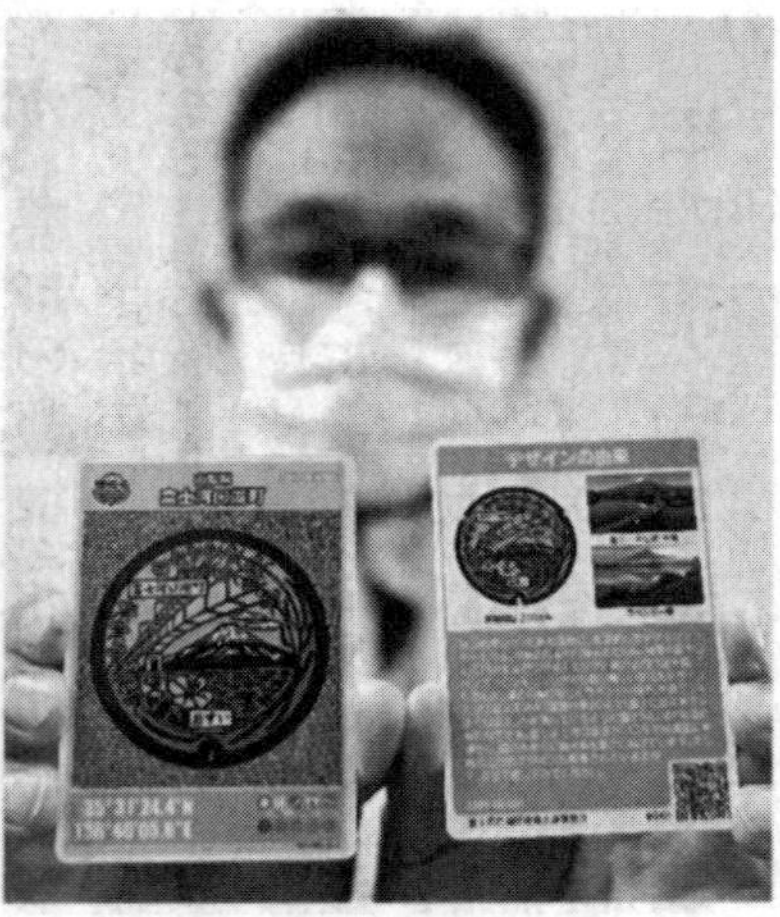

富士河口湖町が配布しているマンホールカード
＝富士河口湖町役場

水道施設を活用 小水力発電開始

八尾市

上流の浄水場から送られた水の圧力で発電する小水力発電を、八尾市が高安受水場で始めた。一般家庭約340世帯分にあたる年間約100万ｷﾛ・ﾜｯﾄ時を発電し、西日本最大規模の小水力発電になったという。年間374ﾄﾝの二酸化炭素（CO_2）削減効果が見込まれている。

市は昨年4月、2050年までに市域の二酸化炭素排出量実質ゼロを目指す「ゼロカーボンシティ」を宣言。その一環で空調大手「ダイキン工業」の子会社「DKパワー」（吹田市）と連携し、同社が高安受水場に発電設備を設けて運用する。事業期間は20年で、市は事業期間の20年間で固定資産税約2600万円、売電収益の一部約3400万円を得られる見通しで、年間約300万円になるという。

発電設備はマイクロ水力発電機4台で、合計出力は約120ｷﾛ・ﾜｯﾄ。ダイキンのエアコン技術を生かし、大阪広域水道企業団の村野浄水場（枚方市）から送られた水の圧力で効率よく発電できるという。

3月30日に同受水場で発電開始のセレモニーがあり、DKパワーの松浦哲哉社長は「私たちの技術で八尾市の持続可能なまちづくりに貢献できるのはありがたい」とあいさつ。大松桂右市長は「税金をほぼ支出することなく新たな財源を生みだし、二酸化炭素も削減できる事業だ。今後も公民連携を強めたい」と話した。市は龍華配水場にも同様の発電所を設ける方針。

上水道の水流を利用して発電を始めた四つの発電機（八尾市で）

読売（大阪）22・4・19

ブルーピリオド「聖地」マンホール蓋を設置

台東区、東京芸大近くに

台東区が東京芸術大（同区上野公園）を目指す高校生を描いた漫画「ブルーピリオド」（講談社）の主人公らをデザインしたマンホール蓋《ふた》を同大学近くに設置した。作品ゆかりの場所とあって訪れるファンも多く、写真がツイッターに投稿されるなど反響を呼んでいる。

作品は主人公の矢口八虎が絵を描く面白さに目覚め、同大学を目指す青春物語。昨年アニメ化もされ、若者を中心にファンが多い。作者の山口つばささんも同大学出身だという。デザインマンホールは絵筆を持った主人公などが描かれた2種類で、3月に同大学絵画棟裏門近くに設置された。

浅草が主な舞台となっているアニメ「さらざんまい」など、区内には「アニメ聖地」が複数ある。区は新型コロナウイルスの影響で外国人観光客が激減する中、漫画やアニメをきっかけに国内観光客を呼び込む狙いだ。【南茂芽育】

「ブルーピリオド」のキャラクターが描かれたマンホール蓋＝台東区提供

毎日22・4・18

横6・3ｾﾝﾁで1種類。表面にはマンホールの写真、裏面には河口湖大橋、富士山、ラベンダー畑の写真と、デザインの由来が書かれている。マンホールは町が2005年から、河口湖北岸の河口地区の一部に設置している。

カードは、下水道に対する理解を深めてもらお

富士河口湖町が

うと活動する全国組織「下水道広報プラットフォーム」（GKP）が企画し、607自治体が837種類を発行している。

富士河口湖町が配布するのは初めてで、下水道への関心を高めてもらうとともに、観光客の誘客につなげようと企画した。

町水道課の担当者は「町に興味を持ってもらい、来町するきっかけになってほしい」と話している。

カードの配布は平日が町水道課（午前9時～午後5時）、土日は町生涯学習館カウンター（午前9時半～午後5時）。問い合わせは同課、電話0555（72）1620。

山梨22・4・29

バス停まで高齢者送迎

正式運行スタート

久万高原・西谷地区

愛媛22・4・28

久万高原町西谷地区の住民を送迎する「24バス」

久万高原町西谷地区で高齢者の自宅と最寄りのバス停を車でつなぐ「公共交通空白地有償運送」事業が始まった。運行主体は地元のNPO法人「TE to TE（てとて）」。町から4人乗りの軽ワゴン車「24（にし）バス」を借り受け、講習を受けた住民5人が運転手を務めている。

同法人によると、4月1日現在の地区人口は148人で高齢化率は77％。自宅からバス停まで5㌔以上離れているなど、公共交通の利用が難しい住民の需要を見込んでいる。

2020年4月から試験運行。22年3月に四国運輸局の認可を受け、4月1日に正式運行に入った。

26日、同町柳井川の柳谷小学校で出発式があり、関係者13人が参加。同法人の立野好仁理事長があいさつし、柳谷小学校の児童らがくす玉を割って事業開始を祝った。

運行は平日のみで、2日前までに予約が必要。料金は片道100円で、町の交通利用券も使える。予約・問い合わせは同法人の山本一人さん＝電話090（8294）1234。

（樋口和至）

モノレール

放題100円

期間限定発売

毎日22・4・22

摩都市モノレールが1日乗り放題になるの「たまモノこどもワンデーパス」。ネコターがデザインされている＝都提供

日まで。パス利用者にはモノレール沿線にある施設や商店で割引などが受けられる特典もある。

同モノレールでは「沿線には多摩動物公園をはじめさまざまな施設もあり、このパスで多くのお子さんやご家族が多摩地域を訪れるきっかけになればい

網走市が釣り船規制条例

マナー違反で漁船との事故懸念

秋サケシーズン前に議会提案

北海道22・4・27

【網走】オホーツク沿岸で秋サケを狙う釣り人の危険・迷惑行為が多発している問題で、網走市は26日、釣りを目的とする船舶の網走港内や周辺への進入を規制する条例を制定する方針を明らかにした。秋サケを狙う小型ゴムボートなどが数多く現れ、漁船との事故などが懸念されているためで、こうした条例は全国でも例がない。6月の定例市議会にも提案、秋サケシーズン前の施行を目指す。

市が設置した有識者らの委員会で方針を示した。条例はプレジャーボート、ミニボート、20㌧未満の船舶のほか、遊漁船が対象。網走港内などに船舶の進入を規制するエリアを設定し、進入する船舶は市長の許可を必要とする。

釣り（下見などの準備行為含む）を目的としたものや、他の船舶の航行に支障を来す恐れのあるものは拒否する。

罰則規定は設けないものの、警察や海保と連携、軽犯罪法や海上運送法などの各種法令を活用し、実効性のあるものを目指す。近く市民から意見を募り、5月末までに条例案をまとめる予定。

オホーツク沿岸では秋サケを狙う釣り人のマナーが問題になっており、網走市沖合で昨年11月、ゴムボートに乗っていた釣り人が転落し死亡する事故も起きた。

（荻野貴生）

験スタート

中心部まで楽々 デマンドバス

30分前まで予約OK

山形22・4・26

多摩都市

小学生 乗り

ワンデーパス

多摩都市モノレール（本社・立川市）は、大型連休前の23日から同モノレール全線で小学生が1日100円で乗り放題になる「たまモノこどもワンデーパス」を期間限定で発売する。

同社と都が共同で、多摩地域の魅力のアピールと子育て世帯の外出支援を兼ねて行う企画「たまモノ子育て応援事業」の第一弾。通常の小学生用1日乗車券は450円で、差額は都が負担する。

パスは多摩センター、高幡不動、立川南、立川北、玉川上水の五つの駅の改札窓口で販売し、発売枚数は1万枚。都民以外でも購入できる。販売は5月8

100円で多摩
小学生向け
のキャラク

い」と話している。

同社と都は同様の小学生向け1日乗車券を夏休みや冬休み期間にも販売することを予定している。特典などは同社ホームページ（https://www.tama-monorail.co.jp/2022/04/oneday-pass.html）へ。【黒川将光】

日経22・4・19

保証申し込み電子化

東京信用保証協が全国初

全国信用保証協会連合会は、信用保証の申し込み手続きをウェブサイト上でできる電子受付システムを金融機関と連携して構築した。東京信用保証協会が18日、全国で初めて導入した。融資の申し込みから実行までを5日前後短縮できるという。迅速に中小企業を支援するとともに、金融機関の事務負担の軽減につなげる。

中小企業から融資の申し込みを受けた金融機関は、電子受付システムに申請情報を登録するなどして信用保証を依頼する。審査の進捗状況もウェブで確認できる。金融機関はこれまで、書類を郵送するか持ち込むかして依頼する必要があった。

今回のシステムは全国の金融機関と全国の信用保証協会が利用できる共通のプラットフォームで、東京信用保証協会はまず朝日信用金庫（東京・台東）の一部支店から運用を始めた。初日は2件の申し込みを受け付け、同日付で保証決定して電子保証書を発行した。

同協会は「運用状況を確認し、ほかの金融機関にも拡大していく」としている。

信用保証を巡ってはこれまで、各地の信用保証協会が「信用保証書」の電子化を進めてきた。今回、申し込み手続きを電子化することで、さらに素早く融資の実行ができるようになる。

都営地下鉄の駅 ゴミ箱全撤去へ

都交通局、来月9日

東京都交通局は18日、都営地下鉄と新交通システム「日暮里・舎人ライナー」の駅構内に設置しているゴミ箱をすべて撤去すると発表した。5月9日の始発から構内のゴミ箱が使えなくなる。利用者にはゴミの持ち帰りを呼びかける。

交通局は「駅員が常にゴミ箱を監視できるわけではない。テロなどへの対応を強化するため全面撤去に踏み切る」としている。

自動販売機に付属するペットボトルなどのリサイクルボックスは引き続き利用できるようにするという。

日経22・4・19

長井北東部、実

長井市は25日、事前予約で運行する「ながいデマンドバス」の実証実験を開始した。市営バスの運行がない市北東部と、中心部の両エリアを結ぶ方式で、運行時間の30分前まで専用アプリなどから予約できるのが特徴。出発式がフラワー長井線長井駅前で行われた。

利用対象は、最上川を挟んで市中心部の対岸に位置する森・金井神地区と舟場地区の一部の住民。民間路線との競合などの理由から市営バスの運行対象外となっていたが、バス停まで距離があることなどを踏まえて実証実験を決めた。10人乗りのワゴン車1台を平日限定で走らせる。片道500円の定額制で、民間運行のない時間に絞り、市中心部に向かう3便と帰りの5便を定時運行する。乗り降りできる場所は両エリア合わせて49カ所と細かく設定した。

デジタル技術をまちづくりに生かす「スマートシティ長井」事業の一環。予約は電話のほか、市が提携するNTT東日本と共同開発した専用アプリを使い、人工知能（AI）がルートを算出して無駄のない運行を図る。7月1日まで運行して乗降データを蓄積。行き先や利用時間帯を分析して公共交通の利便性向上につなげる。

出発式には内谷重治市長をはじめ、運行業者や対象エリアの区長らが出席し、第1便の出発を見届けた。早速、市役所まで利用した同市森の井上恭一さん(65)は「自宅から十数㌔の所まで来てくれて、タクシーよりも安く済んだ。今後はアプリからも予約してみたい」と話していた。

（上妻大晃）

関係者がデマンドバスの出発を見届けた実証実験出発式
＝長井市・フラワー長井線長井駅前

中小の事業再構築 支援
県がコロナ対策補助金

県は本年度、新型コロナウイルス感染拡大の影響で業績が悪化した県内の中小企業と小規模事業者に対し、新分野への展開や業態転換といった事業の再構築を独自に支援する補助事業を始めた。5月末まで申請を受け付ける。

補助の要件は2020年4月から今月までのいずれか1カ月間の売上高が、コロナ以前の19年1月から20年3月までの同月比で10%減少したこと。事業計画書の提出なども必要。

県は補助対象として①喫茶店経営者によるテイクアウト販売②弁当販売業者による高齢者向け食事宅配事業の開始③サービス事業者によるオンライン形式のヨガ教室運営―などを想定する。

事業費75万円以上が対象。補助率は事業費の3分の2以内で、上限500万円、下限50万円。県は約130件の利用を見込み、21年度補正予算で6億5000万円を確保した。財源は国の地方創生臨時交付金を充てる。

国の「事業再構築補助金」を活用する事業者に、県が上乗せ補助を実施する従来の取り組みについても、来年1月末まで申請を受け付ける。独自補助、上乗せ補助ともに、希望者は県中小企業等事業再構築支援補助金事務局にメールか郵送で申し込む。連絡先は同事務局022（797）3511。

河北（宮城）22・4・20

敦賀市 事業者へ給付金
8月末まで申請募る

新型コロナウイルスの影響で売り上げが大幅に減少した敦賀市内の中小企業、個人事業主を支援する給付金について、市内金融機関で申請を受け付けている。8月末まで。

市内に本社機能があり、今年1～6月のうち連続する3カ月の平均売り上げが、昨年から3年前の同時期と比較して20%以上減少した事業所が対象。常時雇用する人数が300人以下の医療法人やNPO法人などについても幅広く対応する。

中小企業に40万円、個人事業主に20万円を給付する。昨年4月2日以降に開業した場合、同12月末までの平均売り上げとの比較でも申請できる。

敦賀商工会議所が市から業務を受託。福井銀行、敦賀信用金庫、北陸銀行、福邦銀行、JA福井県の市内各店舗で受け付ける。原則として事業所の主要な取引機関で申請するよう呼び掛けている。

申請書類などの詳細は敦賀商工会議所のホームページで確認でき、ダウンロードして使用できる。問い合わせは同会議所=☎0770（22）2611、市商工貿易振興課=☎0770（22）8122。（近藤洋平）

福井22・4・21

移住者の出店 後押し
松島町 最大50万円補助

松島町は、町内への出店を計画する移住者が空き店舗をリノベーションする費用を助成する。新型コロナウイルス禍で地域経済が落ち込み、空き店舗の利活用が低迷する中で移住者の新規出店を後押しする。補助額は最大50万円で、今月受け付けを始めた。

対象者は空き店舗で事業を営もうとする個人。補助金の交付には①店舗の所有権や使用権限を持つ②改修費用が30万円以上―などの条件がある。

補助額は対象経費の2分の1以内で、上限50万円。リノベーションで生じる増改築や改修の費用を幅広く認める。事業費は国の地方創生臨時交付金と町の一般財源で計250万円を措置した。

町には、新規創業者に最大100万円を支給する独自の創業者支援事業補助金がある。リノベーション補助金と併せて申請することができ、最大で計150万円を受け取れる。

町によると、コロナ禍を機に首都圏などの移住希望者から空き店舗について相談が寄せられているという。担当者は「手軽に出店できる仕組みを整え、人口減少対策と地域の魅力アップにつなげたい」と話す。

河北（宮城）22・4・28

山県市が市内中小企業支援
特産品開発へ補助金
上限1000万円

山県市は、市内中小企業などの新たな特産品開発を支援しようと、本年度、「市ふるさと名物開発応援補助千万円（補助率3分の2以内）で、市内で継続して1年以上事業を行う中小企業などが対象。市をイメージ

若者に芽吹け起業家精神

中高、大学向け 県が育成事業

兵庫県は2022年度、県内の中高、大学生らに授業でアントレプレナーシップ（起業家精神）教育を施す「ひょうごスタートアップアカデミー」を始めた。不確実性が増す時代、社会課題の解決に主体的に取り組む若者の育成を目指す。まず、一部の中高で実践型教育プログラムを先行実施するほか、県内の大学と連携した起業人材育成事業も4大学に広げる。（大島光貴）

関西学院高等部で始まった「ひょうごスタートアップアカデミー」の様子＝西宮市上ケ原一番町（兵庫県提供）

資金調達、市場調査、販売…
実践型 米プログラム活用

斎藤元彦知事の主要公約の一つ。中高でのモデル事業は22年度、12日に開講した関西学院高等部（西宮市）を皮切りに、県立大付属中高（上郡町）や長田商業高（神戸市長田区）、篠山産業高（丹波篠山市）など6校の生徒計約300人を対象に実施。一部の学校では23年度まで行う。

世界100カ国に普及する米シリコンバレー発のプログラム「ビズワールド」を活用。生徒が会社・事業の立ち上げから資金調達、試作・量産、市場調査、販売までを疑似体験する。指導には「ビズワールド」の日本代理店、IKIRU（いきる）合同会社（神戸市中央区）の創業者や認定講師が当たる。公立校の授業としては全国でも初めての試みという。

また、大学での起業人材育成は、既に実施中の神戸大と県立大に加え、22年度から甲南大（同市東灘区）、武庫川女子大（西宮市）で始める。いずれも他大学の学生や社会人にも門戸を開く。

さらに、8月には「高校生ビジネスプラン・グランプリ」（日本政策金融公庫主催）に挑む県内の高校生にも、「ビズワールド」の短期プログラムを神戸、姫路、尼崎市で実施する。

23年3月には、アカデミー受講生が集う「ひょうごスタートアップ甲子園」（仮称）を神戸市内で開く。起業家の育成を促す産官学組織「ひょうご神戸スタートアップ・エコシステムコンソーシアム」の支援機関や金融機関、大企業関係者らの前で事業計画を発表し、投資や融資、助言を受ける機会を提供する。

県は22年度当初予算に、関連事業費として約6千万円を盛り込んでいる。

神戸（兵庫）22・4・19

金」を創設した。5月27日まで申請を受け付けている。

アフターコロナに向けて、地域の産業振興と企業の経営力向上につなげようと、県信用保証協会と連携して創設。補助金は上限1

できる一般消費者向けに販売する商品の開発や販路開拓、量産化を支援する。

問い合わせは市まちづくり・企業支援課、電話0581（22）6831。

（高橋友基）

岐阜22・4・20

山口22・4・22

ネット通販送料5万～40万円支援

県、事業者募集

県は21日、インターネット通信販売の送料を1事業者当たり5万～40万円を支援する「やまぐちECエール便」を始めた。参加事業者を募集しており、5月13日まで。新型コロナウイルスの影響で落ち込んだ消費需要喚起策の一つ。

大手の電子商取引（EC）サイトに出店している県内事業者とECサイトを運営している県内の中小企業が対象。新型コロナの影響で月間収入が減少していることや消費者に送料を負担させないことなどが条件となる。

支援額は配送業者に支払う商品の送料。約300事業者の募集を見込む。返品の費用や代引き手数料、梱《こん》包《ぽう》代などは除外する。

申し込みはやまぐちECエール便事務局のホームページから申請する。問い合わせは同事務局（電話083・942・0430）へ。

（山田貴大）

事業復活支援金も独自給付
松江市 国支援対象外向け

新型コロナウイルス禍で打撃を受けた中小企業と個人事業者向けの事業復活支援金として、松江市が22日、国の支援対象外の売り上げ減少率20％以上30％未満の企業などを対象に独自給付を行うと発表した。給付上限は法人50万円、個人事業者10万円。27日から郵送で申請を受け付ける。

国の支援対象は、2021年11月～22年3月の任意の1カ月間の売り上げが18～21年の同じ月と比べて30％以上減少した場合。市は、過去の給付金申請で多かった、国の基準を満たさない減少率30％未満の事業者にも広げた。申請は6月末まで。

このほか、地域のにぎわいを生み出すイベントを行う団体も支援。松江商店会連合会加盟の商店会などに最大60万円、組合や、小売、飲食、宿泊、サービスの4業種の団体（5事業者以上）は最大50万円。スタンプラリーやテイクアウトなどのイベントに活用できる。申請は10月末まで。

問い合わせは、事業復活支援金が電話050（8881）0996（平日午前9時～午後5時）、イベント団体支援金が電話0852（55）5208（市商工企画課、平日午前8時半～午後5時15分）。（片山皓平）

山陰（島根）22・4・23

振興に
業者導入

勝山市内の11事業者が市の支援を受けてキッチンカーを導入し、順次稼働させている。新型コロナウイルス禍で飲食物のテイクアウトの需要が高まり、キッチンカーイベントなどにも注目が集まる中、市は「それぞれの新たな事業展開や事業拡大につなげ、イベントで観光振興にも貢献してもらえれば」と期待する。（桂知之、塚本剛史）

40％特典付き商品券を販売
浜田市 来月28日から

浜田市などは、40％のプレミアム（特典）が付いた商品券「はまだ応援チケット」を5月28日午前10時から市民に優先販売する。新型コロナウイルスの影響を受ける商店や飲食店を支援する目的で、市内での利用限定。市民以外にも6月2日から販売する。

500円券14枚の7千円分が1セットで、5千円で販売。7千円のうち4千円分は市内に本社・本店がある登録事業者用の券で、残り3千円分は市外に本社・本店のある登録事業者用の券となる。利用期間は5月28日～9月4日。

市民への優先販売は1世帯4セットまで。市民向けの購入券を4月末、「広報はまだ5月号」とともに全戸配布する。商品券の販売場所は、5月28、29日が市役所本庁舎と支所、30日～6月1日が石央文化ホール（黒川町）と浜田商工会議所、石央商工会本所・支所。

市民以外向けの販売は1回4セットまで。6月2～30日に市観光協会特産品販売所（浅井町）や浜田商議所などで取り扱う。

5万セット用意し、売り切れ次第終了する。（梨本晶夫）

中国（島根）22・4・22

企業・団体の働きやすさチェック
ウェルビーイング促進へ
福岡市が登録制度新設

福岡市は19日、市内の企業・団体を対象に従業員の「ウェルビーイング」（心身が良好な状態）向上と、国連が掲げる「持続可能な開発目標（SDGs）」達成の両方の取り組みを促進するため、登録制度を新設したと発表した。登録事業者は取り組みの度合いによって、市や金融機関の融資で優遇措置を受けられる。

新制度はウェルビーイン

ケートを実施した企業・団体を対象に登録。同時に、環境やジェンダーなどSDGsの目標達成度をチェックシートで申告し、全項目を達成していれば「マスター」、その他は「パートナー」として登録される。

申請は5月31日までで、登録は3年間有効。市がホームページで登録事業者を紹介するほか、西日本シティ銀行（同市）は手数料を割り引いたマスター専用の融資商品を準備した。

高島宗一郎市長は記者会見で「これを機にウェルビーイングというまだなじみ

キッチンカー観光
勝山市支援 市内11事
イベントでの貢献期待
28日にお披露目販売会

ベトナム料理のフォーを提供したキッチンカー＝10日、勝山市市民交流センター

市は2021年度、経済対策の一環で導入支援事業を実施。市が指定するイベントへの年3回以上の出店などを条件に、導入にかかる必要経費を最大500万円補助。店舗型の飲食事業者が新たに移動販売に乗り出したり、キッチンカーの所有事業者が追加配備に役立てたりした。

このうち市内で米の生産を手掛け、6次産業化を目指す「スゴイ勝山ファーム」（同市滝波町3丁目）はベトナム料理のフォーを販売するキッチンカーを導入。市地域おこし協力隊員や地域住民をスタッフに、10日の市内イベントで初めて稼働させた。

親子連れやカップルが訪れ、思い思いの場所で舌鼓を打った。キッチンカーをプロデュースした店員の西田和史さん(43)は、テイクアウト需要の高まりを感じたと言い「地域住民と協力してキッチンカーの事業を拡大し、勝山を盛り上げていきたい」と話していた。

市は28日午前11時～午後1時半、同市元町1丁目の中央公園一帯で今回補助を受けた事業者を集めたお披露目販売会を企画。また5月3～5日には勝山市の長尾山総合公園のイベント「恐竜キッチンカーまつり」への出店も依頼している。

福井22・4・20

グの観点から、組織内で働きがいや働きやすさのアンの薄い理念を広めたい」と述べた。（小川俊一）

西日本（福岡）22・4・20

飲食店利用し商品券ゲット
にかほ、きょうから

にかほ市はきょう20日から6月30日まで、市内飲食店の利用者に商品券を贈る「おでかけレストラン・おうちでレストラン」を行う。

飲食店で500円を支払うたび、専用の台紙にスタンプ1個が押される。店内飲食、テイクアウト、宅配が対象で、参加飲食店は19日現在で116店。

飲食店以外にもタクシー、運転代行業の利用でも、500円ごとに1個のスタンプが押される。

スタンプ15個を集めて市に申請すると、3千円分の商品券が贈られる。券は地元の商店や美容室、飲食店など約240カ所で使用できる。使用期限は8月31日。

商品券は約4千万円分を用意しており、なくなり次第終了する。商品券の残数は、市のホームページで公開する。

事業は新型コロナウイルスの影響で売り上げが落ち込む飲食店を支援しながら、それ以外の業種にも効果を波及させようと、2020年から実施している。3回目となる今回の事業費は5215万円で、全額国の交付金を活用する。

市商工政策課の担当者は「市内には魅力ある飲食店がたくさんある。事業を機にこれまで行ったことのないお店にも足を運んでほしい」と話している。

問い合わせは同課☎0184・43・7600

（進藤麻斗）

秋田22・4・20

ーム トラブル相談最多

を巡る訪問販売トラ
で増えている。国民
ると、リフォーム工
売のトラブル相談は
多の9114件に上っ
年寄りが4分の3を

いのが屋根工事を巡
増改築や内装の工事
。「不必要な工事を
「追加工事を迫ら
になった」などの内

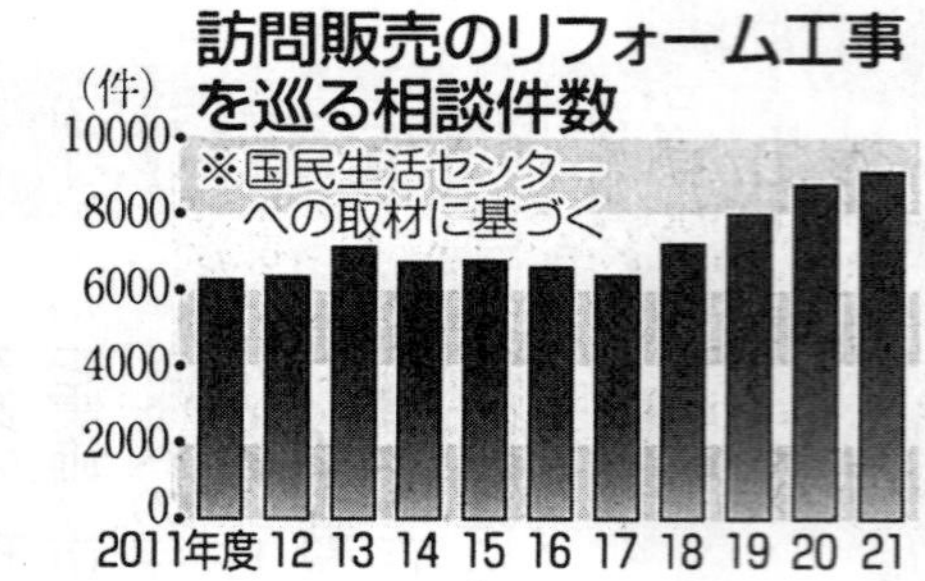

容が目立つという。

年齢層別で最も被害相談が多かったのが70代で2400人。80代、60代と続く。年に6000〜7000件台で推移していた相談件数は、19年度に8000件を突破。コロナ禍でさらに増加している。センターの担当者は「感染拡大で在宅時間が増えたことも一因だろう」と分析する。

識者「見積もり複数依頼を」

東京経済大の村千鶴子教授（消費者法）は「一人暮らしのお年寄りが、周囲に相談できずに契約してしまうケースが多い」と話す。

クーリングオフ制度で８日間は無条件に契約を解除できるが、村教授は「業者が作業を始めると、心理的に断りづらくなる。訪問を受けた場では契約を結ばず、複数の業者から見積もりを取った上で判断してほしい」と呼び掛けた。

東京22・4・18

商店街 デジタル化に活路

首都圏、官民で導入進める

商店街にデジタル技術を導入する動きが首都圏で広がっている。新型コロナウイルス禍のもと、混雑状況を把握して客の安全確保や利便性向上を図るほか、来訪者の属性を分析して商品開発や新たな客層の獲得につなげている。課題を抱えた商店街のにぎわい創出に向けて、行政も支援策を打ち出している。

東京・六本木の目抜き通りに、洗練されたデザインの明かりが立ち並ぶ。地元の六本木商店街振興組合が2021年度までに33基設置した「スマート街路灯」だ。街を照らすだけでなく、データ収集や情報発信の機能を備え、目線の高さに備え付けたモニターには店の紹介や街の混雑状況を表示する。

搭載したカメラと人工知能（AI）を使った映像解析技術によって、通行人の移動方向や性別、人数をリアルタイムで推定する。昨冬には、人の流れが比較的少ないエリアにある店のデジタルクーポンを街路灯のモニターで発行する事業を実施。「来訪者が行ったことのない店を知ってもらう効果があった」（臼井浩之理事長）という。

埼玉県内屈指の観光地として知られる川越市。川越一番街商業協同組合とNTT東日本は21年11月から22年1月末まで、ICT（情報通信技術）を活用した「スマート商店街」の実証実験をした。約100店舗が参加した。

観光客向けのサイト「デジタルお散歩マップ」は、川越に来た目的や誰と来たかなど簡単な質問に答えると、回答に合わ

営やイベントの企画に役立てた。

今後は菓子屋横丁や大正浪漫夢通りなど周辺にも拡大する方針。NTT東日本の担当者は「川越全体の活性化につなげ、本格的な事業化に結びつけたい」と話す。

「商店街一帯が集客に苦しんでいる。時代の潮流に合わせた情報発信で、何とか人を呼び戻したい」と力を込めるのは臼井王子台商店会（千葉県佐倉市）の担当者だ。20年12月から専門店街の「レイクピアウスイ」（同）とスマホを活用した抽選会を共同で実施するなどデジタル対応を強化してきた。

若い世代に情報を届けようとネット広告やSNS（交流サイト）の活用にも注力する。近隣のデジタルサイネージ（電子看板）で各店舗を紹介する取り組みを検討中だ。

自治体も支援に動いている。横浜市はベンチャー企業などと商店街とをマッチングする事業に乗り出した。課題解決につながるサービスを20年から公募し、採択した提案を希望する商店街に試験導入してもらっている。

ハッシュタグ # hashtag

#商店街のデジタル化 商店街が一体的にキャッシュレス決済を導入したり、ECサイトを構築したりする取り組み。コロナ下での安全意識の高まりと対面販売機会の喪失が影響し、推進する商店街が増えた。若年層への訴求力を高める手法としても注目される。

行政の支援も増えており、東京都はスタンプラリー機能を持つアプリの開発や、顧客と店舗が交流できる会員制交流サイトの立ち上げなど21年度に6件の支援実績がある。

街」の取り組みを進めて
市中心部の川越一番街

トランポリン施設 子供も大人も注意

昨年10件 骨折した事故も

児童2人が高い場所から同時に飛び込み、けがをした事故事例のイメージ

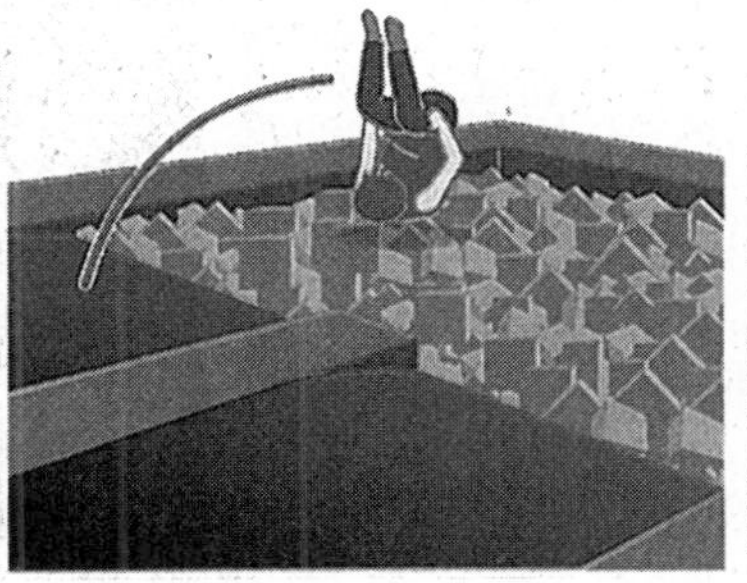

宙返りの際に頭から落ちて首の骨折をした事故事例のイメージ＝いずれも消費者庁提供

「トランポリンパーク」と呼ばれる遊戯施設などでトランポリンの事故が相次いでいるとして、消費者庁が注意を呼びかけている。

　消費者庁によると、トランポリンパークや公園、遊園地などで利用者がけがをした事故は2010年以降、計41件報告された。同庁は20年末にも注意喚起をしているが、21年は過去最多の10件。今年はすでに8件に上っている。

　愛知県の遊戯施設では21年8月、児童2人が高い場所から同時にトランポリンに飛び込んだところ、1人がもう1人の上に落下して、下になった児童がひじを骨折する重傷を負った。宮城県の施設では21年3月、20代の男性が宙返りをした際に回転数が足りず頭から落下し、首の骨が折れる重傷を負った。

　消費者庁は、施設を利用する際の注意点として、いきなり高く跳んだり、宙返りをしたりするなどの危険な技はやめること▽公式競技にも使用されるような高く跳べるトランポリンもあり、危険性を理解すること▽一つのトランポリンは1人ずつ使うこと▽監視員が配置されているか確認すること――を挙げている。

（寺田実穂子）

朝日22・4・28

リフォ

リフォーム工事
ブルは、コロナ禍
生活センターによ
事に関する訪問販
2021年度、過去最
た。60代以上のお
占める。
　業態別で最も多
る相談で、ほかに
を巡るトラブルも
契約させられた」
れ、どんどん高額

パーソナルトレーニング ご注意を

負傷の相談5年間で105件

トレーナー資格義務なし

東京22・4・27

　国民生活センターは、パーソナルトレーニングでの負傷に関する相談が二〇一七年度からの約五年間に全国で百五件寄せられたと明らかにした。新型コロナウイルス禍で健康志向が高まる中、違和感を抱いたときは無理せず中断するよう呼びかけている。

　パーソナルトレーニングはトレーナーから一対一で指導を受けるので、多人数との接触を避けることができる。トレーナーに資格保有の義務はなく、民間団体が認定する資格保持者を置くかどうかは雇用する事業者や、個人で指導する場合はその人に委ねられている。

　センターによると、百五件の相談のうち四分の一は治療に一カ月以上かかる負傷で、神経や脊髄を損傷した人もいた。

　京都府の三十代女性は二一年四月、スポーツジム内でトレーナーの指導の下、バーベルを腰の位置まで引き上げる運動を始め、次第に重量を上げていった。だが二カ月後にバーベルが持てなくなり、整形外科を受診すると腰椎と仙椎の骨折が判明。完治したのは年明けだった。

「スマート街路灯」が立ち並ぶ六本木商店街（13日、東京都港区）

「スマート商店
いる埼玉県川越

日経22・4・19

せてお薦めスポットを紹介する。店舗側は人流や気象、映像のデータから来訪客の数や属性を予測する「スマート商店街アプリ」を活用し、店舗運

■混雑把握、安全・便利に ■客層拡大へデータ活用

　例えば、反町駅前通り商店街（横浜市神奈川区）など3商店街は、スタートアップのレスティル（東京・千代田）が提供する半径5キロ圏内に限定した電子商取引（EC）のプラットフォーム「ポスケット」を導入する実験を21年夏に実施した。

　狭い商圏のECのため、実店舗への来訪を促す効果も期待される。実際、「普段利用していない人が店を訪れたとの声もあった」（横浜市の担当者）といい、市は22年度も継続して企業と商店街の双方を募集する予定だ。

　高齢化や資金不足のためデジタル化が進まない商店街も一定数ある。東京都はスマート商店街推進事業を22年度から大幅に拡充。助成件数を増やし、事業者の参考になる具体事例集も作成する。

　「デジタル化を進めるきっかけにしてほしい。データを活用した取り組みにも期待したい」と担当者。目先の集客力を高めるだけでなく、得られたデータを生かして商店街を活性化する好循環を生み出せるかが重要となる。

（相松孝暢）

生産年齢人口 最低59%

外国人は9年ぶり減少

労働力の補完に限界

総務省が15日に公表した2021年10月1日時点の人口推計で、労働の中心的な担い手となる15～64歳の生産年齢人口の割合は総人口の59・4％となった。統計を取り始めた1950年以来、最低だった。新型コロナウイルスの水際対策の影響で、外国人の入国者数から出国者数を引く社会増減は9年ぶりに減少に転じた。労働力人口を女性や高齢者の労働参加で補う構図にも限界が見えつつあり、経済成長の下振れリスクになる。

生産年齢人口が58万4000人減り、7450万4000人となった理由の一つは「コロナ鎖国」による外国人労働者の流入減だ。自然増減を加えた外国人の人口は272万2000人で2万5000人減った。うち15～64歳の生産年齢人口は85%を占める。労働力の落ち込みを外国人の働き手で補う構造が強まる中で影響は小さくない。

厚生労働省がまとめた21年10月末時点の外国人労働者数は172万7000人と過去最高だった。ただ前の年からの増加率は0・2%と、前年の4・0%から大きく鈍化し外国人労働者の伸び

た。業種別では製造業が前年比3・4%減、卸売・小売業が1・3%減と落ち込み幅が大きかった。

総務省の労働力調査によると、人口減少局面にもかかわらず、この10年で労働力人口は5%増えた。女性や高齢者の働き手が増えたことが大きい。ただ足元では伸び悩んでおり、20年は前年比0・1%減で、21年も同0・1%増にとどまった。

労働力人口は15歳以上の人口に労働参加率をかけあわせたものだ。働き方改革の進展もあり労働時間は減る傾向にある。労働参加率の上昇には限界があり、今後、潜在成長率は人口要因で押し下げられる公算が大きい。

外国人を含む総人口は10年前より233万2000人減った。少子高齢化も鮮明で、15歳未満の人口は全体の11・8%と、過去最少の1478万4000人だった。コロナ禍の影響や少子高齢化の自然減が重なって東京都は26年ぶりに減少となり、埼玉、神奈川両県は比較可能な50年以降で初のマイナスとなった。増加は沖縄県だけだった。

全体が縮む中で、相対的に外国人の労働力の重

政府はコロナの感染拡大を抑える水際対策として過去2年間、入国を厳し

安心して働ける環境の整備などの課題は多い。

女性や高齢者について

労働力人口とは？

ことば

働く65歳以上も対象

15歳以上の人口のうち労働市場に参加している人のこと。企業で働く人や自営業などの「就業者」と、職探しをしている「失業者」の合計を指す。仕事をしていない学生や家事が専業の人、リタイアした高齢者などは非労働力人口となる。

年齢人口と定義され、働き盛りの人がどれだけいるかを表す指標となる。日本の場合、65歳以上の働く高齢者も多く、経済環境で労働参加の状況も変わるため生産年齢人口の動きと労働力人口の変化は必ずしも一致しない。高齢化が進み生産年齢人口が減るほど潜在的に労働力の供

日経22・4・16

障害者雇用 週10時間以上に

一定数の障害者雇用を企業などに義務付ける法定雇用率制度を巡り、厚生労働省は27日、精神障害や重度の身体障害、知的障害がある人は、週10時間以上20時間未満の勤務でも算定対象に加えることを決めた。短時間の就労希望者が増えており、働く機会を広げる狙い。今は週20時間以上の勤務が対象となっている。

厚労省が労働政策審議会（厚労相の諮問機関）分科会に方針を示し、大筋で了承された。今秋以降、障害者雇用促進法の改正案を国会に提出する見込み。

週20時間未満の人は0.5人分として算定。短時間勤務で雇用した企業に支払っている「特例給付金」を廃止する。

週20時間未満の人の就労時間が意に沿わない形で短くならないよう、本人の意向を確認する。医師の意見書なども求める。企業に対し、途中で就労時間延長の希望があった場合、できる限り対応する努力義務を課す。

2021年６月時点で法定雇用率（2.3%）を満たす企業は47.0%。企業側から、20時間未満の就労を認めてほしいとの声が上がっていた。

西日本22・4・28

都が育休の愛称募集 知事「イメージ一新」

育児休業という言葉のイメージが取得しづらい雰囲気を生み出しているとして、東京都は二十八日、育児休業や育休に代わる愛称の募集を始めた。

小池百合子知事は定例記者会見で「名称に『休む』とあると後ろめたさを感じさせる。イメージの一新で上司の対応や職場の空気が変わってほしい」と期待を込めた。

四月に改正育児・介護休業法が施行。取得しやすい環境づくりが制度面では進む一方、職場の理解が得づらいことやキャリア形成への不安などが引き続き課題になっている。厚生労働省によると、二〇二〇年度の育休取得率は女性が約81%、男性は約12%にとどまる。

五月三十日まで都子供政策連携室のホームページにある「『育児休業』の愛称を募集します」のコーナーの応募フォームから年齢や居住地を問わず誰でも応募できる。採用された人には感謝状や記念品を贈る。選考委員にタレント杉浦太陽さんら男女九人を選んだ。

（加藤健太）

東京22・4・29

福島22・4・23

農林水産業の環境対応支援

新法「みどりの食料システム法案」成立

有機農業や技術開発 認定制度を創設

農林水産業の環境負荷低減に向けた新法「みどりの食料システム法案」が、二十二日の参院本会議で可決、成立した。化学農薬を使わない有機農業に取り組む生産者や、環境負荷を抑える技術開発を進める食品事業者を認定する制度を創設。税金を軽減するなどの優遇措置で支援し、生産性向上との両立を後押しする。年内に施行される見通し。

農林水産省は昨年五月に「みどりの食料システム戦略」を策定し、農林水産分野の二酸化炭素（CO_2）排出量を二〇五〇年までにゼロにするなどの目標を掲げており、新法の制定で環境対応を加速させる。

足元ではロシアによるウクライナ侵攻で、日本が輸入に頼る肥料や飼料価格の高騰に拍車がかかる恐れがあり、安定調達への懸念が高まっている。戦略では化学肥料の輸入低減も目指している。国内で環境に配慮した取り組みが広がり、国産の消費が拡大すれば食料安全保障の強化にもつながりそうだ。

新法で実施する認定制度の枠組みでは、国が示す基本方針に沿い、都道府県と市町村が共同で基本計画を作成する。農林漁業者が計画に合った取り組みを自治体に申請し、認められれば、機械や施設を導入する際に所得税や法人税が軽減され、資金の返済期間が延長される。食品事業者や機械・資材メーカーの取り組みは国が認定する。

支援対象は、化学農薬の使用削減や、地域ぐるみの有機農業、ITを活用したスマート農業などを想定。消費者に対しては、生産から消費に至る食料供給の各段階への理解を深め、環境に配慮して生産された農林水産物を選ぶことを促す。

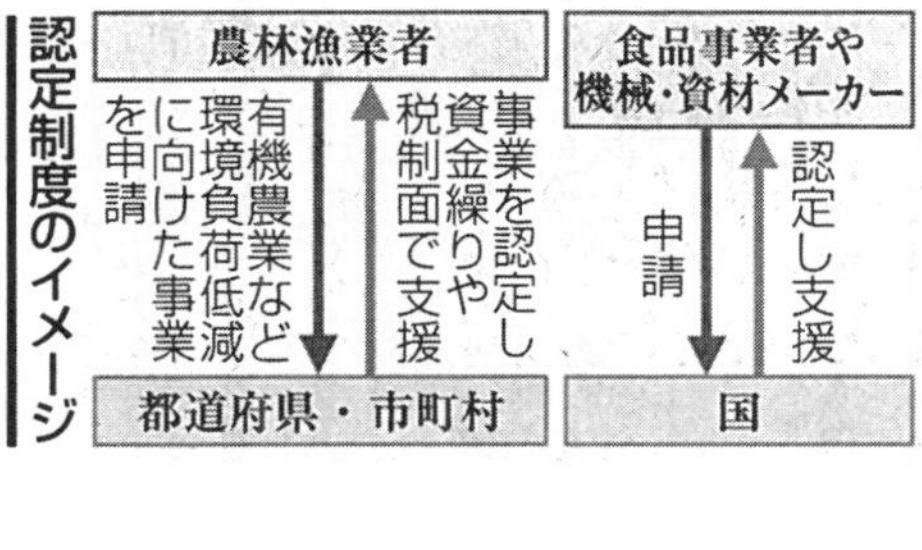

認定制度のイメージ

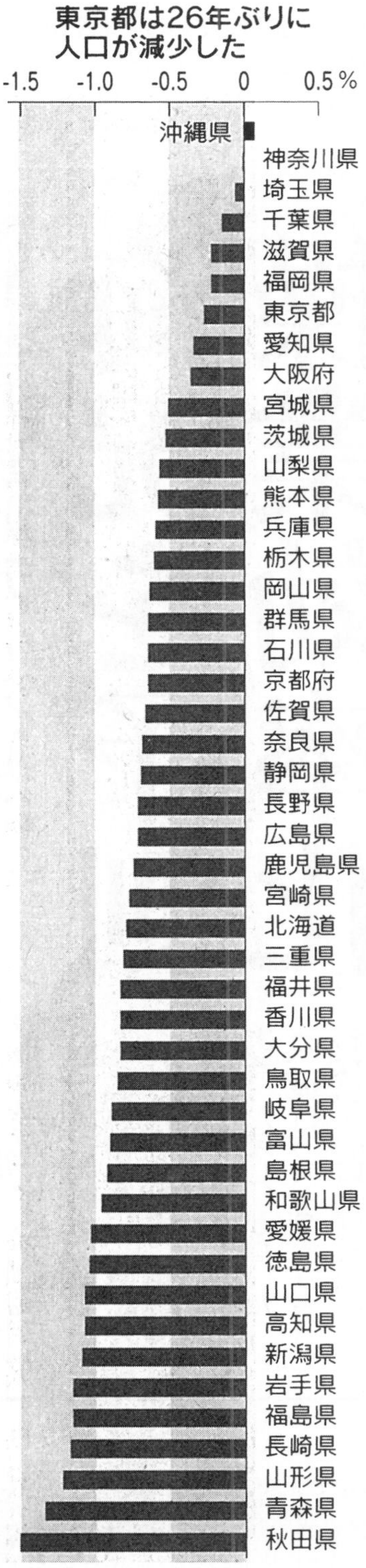

に急ブレーキがかかっ

人口統計では15～64歳が生産

給は細っていく。

要性は増している。日本

く制限してきた。主要国に遅れて3月以降、徐々に入国規制を緩和しているが、ペースは遅い。

こうした状況もあり、東南アジアでは日本で働く魅力が薄れているとの声も上がる。受け入れ人数の拡大や入国手続きの簡素化に加え、外国人が

も育児や介護などと両立できるような柔軟な働き方をさらに広めていく必要がある。全体の人口が減る中で一定の成長を維持するには、IT（情報技術）やロボットなどの設備投資を進めるとともに生産性を向上させる取り組みもかかせない。

新規就農者 家賃を補助

移住促進狙い 研修の若者も

富岡 農業従事者を呼び込むため、富岡市は25日、本年度から新規就農者の家賃を補助すると発表した。1世帯1カ月当たり2万円を上限に最大2年、賃貸住宅の家賃の半額を給付する。就農意欲を高め、農業振興や移住促進につなげる。

補助金の申請時点で、49歳以下の新規就農者や、農業生産法人の新規雇用者が対象。市内で農業を続けることを視野に農業生産法人か、農家で研修する若者の家賃も補助する。

市によると、過去3年間の市内の新規就農者は24人。市は、就農者5人分の1年間の補助金として本年度当初予算で120万円を計上した。

市内の実家に住む人は家賃補助の対象から外れるが、市農林課は「祝い金を含め、この他にもさまざまな支援を用意している。総合的に農業振興を図っていく」と説明している。（細井啓三）

上毛（群馬）22・4・26

新規就農者に畑貸し出し

勝浦町、6月から有償で

5年経過後は無償譲渡

勝浦町は6月から、新規就農者に町有地の畑を有償で貸し出す。遊休地を有効活用して町特産のミカン栽培を活性化させるのが目的。5年経過した後も農業を続ける場合は畑を無償で譲渡する。5月末まで申し込みを受け付けている。

勝浦町が新規就農者に貸し出す農地＝同町沼江

貸し出すのは同町沼江の畑2区画。面積は6084平方㍍と6488平方㍍で、貸料はそれぞれ年6万500円、6万4500円。生産品目は果樹類のみで、ミカンを栽培する場合は町が約600本の苗木を無償で提供する。町職員による植栽や病害虫防除作業などの営農指導も無料で受けられる。

対象は町民か町への移住を予定している人で、農林水産省の農業次世代人材投資事業（経営開始型）の助成金交付対象者。49歳以下や収支計画書の提出などが交付条件になっている。町が申請窓口となっており、手続きの相談にも応じる。

町農業振興課によると、2020年の町内のミカン生産者は331戸で、10年間で210戸減った。高齢化や担い手不足で農業離れが進んでおり、生産者を増やすため町有地を初めて貸し出すことにした。

徳島22・4・18

的確に判断できる。燃油代
離を最適化するなど〝無駄
者の期待を集めている。
（浜田匡史）

海況を予測 操業効率化

漁業者の観測データ基に

疑似餌を水深100㍍前後まで垂直に下ろす必要があるが、潮流が速過ぎると糸が絡み合い、ほどくのに時間を割く。疑似餌には一般的な釣り針にある〝かえし〟がないため、進行方向と潮流が合わないと船に上げる前にイカが針から外れてしま

向け輸出認定を取った松浦魚市場
選別機　（長崎県松浦市提供）

鳥取県が開発に協力してきたスマート漁業のアプリケーション「海中の天気予報」が本年度、本格運用される。漁業者が観測した水温や潮流などのデータを基にした海況予測情報を専用アプリで分かりやすく提供。海中の状況を事前に把握することで、出漁のタイミングを
が高騰する中、漁場までの航行距
の削減〟につながるとして、漁業

スマート漁業アプリ「海中の天気予報」本格運用

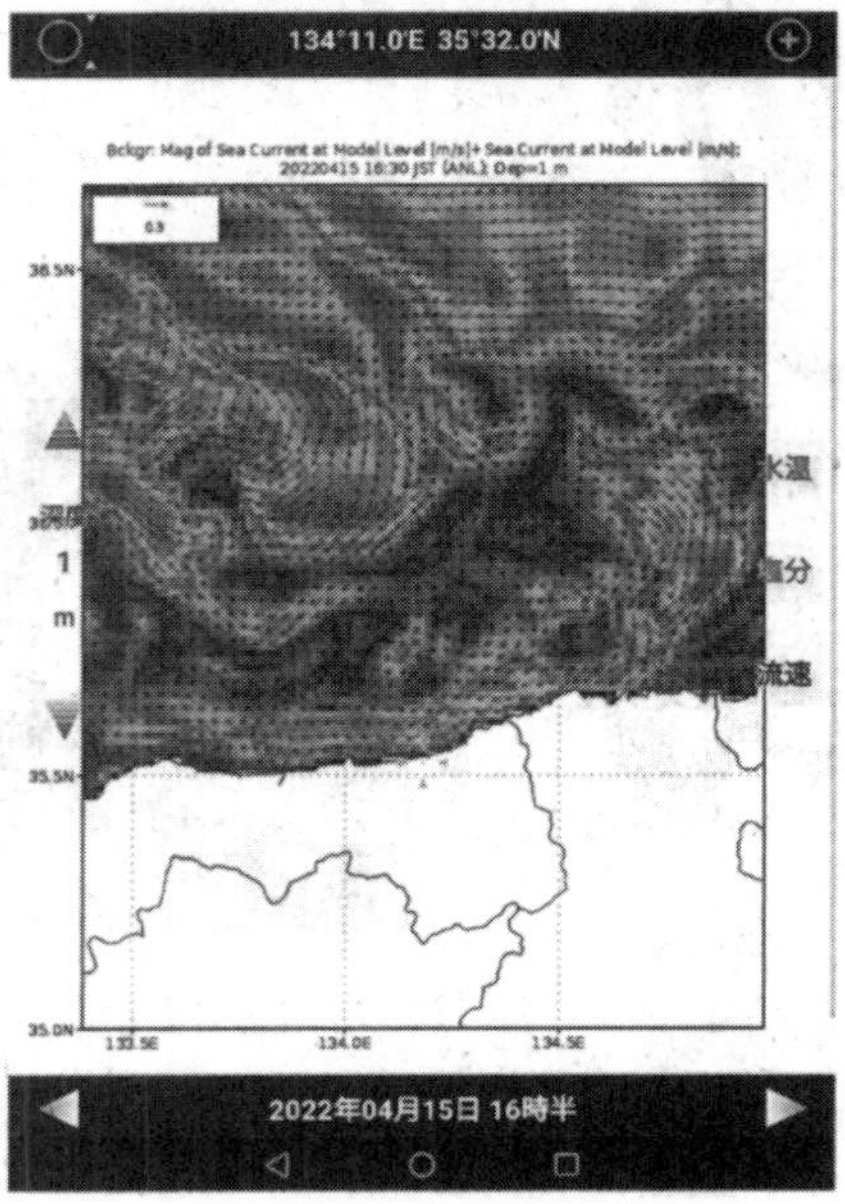

鳥取県沖の潮流予測を示すアプリの表示画面(県水産試験場提供)

燃料の無駄削減、漁獲量増に期待

■出漁前に決定

アプリ開発は国と九州大、沿岸自治体の共同研究事業で、鳥取県も参加している。漁業者が観測したデータを大学が分析し、水深別の予測情報として還元する仕組み。自宅でも海上でも、スマートフォンやタブレット端末で操作できる。

最大の利点は操業の効率化だ。潮流が速過ぎると釣り糸が絡んだり網が広がらなかったりする可能性があるが、潮流や塩分濃度、水温などを把握することで、対象魚種に適した漁場が推測できる。燃油が無駄にならず、漁獲量の増加も期待できるという。

県は2020、21年の2カ年で水温・塩分測定装置を12隻分、潮流観測データ送信装置を9隻分導入。データが多いほど予測精度が増すため、いずれの装置も3隻分は県が負担した。

■精神的にも楽に

現在は県内の一本釣り漁船など約80隻が試験版アプリを利用している。

県漁協賀露支所に所属する漁師歴10年の広坂冬爾さん(36)は、5カ月前からイカ釣りに「海中の天気予報」を活用。以前は魚群探知機で漁場を探していたが、今は水温、塩分濃度で好漁場の目星を付け、候補の中から潮流に応じて選ぶ。

スルメイカ漁は、潮の流れに合わせて操船しうこともあるという。

現在は出漁前に潮流の予測ができるため、最適な漁場に港から一直線に向かうことができる。漁場探しに要していた時間が約3割削減され、広坂さんは「イカを釣る実時間を増やせるし、探し回らなくていいので精神的に楽になった」と喜ぶ。

■精度向上へ

広坂さんは「データが蓄積できたら、漁獲量が多い時の海中環境が科学的に説明できるようになる」と語り、水温、塩分のデータ測定に協力中。「自分だけではなく仲間のためにもなる。水揚げ量が増えれば観光業にもいい影響が出る」と期待を込める。

県水産試験場によると、漁業者のアプリに対する評価は上々だが、潮の流れの速さなどさらなる精度向上を求める声も寄せられている。県はアプリ利用者数を増やすことで測定協力漁船を増やし、改善につなげたい考えだ。

日本海(鳥取)22・4・26

西日本(長崎)22・4・16

松浦のアジ EUでサバけ

九州で初、全国3施設目

農水省が輸出認定

「アジフライの聖地」から欧州へ―。全国有数のアジの水揚げ量を誇る長崎県松浦市の松浦魚市場が、欧州連合(EU)への水産物輸出に必要な衛生基準の認定を取得し、15日に農林水産省から認定書を受け取った。認定を取得した市場は全国3施設目で、九州では初という。自慢のアジ、サバ、ゴマサバで、新たに欧州市場の開拓を狙う。

国内からEUに水産物を輸出するためには、事前に輸出品目を定めた上で、EUの基準を満たす認定を、国から受ける必要がある。松浦魚市場は、アジ、サバ、ゴマサバの輸出が認定された。併設する日本遠洋旋網《まきあみ》漁業協同組合(福岡市)の製氷冷凍工場も同時に認定を取った。水揚げから冷凍、出荷までの作業を一貫して進め、鮮度の良い状態で輸出する狙いがある。

松浦市によると、松浦魚市場からは東南アジアにアジが輸出されている。イタリアに松浦のアジフライを気に入った料理人がいる縁で、まずはイタリアへの輸出を計画する。この日、農水省で認定書を受け取った友田吉泰市長は「基準が厳しいEUの認定取得は、松浦の水産物の価値を向上させ、輸出拡大に追い風になる」と話した。(石田剛)

ＥＵの魚

農家支援 公務員が副業

の自治体で容認 人手不足解消へ

過疎や高齢化で労働力不足に悩む農家を支援しようと、職員の副業を認める自治体が出てきた。繁忙期の収穫作業などを有償で手伝い、農家からは歓迎の声が上がる。一方で「他業種の理解が得られるのか」と、導入に慎重な自治体もある。

「農家の大変さを知ることができた」。昨年10月の土曜日、国内有数のリンゴ産地の青森県弘前市。同市文化振興課の岩下朝光さん(45)は、農園で真っ赤に色づいたリンゴを摘み取った。本来は休日だが、額の汗をぬぐいながら「地元を支える一員になれた気がする」と笑顔を見せた。

農園主の福田耕正さん(35)は「収穫期は人手が足りないので助かる。継続して来てほしい」と喜んだ。

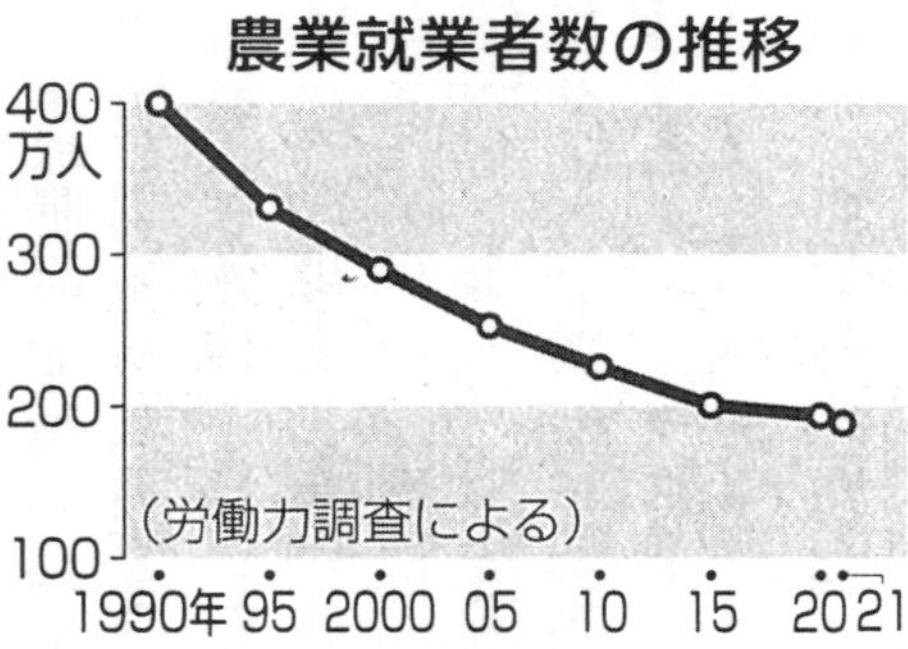

地方公務員法は公務員の副業を原則禁じているが、市長など任命権者の許可があれば可能だ。弘前市は昨年、独自の要領を策定。農業関連の業務に携わらない職員を対象に、月30時間以内に限って副業を認めた。

市は職員専用サイトにリンゴ農家の求人を掲載し、農家と職員のマッチングをしている。2021年度は32人が副業を経験。市りんご課の渋谷明伸課長は「地元産業を支えることにつながる。今後も続けたい」と話す。

20年に全国で初めて農家支援の副業を認めたのが、ミカン産地の和歌山県有田市だ。リクルートとの共同調査で、17年に57億7千万円あったミカン農家の産業規模が、後継者不足などで27年には43億4千万円まで落ち込むとの予測が出たことで、危機感を募らせたという。担当者は「有田のミカンを守りたかった」と導入理由を説明する。

長野県では今年3月、職員の副業可能範囲を明確化し、農家での副業を認めた。

総務省の「労働力調査」によると、1990年に約400万人だった農業就業者は、2021年に約189万人まで減少。農林水産省は副業容認の流れを「担い手不足解消や食料の安定供給のための

水田園芸拡大 島根県後押し

新支援策 国補助金に上乗せ

水田を利用してより収益性の高い園芸作物を作る「水田園芸」の大規模化を後押ししようと、島根県が本年度、栽培規模を大幅に広げることが条件の国の補助金を活用する農業者に、さらに補助金を上乗せする新たな支援策を導入した。2020年時点で620億円の農業産出額を24年に73

合法人・ファームよしだは産地生産基盤パワーアップ事業を活用し、タマネギの農地拡大に挑む。県の支援制度も使い、現在は1㌶の農地を24年の収穫分までに10㌶へ拡大する予定だ。新田徹代表理事組合長(64)は「タマネギを経営の柱としていけるよう、支援制度を使って規模を広げていきた

生産拡大中の農地を確認する新田徹代表理事組合長(中央)ら=安来市下吉田町

一部

青森県弘前市のリンゴ農園で収穫の手伝いをする同市職員の岩下朝光さん＝2021年10月

一つの手段になる」と歓迎する。

モモや、あんぽ柿が特産の福島県伊達市は、制度に関心を寄せるが、農業以外の産業も人手不足。担当者は「農家だけ特別に副業を認め、他業種の理解が得られるのか」と懸念する。北海道では昨年7月、無断で農業のアルバイトをした消防士が懲戒処分を受けた。とかち広域消防事務組合（帯広市）は「公務員は全体の奉仕者。副業は認められない」との立場だ。

和歌山大の足立基浩教授（地方創生論）は「地方では労働力不足が深刻化しており、一定のルールの下で副業を推進すればいい。公務員が農業の現場で学ぶことも多く、経験を地域のために生かしてほしい」と指摘する。

岩手22・4・30

0億円へ押し上げる目標を掲げる県は、園芸作物の収量アップが必要不可欠と判断した。

10㌶以上（山間部は5㌶以上）まで栽培規模を広げる際に国が農業機械や生産資材導入を支援する「産地生産基盤パワーアップ事業」を使う場合などを想定し、さらに県が野菜の苗植えに使う移植機や保管設備の導入費用の6分の1を補助する。関連事業費2千万円を22年度当初予算に盛り込んだ。

県内では早速、制度活用に名乗りを上げる事業者が出ている。安来市吉田地区の農家76戸でつくる農事組

い」と話した。

県内の農業産出額は1984年の1039億円をピークに減少が続く。18、19年は612億円と横ばいで、20年は620億円と上がったが、目標の730億円への道のりは険しい。

一方、県の農地に占める水田の割合は81％で全国平均の54％を大きく上回る。園芸作物への転換のため、県は生産の機械化や省力化が可能な6品目（キャベツ、タマネギ、ブロッコリー、白ネギ、ミニトマト、アスパラガス）を推進品目に据える。

（清山遼太）

山陰（島根）22・4・24

肥料高騰分補塡 1億円

市緊急支援 農業経営安定化へ

福井22・4・21

福井市は20日、市内農業者を対象にした総額1億円超の緊急支援策を発表した。肥料購入費のうち価格上昇相当分を補塡《ほてん》し、新型コロナ禍による米価の下落などの影響を受ける農業経営の早期安定化を図る。JA福井県に申請事務を委託し、5月1日から各支店窓口で受け付けを開始する。事務経費を含めた1億914万円を追加する本年度補正予算案を20日、専決処分した。市農政企画課によると、肥料価格は世界的な原材料の需要増や原油高による海運運賃上昇などで、昨年に比べ1割程度高騰。昨年度の作付けや肥料購入の実績を踏まえ、小規模農家を含めたほぼ全ての経営体に支援が行き届くよう、市独自の支援内容を設定した。

支援策では、水稲の場合、市に提出した営農計画書に基づき今年の作付面積10㌃当たり2千円を支給する。野菜や果樹、花卉《かき》など園芸品目（ムギやソバなどの転作品目も含む）の場合は、年内に購入した2万円以上の肥料代の10％を補助する。

対象者は、福井市に住民登録や登記がある個人や法人。1経営体当たり、水稲とそれ以外で各30万円を上限とし、早ければ申請後1カ月以内にも支給する。申請期限は来年1月末まで。財源には、国の臨時特別交付金を活用する。

市農政企画課の藤田嘉裕課長は「小規模農家を含め、不安定な経営の安定化に速やかにつなげたい」としている。問い合わせはJA福井県福井基幹支店営農指導課＝☎0776（33）8156。

（児島崇之）

データで読む
地域再生

農水産業 無駄ない広島

エネ消費、集落法人化で半減

対ロシア制裁を背景としたエネルギー高騰が農林水産業に一段の効率化を迫っている。産出額の減少傾向が続く中、燃料費やビニールハウスの暖房費など中間経費削減は喫緊の課題となる。過去10年でエネルギー消費を最も抑えた広島県は、点在する小規模農地を法人化することなどで効率化し、ピンチをしのぐ「耐性」を身につけた。

資源エネルギー庁の都道府県別エネルギー消費統計を使い、農林水産業の産出額1億円当たりの消費量を算出した。2019年度の全国の総産出額は10兆7000億円で、石油製品や電気などのエネルギーを熱量換算で23万テラジュール（ＴＪ）使用した。産出額1億円当たりに換算すると2・2ＴＪとなり、09年度より30%減少した。

10年で最もエネルギー消費を圧縮したのは広島県で49%減らした。長野県、北海道が47%減で続く。10道県が削減率40%を超えた。一方、19年度の消費量が最も少なかったのは群馬県だった。気候に合わせた作物を露地栽培することでハウスの暖房費などを抑えやすいほか、内陸部で水産業のエネルギー消費がない。

広島県は高齢化が進む農業の効率化を図ろうと10年から生産者に法人設立を促す「2020広島県農林水産業チャレンジプラン」を開始した。地理的に条件が良いとはいえない山あいの農地などを一体運営し、無駄をそぎ落とす。

県の推計によると広さ10アールの水田で約7万円分のコメを生産するのに従来5413円分のエネルギーが必要だったが、集落単位で法人化し機械の稼働時間の無駄を省くと2224円へと半減する。今や県内で活動する集落単位の法人数は270となり、100ヘクタールの農地を一体経営する大規模法人も誕生した。

法人化していない集落にも農機の共同利用などの仕組みが広がる。農林水産省によると、21年時点で集団で農業を進める集落は県内に655あり、うち54・7%で全員参加を実現した。参加率は中国地方の平均35・6%を大幅に上回る。

エネルギー高騰は地域を直撃する。新電力の採算が各地で悪化しているほか、ロシア依存度が高いガス会社も計画を見直す。例えば広島ガスは全体の購入量のおよそ5割をロシアから調達する。「支障はない」とするが懸念は消えない。

農林水産業の持続可能性を高めるには、省エネへのさらなる取り組みが不可欠となる。農水省の今野聡園芸作物課長は「地域で戦略的に取り組み、コスト増に立ち向かう必要がある」と指摘する。

北海道 GPSで農耕効率化

北海道では担い手不足解消に向けた先進技術の導入が省エネに寄与する。走行経路を短縮できる全地球測位システム（GPS）誘導トラクターを取り入れる生産者が目立つほか、ロボット活用も進む。道によると主要農機器メーカー8社のGPSガイダンス装置の出荷台数は20年度で4300台。19年度比71%増加し、自動操舵（そうだ）装置も同87%増えた。いずれも全国の出荷台数に占める割合は7割と他を引き離す。

いち早くスマート農業導入を進めてきた岩見沢市は13年度にGPSガイダンスの精度向上に必要な基地局整備に乗り出した。帯広市も先端機械導入のため農協を通して融資する独自制度をつくるなど、多くの自治体が導入支援の枠組みを設ける。

江別市の酪農法人、カーム角山は搾乳にロボットを導入して省エネ化を図った。川口谷仁社長は「従来の搾乳機と比べ、エネルギー消費量が約15%削減できた」と話す。牛のふん尿を使ったバイオガス発電も始めた。

（地域再生エディター　桜井佑介、荒川信一、佐々木聖）

■データで読む 地域再生

農林水産業のエネルギー消費の低い都道府県（2019年度）

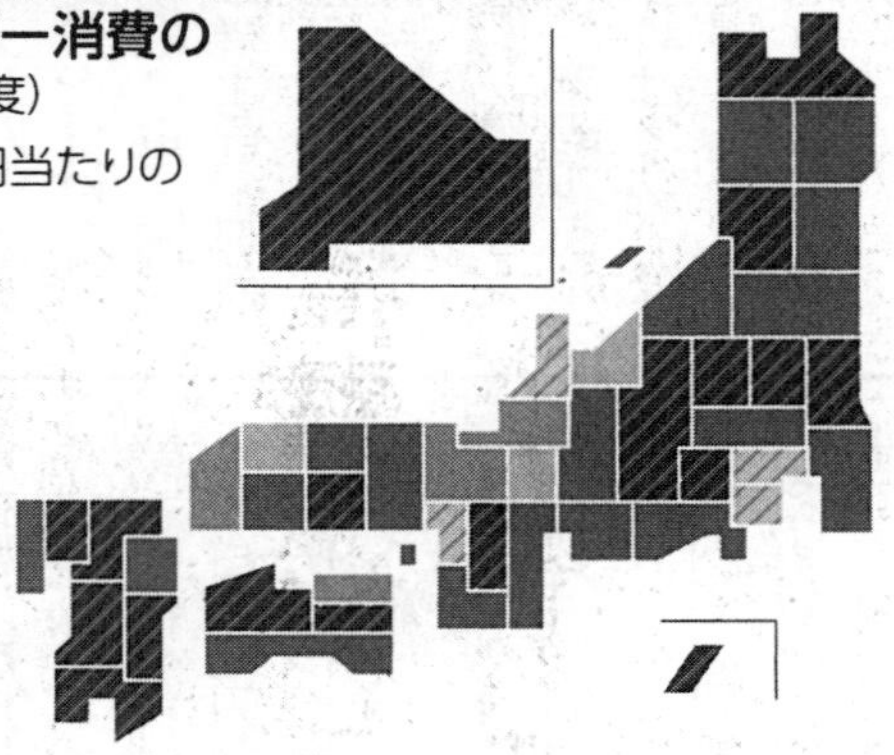

（注）資源エネルギー庁「都道府県別エネルギー消費統計」から算出

農林水産業のエネルギー消費を削減した都道府県

		10年間の削減率(%)	2009年度(テラジュール)	19年度(テラジュール)
1	広島県	-49.3	4.5	2.3
2	長野県	-47.3	3.2	1.7
3	北海道	-47.2	3.4	1.8
4	宮城県	-45.3	3.8	2.1
5	宮崎県	-44.5	3.1	1.7
6	愛媛県	-43.6	2.9	1.7
7	岩手県	-41.4	3.3	2.0
8	山形県	-40.8	2.2	1.3
9	兵庫県	-40.4	3.7	2.2
10	富山県	-40.3	7.9	4.7

農林水産業のエネルギー消費は減少傾向

(注)資源エネルギー庁「都道府県別エネルギー消費統計」から算出。農林水産業の産出額1億円当たりのエネルギー消費。削減率は2009年度比

日経22・4・16

上津江、中津江 デマンドバス活用

農産物の集荷 実証実験

来年度以降導入を計画 高齢農家の負担減へ

【日田】日田市上津江町と中津江村で、市は住民が作った農産物をデマンドバスで集荷し、農協まで運ぶ実証実験を始めた。高齢化が進む中、山深く道幅が狭い地域を運搬する負担の軽減が目的。今月から1年間かけて利便性や採算面などを検証し、来年度以降の正式導入を計画している。

高齢者の多い上津江、中津江、前津江の旧3村は合併前、各村の職員が農産物の集荷を担当していた。合併後は、地元農協が市の助成を受けて役割を引き継いでいたが、助成事業の見直しにより21年度で終了。市は新たな支援方法として、津江地域に走らせているデマンドバス（予約制で自宅近くから目的地まで送迎）の活用を試すことにした。

実証実験には、上津江、中津江両地域の農家24人が利用登録した。本格的に始まった6日は、デマンドバスが公民館やバス停に併設した集出荷小屋3カ所を回り、4軒分の野菜を積み込んだ。バスは細い山道を通り、JAおおいた産直部会津江支部まで運んだ。

ネギやホウレンソウ、花ワサビを出荷した高倉伝子《つたこ》さん(81)＝中津江村合瀬＝は「野菜作りは生きがい。車を運転しないので、バスがなかったら出荷できない。大変助かる」と話した。

デマンドバス受託業者「津江タクシー」の鷹野恵祐専務(31)は「高齢化率の高い津江地域に安心して住み続けられるよう、生活の要となっていきたい」と力を込めた。

市は1年間、農家の負担金なしで実施。来年度以降の運用に向けて料金設定などを検討する。

前津江町では、地元のまちづくり団体「やませみ」（中島健治代表）が本年度から2年間、集出荷を担う実証実験をしている。

両実験の本年度事業費は計約190万円。

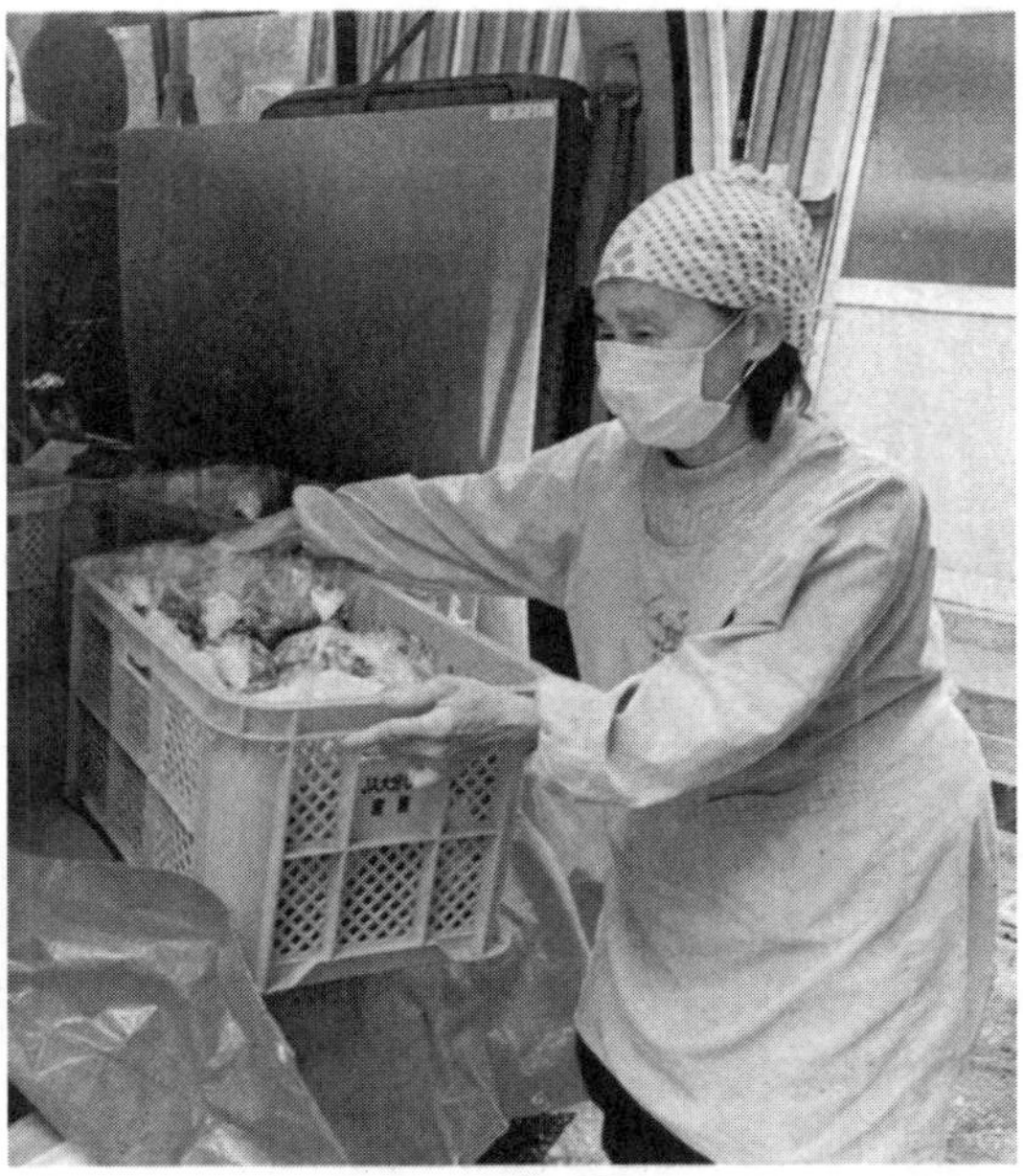

収穫した野菜をデマンドバスに積み込む高倉伝子さん

大分22・4・21

県ブランド豚、安定生産へ

ウイルスに強い「DNA」特定

畜産研究所 種豚改良に活用

県畜産研究所（関市）は19日、豚のウイルス性疾患の「豚サーコウイルス2型（PCV2）」に感染した子豚について、生死に関係するDNAの塩基配列の違いを初めて特定したと発表した。県の開発した種豚「ボーノブラウン」の改良に活用し、PCV2に強い種豚として県内の農家に種豚や人工授精用精液を供給し、ブランド豚の安定生産につなげる。

PCV2は、肺炎や下痢などを引き起こし、死産や離乳後の子豚の死亡が多くなる疾病。国内の陽性率は8割を超え、ワクチンはあるが高価という。

ＰＣＶ２に強い豚の塩基配列の違いについて説明する担当者＝19日午後、県庁

県畜産研究所は、PCV2が流行した際、同じ環境で育った子豚の中でも生き残りやすい豚と死亡しやすい豚がいることに着目。個体情報を収集し、塩基配列との関係を調べた。研究には、農業・食品産業技術総合研究機構（茨城県）や東北大学が協力した。

生き残りやすいDNAの塩基配列を「エイル（EIR）」と命名。今後、種豚の遺伝型を調べて交配を行い、エイルを持った子豚を次世代の種豚として選抜する。死産数が減ることで、経済効果は県全体で年間約1億円と試算する。

研究所の種豚「ボーノブラウン」は、豚熱（CSF）の発生で殺処分されたが、2024年度までにエイルを持つボーノブラウン10頭を育てる方針。研究所の吉岡豪主任専門研究員は「肉質のいいボーノブラウンに加えて、エイルを持つ種豚や人工授精用精液の供給の準備を進め、農家に『エール』を届けたい」と話した。　（根尾文悟）

岐阜22・4・20

●農林水産／観光

映画ロケ誘致本格化

県がフィルムコミッション

HPに候補地、補助も拡充

北陸新幹線の福井県内延伸を2年後に控える中、県は「県フィルムコミッション」を立ち上げ、映画やドラマロケの誘致に本腰を入れている。県内ロケ全般の窓口を一元化し、ホームページで100カ所以上のロケ地候補を紹介。2017年から始めた補助制度も拡充し、県内での撮影をサポートする。

映画やドラマを通して魅力発信、知名度向上を図り、誘客につなげたい考え。今年3月に設立し、県ブランド課を事務局とした。

同課によると、県内には福井、敦賀、勝山、小浜の計4市にフィルムコミッションがある。県フィルムコミッションでは県内ロケ全般の窓口として宿泊や食事、撮影の許認可に関する情報を提供。制作側の希望に応じて各市のフィルムコミッションへの橋渡しも行う。

ホームページでは、県立恐竜博物館（勝山市）や一乗谷朝倉氏遺跡の復原町並（福井市）、レインボーライン山頂公園（美浜、若狭町）などおすすめの撮影地を写真で紹介。主に県内で撮影された過去の代表的な作品も掲載している。

ロケの交通費や宿泊費を補助する制度は本年度から対象を広げた。来県した出演者やスタッフの延べ宿泊日数、映画の上映規模や期間など一定の条件を満たすと最大1千万円を支給する。定額制動画配信サービスのオリジナル作品も対象に加えた。

県によると、福井商高チアリーダー部「JETS」の活躍を題材にしたテレビドラマ「チア☆ダン」（TBS系）、えちぜん鉄道沿線を舞台にした映画「えちてつ物語　わたし、故郷に帰ってきました。」の2作品が補助制度を活用した。

福井22・4・22

〝スナバ国〟にパスポート

鳥取ファン来訪促進へ　県が発行

鳥取県が都市部との関係人口を増やすために取り組む観光誘客・マーケティング事業が、観光庁のモデル実証事業に採択された。体験型の観光メニューをつくり、鳥取に興味を持つ県外の〝鳥取ファン〟に対してデジタルで運用する架空のパスポートを発行。特典で誘客しながら、会員の傾向を分析し繰り返し来県するリピーターを増やす狙い。

採択されたのは、県や観光団体、全日本空輸などがメンバーとなって取り組む「はじめまして＆おかえり鳥取プロジェクト」。観光庁が20日に発表した「第2のふるさとづくりプロジェクト」の19件のモデル事業に選ばれた。全国から200件を超える申請があり、倍率10倍の激戦を勝ち抜いた。

田舎暮らしに関心を持つ都市部の潜在的な「鳥取ファン」を招くため、梨の袋かけや鳥取砂丘の除草など、鳥取ならではの地域貢献型体験メニューを用意。希望者とメニューをマッチングする窓口も設置し、航空代金の割引などで来訪を促す。

特典で誘客　観光庁がモデル事業に採択

梨の袋かけ、砂丘除草など用意

来訪者にはスマートフォンなどで運用する〝スナバ国〟のパスポートを発行。県内観光地での滞在歴などをデータとして蓄積・分析することで、鳥取に求められるニーズを把握し、観光振興策などに反映させる。スナバ国民はモニターツアーへの優先参加などの特典が得られる。（浜田匡史）

日本海（鳥取）22・4・24

デジタル運用されるパスポートのイメージ図（鳥取県提供）

学会や国際会議

中国（広島）22・4・22

山形・真室川　林野庁が認定

高品質ブランド材規格に合格した前森スギに付ける認証ラベル

誘致に最大40万円　福山観光コンベンション協

スポーツ大会

学会や国際会議などのMICE（マイス）を誘致したら最大40万円を差し上げますー。福山観光コンベンション協会（福山市）が、一定規模以上のマイスを市内に誘致した企業などに助成金を支給する制度を創設した。同協会によると、全国的にも珍しい取り組みという。

広島県外から宿泊を伴う参加者が延べ30人以上いるのを条件に、誘致した市内の法人や個人事業主に対し宿泊延べ人数に応じた金額を助成する。学会などの場合、30～49人は1万5千円、300人台は15万円、2千人以上は40万円など。スポーツ大会の場合はそれぞれの半額を助成する。

同協会はこれまで主催者を対象にした助成制度はあった。一方で、地元の企業の関係者たちに市内でのマイス開催を働き掛けると、調整の煩わしさなどから断られるケースがあった。

新型コロナウイルス禍前の2019年度に市内で開かれたマイスは53件。市は25年度は77件に増やす目標を掲げており、同協会もマイス誘致の専従班を設けるなど力を入れている。「誘致する側は手を取られ、調整には時間もかかる。新たな制度が企業などの背中を押すことにつながれば」と期待する。

同協会☎084（926）2649。

（門戸隆彦）

「前森スギ」ブランド化

樹齢80年超　高品質、安定供給強み

山形県真室川町で長い時間をかけて育てられた「前森スギ」を、新たな高級ブランドとして売り出す動きが始まった。東北森林管理局が2022年度から、一定の樹齢や長さなどの基準を満たしたものをブランド認定する。前森スギは約90年間、広大な栽培団地で育ち、高品質の材木を安定供給できるのが強み。国のお墨付きを追い風に、県産材の魅力を広くアピールする。

管理局は福島を除く管轄する東北の5県で、主に国有林で生産されている7品種に林野庁の「高品質ブランド材規格」を導入。多くは天然林で育った品種で、植林した樹齢80年以上の高齢級は、前森スギと全国的に知名度が高い秋田杉の2種のみだ。

樹齢約90年の前森スギ（東北森林管理局最上支署提供）

良好な栽培環境が認められた。前森スギは同町前森山地区で1930年前後、旧陸軍から返還された軍馬の練習場約500㌶を生産団地に転用し植林された。当時から樹齢100年以上の木材の安定供給を見据え、日当たりや水はけなどに配慮して生育してきた。

管理する最上支署（同町）によると、現在は推計で40万本ほどが育っている。成田敏支署長は「これだけの広さで人工的に植林され、高齢級のスギが多数育っているのは奇跡的。先人が真面目に取り組んでくれたおかげ」と感謝する。

整然と植林された前森スギ（最上支署提供）

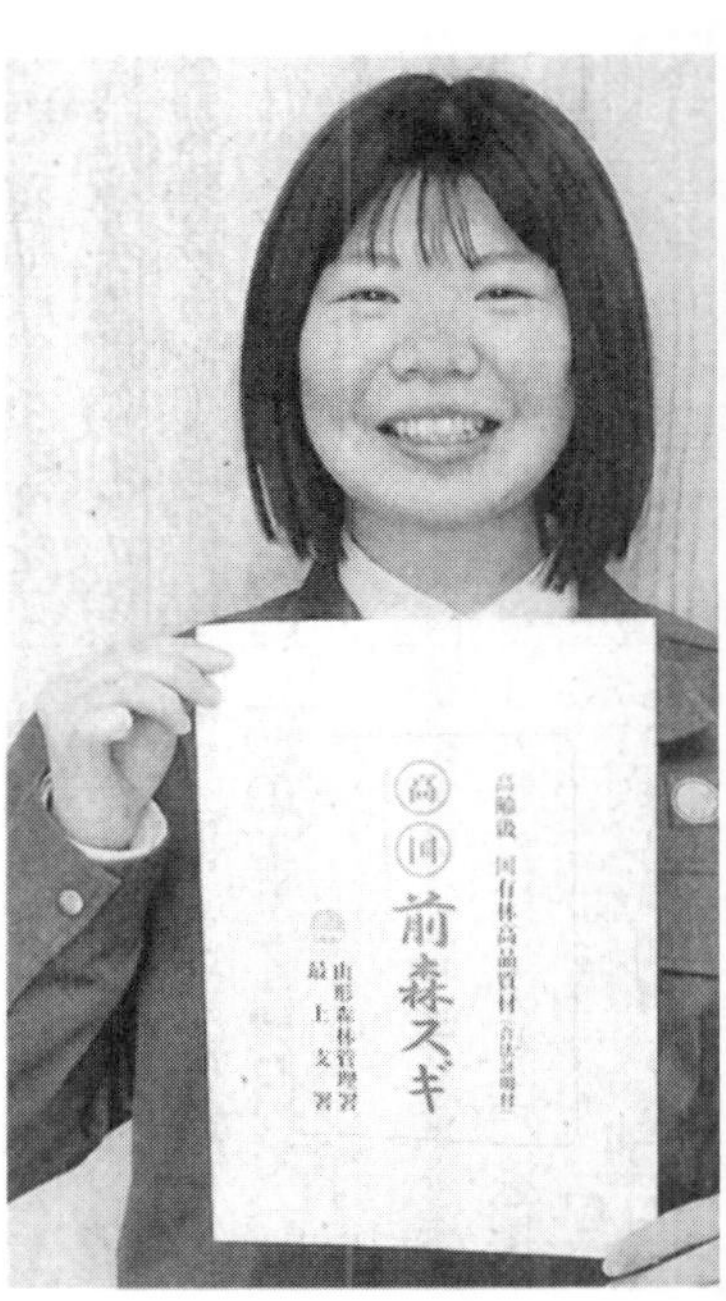

「目が詰まり、枝も少なく無駄のない姿をしている。柱にしたらきれいな木目が出る」（成田支署長）のが特長。今年は9月からの伐採を予定し、規格に合格した材木には専用のラベルや押印を付けて出荷する。寺社や高級住宅の柱や梁《はり》などでの需要を見込む。

国産材は長く安価な輸入材に押されていたが、最近は世界的な木材不足で価格が高騰するウッドショックやロシアのウクライナ侵攻に伴う輸入の停滞により、安定的な供給先として見直されつつある。

隣接する金山町は「金山杉」と呼ばれる良質の杉材を産出している。成田支署長は「前森スギもメジャーな存在に育て、最上地方全体を良質のスギの産地として全国的な評価を高めたい」と期待する。

河北（山形）22・4・21

タベース」開設

みんなで発信

登録事業者と口コミ募集

観光名所や飲食店
に発信するウェブ
情報データベース」
きの口コミを誰で
、サイトに登録す
募集している。
月１日に公開。「食
光名所」といった
や場所を検索でき
」「アウトドア」
ごとの催しや登山
も載せた。
上で直接書き込む

か、ツイッターで「＃あきたみさと」を付けて投稿するとデータベースに反映される。事業者が口コミに対する返信を投稿することもできる。

既存の町観光情報サイトは、湧水・公園といった自然や公共施設などの紹介が中心。今回のデータベースは2019年３月に策定した町観光振興計画に基づき、民間施設も含めた町内の観光情報をまとめて発信しようと開設した。

町商工観光交流課の担当者は「みんなで作り上げていく形のサイトなので、まずはできるだけ多くの事業者に登録してもらいたい」と話している。

事業者の登録は無料。希望する場合は町に申し込む。問い合わせは町商工観光交流課☎0187・84・4909

（佐藤将弥）

美郷町内の観光名所や飲食店などの情報をまとめた「観光情報データベース」

秋田22・4・20

美郷町観光情報データベースのQRコード

ン対応店にどうぞ

外国人観光客 呼び込み狙う

台東区がマップ

台東区は、完全菜食主義者ビーガンに対応した飲食店を紹介する「食の多様性対応マップ」を作成し、区のホームページでの公開を始めた。これまでイスラム教徒向けのハラール認証店のマップはあったが、欧米などに多いビーガン対応の店も紹介することで、コロナ後の外国人観光客の呼び込みを狙っている。

区は観光振興のため、豚肉やアルコールを使わない店がハラール認証を取得する際の費用の半額（上限10万円）を助成する制度を2015年度に開始。区内の認証取得店を紹介する「ハラールマップ」の作成などに取り組んできた。

一方、コロナ禍前の区内には、肉や魚を食べないベジタリアンや、卵や牛乳も口にしないビーガンの多い欧米やオセアニアからの観光客も多く、昨年度から助成対象にビーガンやベジタリアン対応の認証取得の費用を追加。対応の飲食店をマップで紹介することで、コロナ収束後のインバウンドの取り込みを期待する。

新たに作成したマップは、「上野・谷中」と「浅草」の二つのエリアに分けて、ビーガン・ベジタリアン対応の飲食店（計17店）と、ハラール認証店（計９店）を掲載。日本語と英語でメニューや店の紹介をしている。

消しゴム

▽…鹿児島県離島振興課が、離島の観光名所や伝統芸能などを紹介する配布用の缶バッジ作りを進めている＝写真。悪石島（十島村）の「ボゼ祭り」をはじめ、15市町村の50種類が完成。新名物も掘り起こしながら100種類を目指す。

▽…大西千代子課長が「宣伝したいものを自分たちで選んで、自由にアレンジできる」と昨年秋に発案。市町村から取り寄せた写真やイラストを使って直径3・5センチのオリジナルバッジに仕上げる。

▽…イベントで配ると喜ばれるという。県内の有人離島は2019年時点で21市町村に計26あり、全国で4番目に多い。大西課長は「バッジには島々の魅力が詰まっている」とPRに励んでいる。（村上隼）

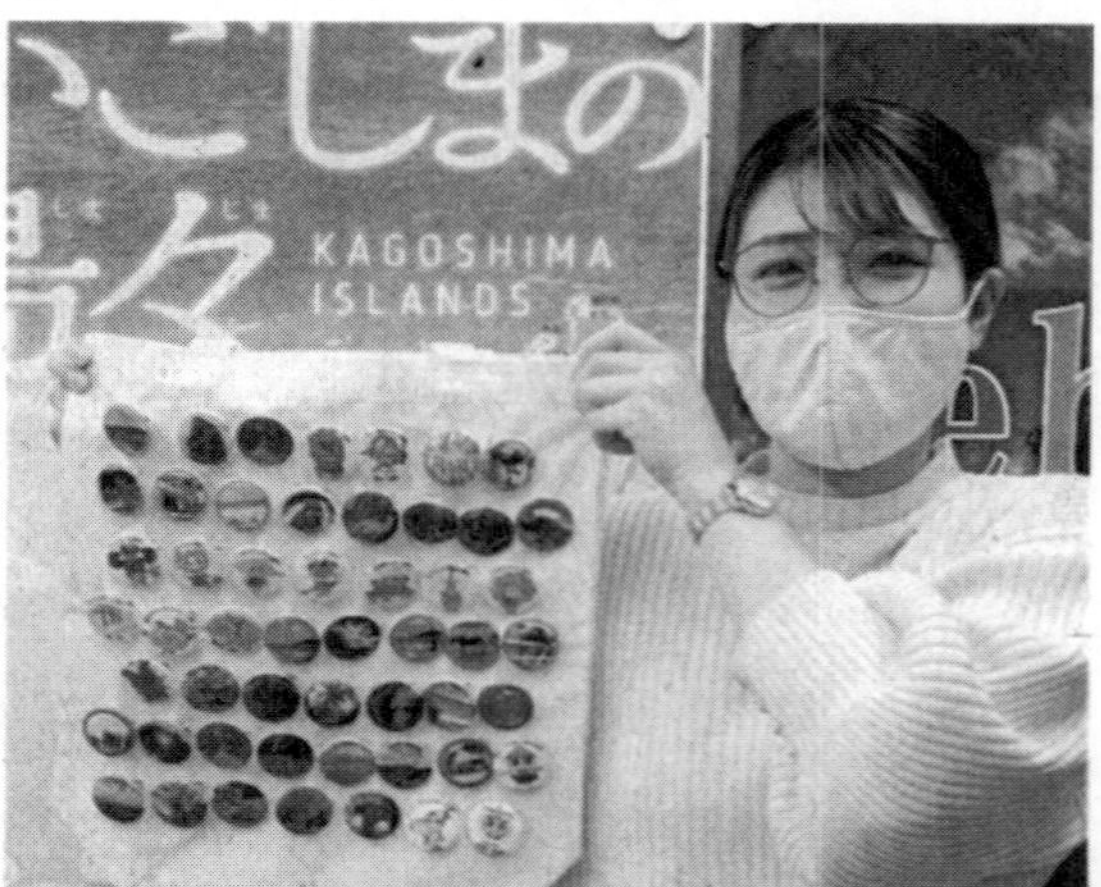

南日本（鹿児島）22・4・16

阿智「全村博物館」へ新法人

地域の魅力発信 村全体を観光資源化推進

阿智村は、村全域を博物館に見立てて地域の魅力を発信する2005年からの「全村博物館構想」をさらに進めるため、一般社団法人「阿智村全村博物館協会」を6月にも設立する。年会費を納めて取り組みに加わる「協働会員」を村内外で募り、活動の企画などで盛り上げ役を務めてもらう。住民同士が連携して地元の魅力を探ってきた活動を発展させ、村全体を観光資源としても生かす狙い。事業収入は古民家の保全などにも充てる考えだ。

全村博物館構想の一環で、古民家で開いた「こまんばマルシェ」＝昨年6月、阿智村駒場

事業収入で古民家保全も

構想は05年に打ち出し、08年に正式につくった。村は構想に沿い、住民生活に密着した歴史・文化の発信に注力。江戸時代に宿場町として栄えた駒場地区や、源氏物語にも登場する園原地区で住民がガイドをしたり、古民家を活用した「こまんばマルシェ」を開いたりしている。

設立する協会は村と住民で構成。協働会員は年会費千円を納め、地域資源をPRする活動の企画・提案にも携わってもらう。村は、昼神温泉や美しい星空を求めて訪れる観光客が立ち寄る他、構想に沿った活動の拠点にもなる施設も新たに設ける考え。協会に運営を委託する方針だ。

村は構想に基づき、15年には住民が次世代に伝えたい自然や文化などを定める「認定地域資源制度」と、それらを紹介する「案内人登録制度」を開始。昨年の村会12月定例会では構想を推進する条例が成立した。活動する住民が高齢化する課題に加え、古民家の保全を求める声も受け、かねて計画があった法人の設立が具体化したという。

村協働活動推進課は設立に向け「より多くの人に活動を盛り上げてほしい」と話している。村ウェブサイトで協働会員を募集している。

信毎（長野）22・4・22

美郷町「デー

観光情報、

美郷町は、町内の
などの情報を一体的
サイト「美郷町観光
を開設した。写真付
も投稿できる。町は
る事業者や口コミを
データベースは３
事」「買い物」「観
目的ごとに関連施設
るほか、「イベント
のページには、季節
道などに関する情報
口コミはサイト

ビーガ

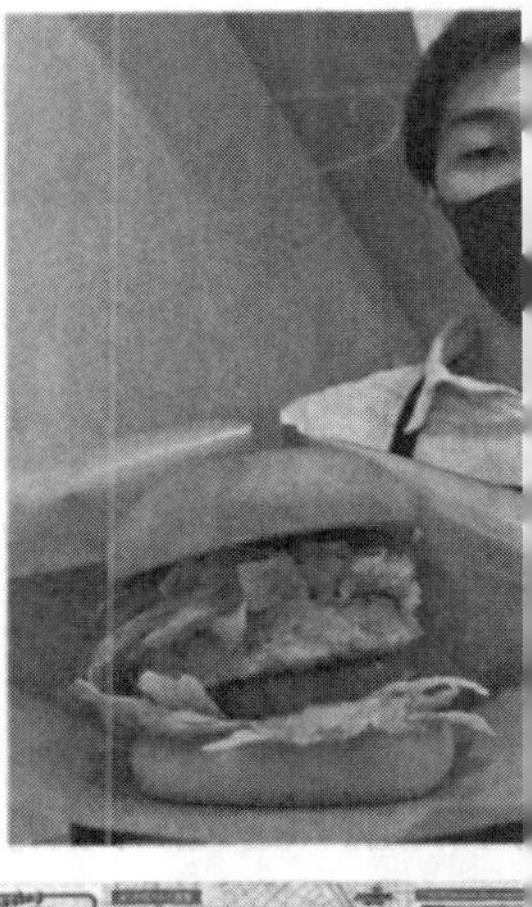

大豆ミートや豆乳のホイップクリームを使用したハンバーガーやケーキ（16日、台東区の松竹圓カフェで）

台東区のホームページで公開されているマップ

ビーガン・ベジタリアン対応の飲食店では、一部のメニューで動物性食品を使用していない料理を提供する店から、全てのメニューで使わない所まで、３段階に分けて紹介し、利用者に合う店を探せるようにした。

今回、マップに掲載された「松竹圓《えん》カフェ」（台東区西浅草）では、肉や卵などの動物性食品は使わず豆乳ホイップクリームを使ったケーキや豆乳ベースのカフェラテを提供。大豆ミートや湯葉を挟んだハンバーガーはしっかりとした味と食べ応えで、十分な満足感を得られる。

同店は海外に比べて日本でビーガンらに対応した店が少ないことから、外国人観光客らが安心して旅行を楽しめるようにと、19年にオープン。現在はコロナ禍で日本人の利用が主だが、店長の宮崎敦志さん(24)は「マップを見て海外や地元の人が店を訪れてくれるきっかけになればうれしい」と期待する。

同区観光課の平林正明課長は「全ての旅行者が安心して飲食し、観光を楽しんでもらえるようマップを役立ててほしい」と話した。

読売22・4・17

熊本22・4・22

渓谷訪ね 心身癒やして

市がヘルスツーリズム事業

四季折々の自然が楽しめる菊池市の菊池渓谷。県内有数の観光名所だが、近年は入場者の減少が続く。市は新たな渓谷の楽しみ方を提供しようと観光団体なども連携し、健康増進と観光を組み合わせたヘルスツーリズム事業に乗り出す。

ヘルスツーリズムでガイド役を担う菊池観光案内人の会のリハーサルを兼ねた研修会が3月下旬、新緑が芽吹き始めた菊池渓谷であった。「橋を渡った時、空気感が変わったのが分かりましたか」。この日の模擬ツアー参加者は遊歩道を歩きながら渓谷の魅力の説明を受け、最後は河原に寝転がって森林浴を体験した。

市が昨年11月に実施した観光動態調査によると、市内で最も人気の高い観光スポットは菊池渓谷。満足度も一番高く、7割近くに達した。しかし、市を代表する観光地も入場者は2005年の38万3千人から減少に転じ、11年以降は20万人台で推移。ここ2年は新型コロナウイルスの影響もあり、10万人前後にとどまっている。

「その時の満足度は高くても、また来たいと思ってもらうには楽しみ方のバリエーションを増やすことが必要」と市観光振興課。その一つが「癒やし」をコンセプトとしたヘルスツーリズムの展開だ。プログラムの内容は、渓谷のビジターセンターから最深部の広河原まで、往復2キロを散策するウオーキングツアー。ガイドが渓谷の地形や季節の草花をはじめ、運動時の効果的な水分摂取の方法なども紹介し、参加者に健康への気づきの機会を提供する。

ツアーについては商品化を進め、夏ごろの販売を目指す。また、ヘルスツーリズムの第三者認証も取得予定。菊池渓谷の今年の山開き式で、江頭実市長は「コロナ禍の時代だからこそ、心身を癒やす渓谷の価値が浮かび上がってくる」と話した。（本田清悟）

秋田22・4・27

鹿角市が連泊クーポン発行へ

3泊で1万円助成

利用は6月～来年1月

滞在増やし、消費拡大

鹿角市は、市内の宿泊施設で6月～来年1月に利用できる「ぐるっとかづの連泊クーポン」を発行する。2連泊と3連泊を対象に、2泊目以降は宿泊費を1泊当たり5千円補助する。発行総数は8500セットで、応募期間は5月9～16日。

新型コロナウイルスの感染拡大を受けた独自の経済対策の一環で、市内での滞在時間を増やして消費拡大やリピーター獲得につなげることが目的。

クーポンは▽2連泊（5千円助成、7500セット）▽3連泊（1万円助成、千セット）－の2種類。宿泊費は1泊目が通常料金で、2泊目以降が割引となる。連泊は異なる宿泊施設でも可。

宿泊施設でチェックインする際、宿泊者の身分証明書（運転免許証など）と、新型コロナのワクチン接種済証（秋田県民は2回以上、県外在住者は3回）か検査による陰性証明の提示が必要。

応募は1人1種類のみ5セットまで。申し込みが発行総数を上回った場合は抽選となる。当選者には5月21～23日にクーポンを郵送する予定。申し込みは専用ウェブサイト、はがき、ファクスで受け付ける。

問い合わせは、かづの観光物産公社☎0186・22・0555　（高橋秀明）

ぐるっとかづの連泊クーポンのチラシ

避難民へ独自一時金

ウクライナ侵攻で高根沢町

住し住民登録する人とした。人数は10人以内。

提供する町営住宅は、光陽台住宅2部屋。家賃は1年間免除する。入居に必要

菊池発

河原に横になって森林浴を体験する研修会の参加者＝菊池市

下野（栃木）22・4・29

国の支給に上乗せ

【高根沢】ロシアによるウクライナ侵攻を巡り加藤《かとう》公博《きみひろ》町長は28日、避難民受け入れのため町営住宅を提供し、町独自に一時金を支給する考えを明らかにした。関連予算を盛り込んだ本年度一般会計補正予算案を6月定例町議会に提出する。

加藤町長は「基礎自治体ができることを考え、困っている外国人がいるのであれば日本人と同様に接したい」と述べた。

避難民受け入れの条件は、国民健康保険や介護保険への加入などを考慮し、「特定活動（1年）」の在留カード保持者で町内に居住することなど。水道光熱費や生活用品などは本人負担とした。

一時金は、町独自の「ひまわり応援金（仮称）」として、国が支給する一時金（16歳以上1人16万円、15歳以下1人8万円）に上乗せする。町独自に16歳以上に1人10万円、15歳以下に1人5万円を支給する。

支援策関連予算の内訳は、一時金計100万円をはじめ、ウクライナ語などの音声翻訳機（6台）購入費や通訳者報酬など。

加藤町長は「今後、地元農家などと協力し、就労先についてもサポートできれば」との考えを示した。

町は27日、出入国在留管理庁へ受け入れに関する情報提供を行い、一連の支援策を周知した。（野上《のがみ》裕之《ひろゆき》）

避難民に提供される町営住宅

長崎22・4・28

五島市 独自の宿泊助成

「旅キャンペーン」来月10日から
国・県の制度と併用可

五島市は、観光客を呼び込むため、市独自の「〝今だ!!五島へ行こう!!〟旅キャンペーン」を、「五島の日」の5月10日から始める。市内での2人以上の宿泊旅行商品に対し、1人1泊代金の50%（最大5000円）を助成する。9日から予約を始める。

同様のキャンペーン事業を実施している県内自治体の中で、割引幅は最も大きい。国や県の助成制度との併用もできる。

感染予防対策の認証制度「チーム・ナガサキ・セーフティー」に登録した宿泊施設の利用者が対象。新型コロナウイルスワクチンの3回目接種証明またはPCR検査などの陰性証明が必要。同一施設への宿泊は1カ月2泊まで。助成は来年2月末の宿泊分までで、予算枠がなくなり次第終了する。

観光業は同市の基幹産業だが、2020年の観光客数はコロナ禍の影響で約12万4千人と過去最高だった19年から半減。宿泊者数も激減した。21年も低迷が続いた。市は関連産業への波及も期待されるとして、同キャンペーン事業費1億8000万円を計上。2万人以上の来島と7億5千万円の経済効果を見込む。

対象の宿泊施設など詳細は、市の観光サイト「五島の島たび」に掲載を予定。問い合わせは同キャンペーン事務局（電050・5357・8700）。（角村亮一）

「〝今だ!!五島へ行こう!!〟旅キャンペーン」のロゴマーク

電動キックボード免許不要に

16歳未満禁止　改正道交法が成立

性能上の最高速度が20㌔以下の電動キックボードや、特定の条件下でシステムが車を操作する「レベル4」相当の自動運転移動サービスの新ルールを定めた改正道交法が19日、衆院本会議で賛成多数により可決、成立した。電動ボードは16歳未満の運転を禁止し、免許は不要となる。電動ボードの規定は公布から2年以内、自動運転関連は1年以内に施行される。

20㌔以下の電動ボードは新たに「特定小型原動機付自転車」と分類。原則として車道や自転車専用通行帯を通行し、最高速度6㌔以下に制御されていれば歩道も走行できる。交通反則通告制度（青切符）と放置違反金の対象で、16歳未満への運転や16歳未満への提供に罰則を設けた。ヘルメット着用は努力義務とする。

警察庁によると、昨年9月～今年2月、電動ボード利用者の道交法違反容疑での摘発は全国で168件。歩道を走行するといった「通行区分」違反が86件と最も多かった。整備不良などの指導・警告は371件あった。

レベル4の自動運転による移動サービス事業は、廃線跡のような限定地域で、遠隔監視によって走る無人巡回バスなどを想定。都道府県公安委員会の許可制とし、事業者は運行計画を提出し、事故時の通報などの義務が課せられる。政府は本年度中のサービス実現を目標としている。また自動配送ロボットを「遠隔操作型小型車」と分類し、配送サービスは都道府県公安委員会への届け出制とする。電動車椅子くらいの大きさで最高速度6㌔のものが該当し、歩行者と同じルールで歩道を走行する。

普及が広がる電動キックボード。シェアリングサービスも始まっている＝19日午後、東京都渋谷区（寺河内美奈撮影）

改正道交法のポイント

- 性能上の最高時速20㌔以下の電動キックボードを新たに「特定小型原動機付自転車」と分類。免許は不要。16歳未満の運転を禁止し、罰則を設ける
- 自動配送ロボットを「遠隔操作型小型車」と分類。歩行者と同じ交通ルールを適用する
- 「レベル4」相当の自動運転移動サービスは都道府県公安委員会の許可制に
- 希望者を対象として運転免許証の情報をマイナンバーカードに記録して一体化する

産経22・4・20

羽咋市

姉妹都市訪問で補助

群馬・藤岡市、1人1万円

羽咋市は17日までに、姉妹都市の群馬県藤岡市を訪問する市民団体を対象に、1人当たり1万円を補助する事業を始めた。昨年度に交流35周年を迎えた藤岡市との交流を促進し、コロナ下で冷え込んだ観光需要の喚起につなげる。

市民5人以上で構成する団体が補助対象となり、藤岡市の各種団体との交流、イベントへの参加などが条件。市担当者は「コロナの影響で少なくなった民間交流を活発化させるきっかけにしたい」と期待する。

北國（石川）22・4・18

意思疎通の円滑化図る

信

【真岡】石坂真一《いしざかしんいち》市長は22日の定例記者会見で、市内小中学校に子どもが通う外国籍保護者向けに本年度、多言語によるメール送信システムを導入したと発表した。外国人の児童生徒が多い真岡、真岡東、真岡西小と、真岡中の4校で今月、運用を始めた。市によると、県内14市では初めて。外国人保護者との意思疎通の円滑化を図るとともに、教職員の負担軽減も狙う。

多言語翻訳システム「E―Tra（イートラ）ノート」を活用する。教職員が日本語で作成したメールを8カ国語に自動翻訳し、保護者に届けることが可能。

前年度、実証実験をしたところ「将来、利用価値の高

ウクライナ

避難民支援にネット募金

目黒区、7月17日まで

目黒区は19日、ロシアの軍事侵攻で区内に避難しているウクライナ人の生活を支援するため、ふるさと納税の対象となる「ガバメントクラウドファンディング」で寄付金の募集を始めた。募集期間は7月17日まででで、目標額は500万円。

発表によると、区内にはウクライナから避難した3人が暮らしている。

集まった寄付金は生活物資の購入などに充てる予定で、ふるさと納税サイト「ふるさとチョイス」で受け付ける。

また区は、避難者に対して、翻訳機やモバイルルーターを貸与。区ホームページの内容をウクライナ語で読めるようにするほか、区国際交流協会と協力して、通訳ボランティアが避難者から日常生活の相談を聞き取るなどの支援を行うという。

青木英二区長は「避難されている方の個々のニーズに寄り添った対応を図っていく」とのコメントを出した。

読売22・4・20

避難民の生活支援拡充

1人5万円支給、語学費用補助

ウクライナとともに

千葉市が追加策

千葉市は20日、ロシアの軍事侵攻に伴うウクライナからの避難民に対する追加の支援策を発表した。1人5万円の生活支援金を支給するほか、日本語を学ぶための費用も補助する。市によると、現在、9世帯23人の避難民が市内に身を寄せている。

市によると、同支援金は市内への避難民が対象。同23人にも支給する方針で案内する。日本語習得の支援は避難生活の長期化により、避難民が市内での就労や就学を希望するケースを想定。市内の日本語専門学校や日本語教室などの受講料について、1人1月5万円を上限に1年間助成する。

家財道具も避難民のニーズを踏まえ、掃除機や食卓セット、エアコンなども新たに提供することにした。スマートフォンを持っていない避難民もいることから、緊急時の通信手段と行政との連絡手段を確保するため、スマホを1世帯に1台貸与。ポケトーク(翻訳機)も1人に1台貸し出す。市国際交流協会もウクライナ語が話せる非常勤嘱託職員を雇用して、相談体制を強化する。

市は通販サイト「アマゾン」の「ほしい物リスト」を活用して、避難民に使ってもらうための「アマゾンギフト券」の寄付受け付けを開始。22日からはふるさと納税を利用しての寄付も募る。

神谷俊一市長は「中長期的に市内で生活するために必要な支援を行うこととした。支援の拡充に際して財源の一部にするため、寄付の募集を行っていく」とのコメントを出した。

問い合わせは市国際交流課☎043(245)5019。

千葉22・4・21

外国籍保護者に 翻訳メール送

真岡市、小中4校で導入

いシステムと学校から評価を得た」(市教委学校教育課)。8カ国語は英語、中国語、ポルトガル語、スペイン語、ベトナム語など。

市内では近年、児童生徒の多国籍化が進み、教育現場でポルトガル語やスペイン語以外の言語への対応も増加している。

こうした状況を踏まえ、石坂市長は「外国籍の保護者との意思疎通がなかなかできない。いい効果が出ているのでシステムを導入した」と説明した。

市は導入する4校の日本語教室などを通じ、保護者に利用を呼び掛ける。配布通知や持ち物、緊急時の連絡などを多言語にして一括送信する。

市内小中学校の日本語教室に通級する外国人児童生徒は計129人。このうち約8割に当たる103人が在籍する4校で対応する。残り約2割の児童生徒は、巡回配置する日本語指導助手2人がこれまで通り、文書の翻訳や面談時の通訳などで支援する。

(伊沢真一《いざわしんいち》)

下野(栃木)22・4・23

電動ボード摘発168件
昨年9月～2月 歩道走行目立つ

全国の警察による電動キックボード利用者の道交法違反容疑での摘発が、2021年9月～22年2月の6カ月間で168件あったことが19日、警察庁への取材で分かった。歩道を走行するといった「通行区分」の違反が86件と最も多かった。

同期間で指導・警告は371件。利用者の過失が小さいケースを含め、電動ボードが関係する人身事故は14件、物損事故は52件あった。

19日には衆院本会議で性能上の最高速度が時速20キロ以下の電動ボードの新ルールを定めた改正道交法が賛成多数で可決、成立した。16歳未満の運転を禁止し、免許は不要となる。警察庁は21年9月、広報啓発や悪質な違反の取り締まりを都道府県警に通達し、現状を把握するため電動ボードに特化した集計を始めた。

168件のうち22年1、2月が123件と大半を占めたが、交通反則切符（青切符）を適用する運用が本格化し、利用者が多い都市部を中心に取り締まりを強化した影響とみられる。主な違反内容は通行区分86件のほか、信号無視と一時不停止がそれぞれ20件。飲酒運転も2件あった。

指導・警告は、ナンバープレートやミラーの不備といった整備不良や無免許が多かった。

日経22・4・20

事件は会議室で調べられる!?
リアルな現場VRで再現
福岡県警 全国初
記録保存や"避密"に一役

福岡県警は、仮想現実（VR）の画像技術を利用し、離れた場所でも事件現場を疑似体験できるシステムを導入し、21日に報道機関に公開した。発生直後の臨場感のある画像を保存して事件解決に役立てるほか、現場の捜査員を減らして新型コロナウイルスの感染防止にもつなげる狙い。県警によると、事件捜査でのVR技術の活用は全国で初めて。

県警によると、新システムでは、捜査員が専用機器で現場を撮影して保存。専用のゴーグルを装着すると、実際に現場にいるような360度の画像を見られる。上方から俯瞰《ふかん》した画像も確認できる。

昨年1月、同県糸島市で発生した火災の捜査で、捜査員が相次いで新型コロナに感染したことを受け、「密」を避ける手段としてVR技術に着目した。今後、捜査指揮を執る幹部は現場に行かずに画像で状況を確認する運用も検討する。

県警は、主に建物内で発生した殺人事件や事故での活用を想定。捜査が長期化すれば、建物が老朽化したり解体されたりする可能性もあり、発生直後の状況を詳しく記録することで、捜査の引き継ぎにも役立てる。システム導入費は約2200万円。

県警刑事総務課の平田恵三統括管理官は「新しい時代の捜査手法として、どのように活用できるのか探っていきたい」と話している。（古川大二）

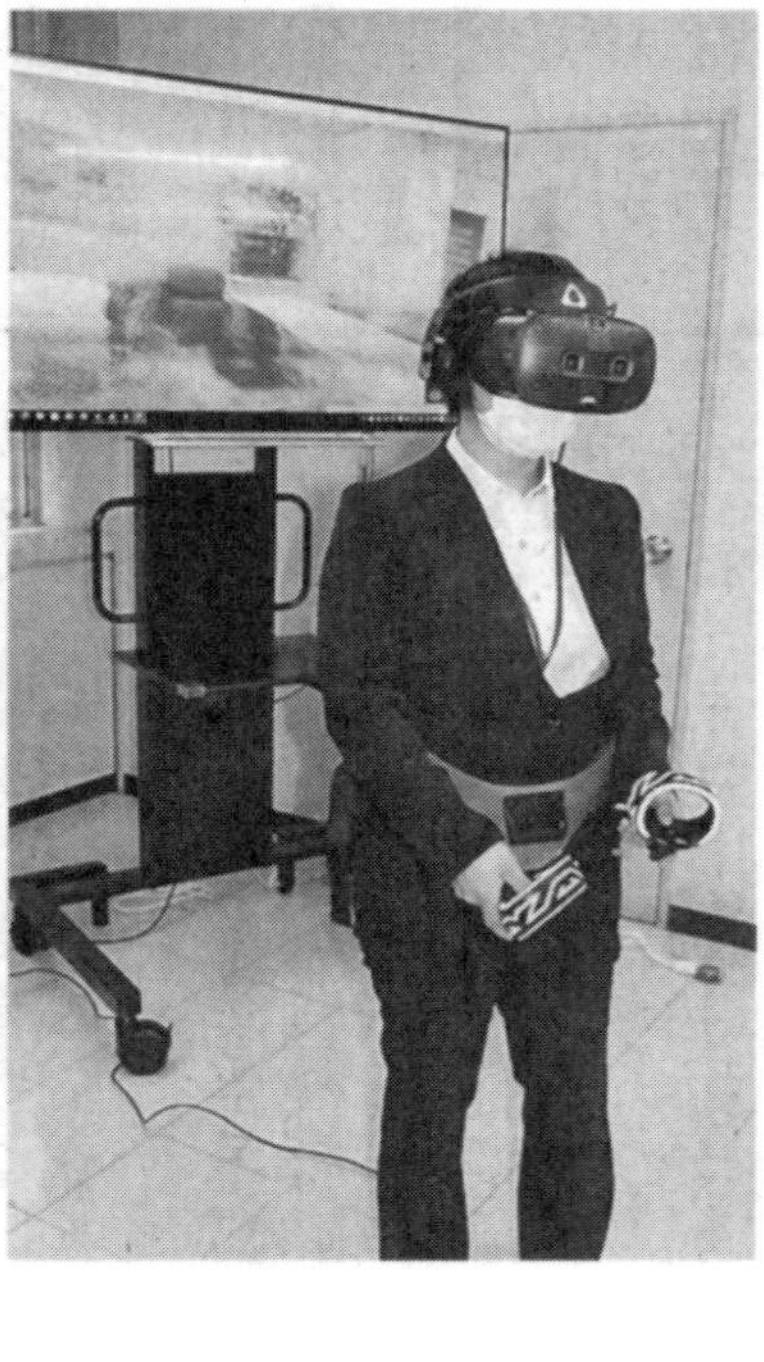

専用ゴーグルを装着してVR画像を見る福岡県警の担当者。後方のモニターに写った画像を立体的に見ることができる

西日本（福岡）22・4・22

採用
交通事故現場を撮影、全国初

長野県警が交通事故の実況見分の際にドローンで撮影した画像が、昨年から捜査資料の「見取り図」とし

図としての画像使用を承認。始まってみれば「地面

サポカー免許125車種で
警察庁が公表 来月から

日経22・4・22

岐阜22・4・23

ドローン画像 証拠に

長野県警 先進的取り組み、熱意実る

ドローンを飛ばして交通事故現場を撮影する長野県警の捜査員＝6日、長野市（長野県警提供）

て、長野地検に承認されていたことが分かった。これまではレンズの性能から画像にゆがみが生じるなど、証拠能力への懸念が示されていたが、捜査員の熱意と努力により実現した。県警の担当者は「公判に提出する証拠として、検察庁がドローン画像をそのまま採用するのは全国初」と話す。事故時の交通規制時間の短縮にもつながる利点がある。

事故現場は、痕跡を広く記録するため上部から撮影する。従来は脚立を使っていたが、現場が広範囲に及ぶひき逃げなどでは、時間と手間がかかり、ヘリコプターを飛ばせば騒音問題も起こる。

「早く正確な捜査のために何をすべきか」。2012年。まだドローンという言葉が浸透していない中、県警交通指導課の青沼正悟警部(52)は趣味のラジコンにヒントを得て、空撮機体を自作。真上からの撮影に成功した。交通規制の時間短縮や経費削減などの利点も県警に強調し、捜査での試験運用が始まった。

県警は15年3月、全国に先駆けてドローン本格運用を開始。だが地検からは画像の加工が可能なことや、ゆがみが生じる懸念を指摘され、捜査資料の見取り図としての使用は認められなかった。当時は首相官邸や善光寺でのドローン落下も相次いだ時期で、実用化は見送られた。

だが、長野地検との交渉にあたった同課の林賢治郎警部(47)は諦めなかった。「過失の有無を判断する」という捜査の原点を追求するために、画像は必要だと訴えた。

撮影日時や使用機材などの情報管理を徹底し、水平飛行する機能も導入。そして21年12月、地検が見取り

に印字された道路標識の濃淡が見て取れる」「現場近くの様子が分かりやすい」と検事からの評価も高い。

半日がかりだった実況見分が数分に短縮されるケースも。「被害者や遺族はどのような事故だったかを、いち早く知りたいはず。最新の技術と捜査で応えたい」と話す青沼さん。今後はドローン操縦指導に力を入れるつもりだ。

警察庁は21日、高齢者対策として5月13日から導入する「安全運転サポート車（サポカー）」の限定免許で運転できる国内メーカー8社の車種をホームページで公表した。

警察庁によると、限定免許にできるのは普通免許のみで、公表されたのは普通自動車と軽自動車の計125車種。フロントガラス付近などに安全運転支援装置が搭載され、既に流通している車種が対象となった。リストは今後も更新される予定。

支援装置は2種類あり、車載レーダーで車や歩行者を検知して警報や自動ブレーキが作動する機能と、発進や低速走行時にブレーキとアクセルを踏み間違えた場合に加速を抑える機能。国の性能認定を受けたものなどに限られ、後付けの装置は確認が難しいためサポカーの対象外とした。

5月13日以降、普通免許を持つ人は、申請すればサポカーだけを運転できる限定免許とすることができる。限定免許でサポカー以外の車を運転した場合、道交法の免許条件違反となる。

横断歩行妨害 32万件最多

警察庁まとめ

横断歩行者妨害の摘発件数推移
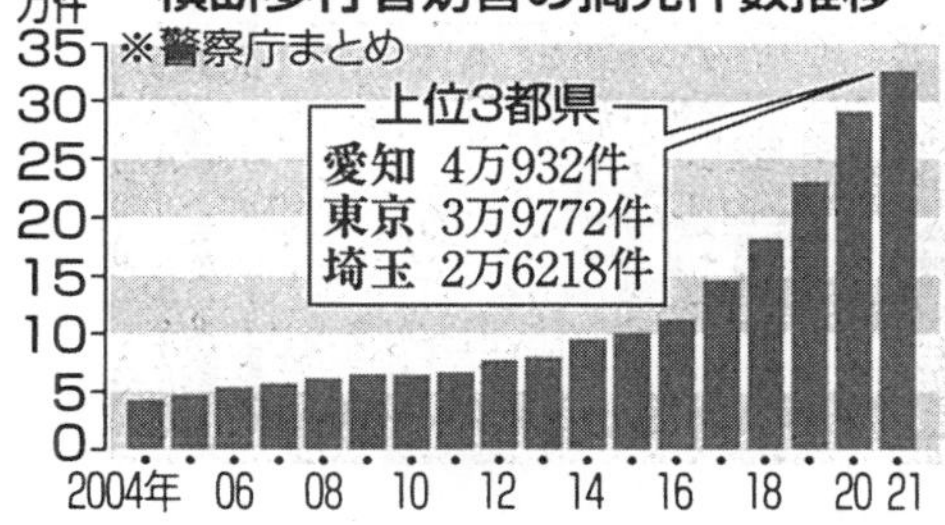

2021年に全国の警察が道交法違反の横断歩行者妨害で摘発したのは、初めて30万件を突破して32万5796件だったことが28日、警察庁のまとめで分かった。前年より3万5千件以上増え、過去最多を更新した。

21年の交通事故死者は2636人と5年連続で最少を更新したが、状態別では歩行中の死者が一貫して多く、警察庁は横断歩行者妨害の取り締まりを強化している。

歩行者側にも自らの安全確保を促すため、同年4月に「交通の方法に関する教則」を改正して「手上げ横断」を43年ぶりに復活させ、歩行者の事故防止を推進している。

警察庁によると、車両（ミニバイクを含む）による横断歩行者妨害の摘発は年々増加傾向。04年から15年にかけて4万件から9万件台に増え、16年に初めて10万件を突破した。19年に20万件を超えた。

21年に都道府県別で最も多かったのは愛知の4万932件で、東京の3万9772件、埼玉の2万6218件と続いた。最少は沖縄の349件だった。福井は2044件だった。

道交法は、横断歩道を渡ろうとしていたりする歩行者がいると一時停止しなければならないと規定。立件されると罰則は3月以下の懲役か5万円以下の罰金となる。

取り締まりの摘発件数はかつては最高速度違反が最も多かったが、14年から一時不停止、信号無視、歩行者妨害を合わせた「交差点関連違反」の摘発件数が逆転し最多となった。20年も主な違反のうち交差点関連違反が44・0％を占めた。

福井22・4・30

高知市 移動式トイレ導入

4室完備 災害時は県外派遣も

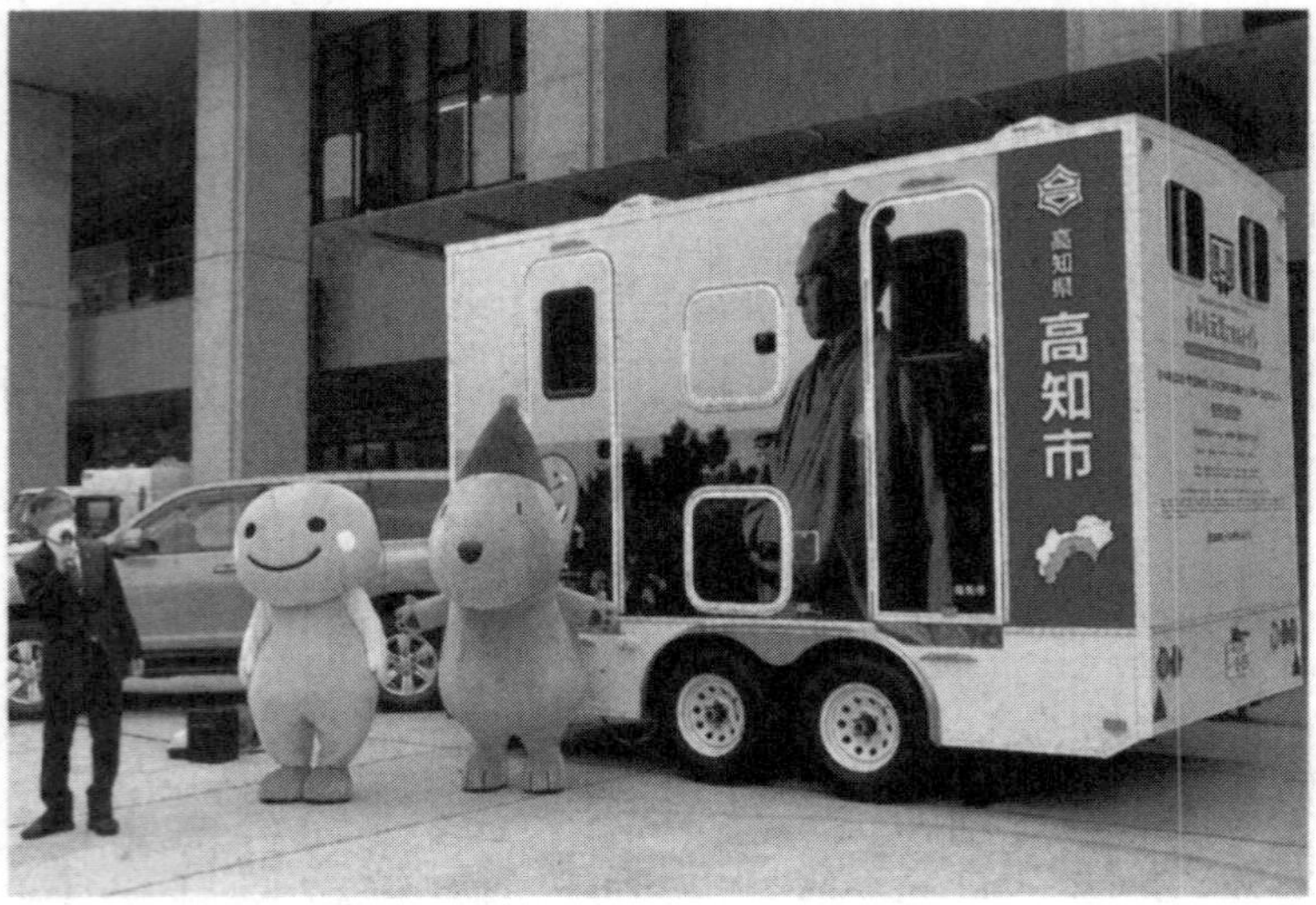

高知市が購入した災害用トイレトレーラー（高知市役所）

災害時に避難所などで使う移動式のトイレトレーラーを高知市が県内で初めて導入し、25日にお披露目した。市は自治体間の相互派遣ネットワークにも加わり、「西日本を中心に必要とされる地域に駆けつける」としている。

車でけん引するトレーラーには水洗式の洋式トイレが4室あり、約1350回分の排せつ物をためること

車体に坂本龍馬像の写真などをプリントした。

市は購入費1770万円のうち実質負担分540万円の寄付をネット上で呼び掛け、124の個人・団体から計769万5千円が集まった。余剰分は運用費に充てる。

この日は、100万円を寄付した県内企業に岡崎誠也市長が感謝状を贈呈。相互派遣網の構築を進めている一般社団法人「助けあいジャ

例目。

出席した法人の石川淳哉代表は「県庁所在地の導入は初めて。一目で高知からの支援と分かるデザインが素晴らしい。災害に備え、さらに多くの自治体に参加してもらいたい」と話した。

市は防災訓練やイベントにもトイレトレー

国に300、東京はゼロ

ミサイルなど想定 日本でも

地下駅舎の避難施設指定

大阪メトロの大阪ビジネスパーク駅。有事の際は改札の手前までを避難場所として開放する（19日、大阪市中央区で）

ロシアによる軍事侵攻後、ウクライナの市民がシェルターとして利用している地下駅舎。日本でも、外国からの武力攻撃を念頭に、自治体による地下駅舎の避難施設指定が進む。昨年3月まではゼロだったが、この1年で300を超えるまでになった。ただ、地下鉄網の整備された東京では1件もなく、都市間で差が出ている。

（古屋祐治、井上勇人）

■政府が推進要請

大阪府と大阪市、堺市は今月7日、大阪メトロの全133駅中108の地下駅

る可能性が高くなる」。松井一郎・大阪市長は、この日の定例記者会見で強調した。

指定にあたり、府などは、避難者が線路上に落ちるこ

月、地下駅舎や地下街の避難施設指定の推進を自治体に文書で要請。昨年4月以降指定が進み、今年4月1日時点で仙台や名古屋など9府市で計304駅舎になった。一方、地下鉄網が広く張り巡らされている東京都の指定施設はゼロだ。

政府の要請を受け、都も約100か所の都営地下鉄駅舎の指定を検討した。ただ、大勢の避難者に駅員だけで対応できないことや負傷者の手当て、避難が長引いた場合の食糧配布が難しいといった理由で、現時点では指定に至っていない。

都防災管理課の担当者は「地下駅舎が避難先として有用であることは理解している。先行自治体などの事例も参考にしながら、今後も指定に向け検討を進めていきたい」と語り、今後、東京メトロなど民間事業者との交渉も行う方針だ。

■深さ足りない？

ただ、日本の地下駅舎の多くは地上から浅く、被害の軽減効果は少ないとの見

ができる。太陽光パネルもあり照明もつく。

パン」（東京）との間で協定を結んだ。全国15

ラーを活用する方針。（八田大輔）

高知22・4・26

全

舎を避難施設に指定したと発表した。「核兵器は無理だが、一定の破壊力を持つミサイルであれば、命を守れ

災害応援受け入れ 8割超で計画策定

全国市区町村、22年度中に

京都22・4・23

大規模災害に備え、他の自治体からの応援職員受け入れ手順を定めた「受援計画」について、全国1741市区町村のうち8割超が2022年度中に「策定済み」となるとの見通しが22日、総務省消防庁の調査で分かった。一方で1割は策定時期すら未定のままで、地域間で格差も出ている。

同庁担当者は人員不足を課題に挙げ、さらに策定を促すとしている。

大規模災害時、被災者支援や廃棄物処理、罹災《りさい》証明書の交付や施設復旧など基礎自治体の業務負担は重い。受援計画は応援職員受け入れ担当者の役割や、必要人数の把握と要請の流れなどを事前に整理したものだ。11年の東日本大震災で混乱が生じたのを受け、12年修正の国の防災基本計画で自治体による策定努力規定が盛り込まれた。

消防庁によると、策定済みの市区町村は最新の調査結果となる21年6月時点で1029（59・1%）で前年から247増加した。

さらに「未策定」712（40・9%）のうち405が「22年度までに策定する見通し」と回答したため、22年度中に1434（82・4%）が策定済みとなる見込みだ。ただ、町村など規模の小さい自治体を中心に179（10・3%）は策定時期が未定のまま。

また21年6月時点の策定済みの状況を都道府県別に見ると、新潟、福岡、熊本が100%だった。最も低いのは岡山の22・2%で、富山、山梨、長崎の33・3%が続く。京都は38・5%、滋賀は36・8%。

熊本県によると16年4月の熊本地震当時、県内で策定済みの市町村はゼロだった。担当者は「地震当時は混乱し、応援職員と支援物資の受け入れの双方に課題があった」と話す。県は市町村担当者への研修会を開くなど後押しを進めた。

都道府県が後押しを

兵庫県立大大学院の紅谷昇平准教授（総合防災）**の話**　「受援計画」策定時期が未定の地域では、市区町村任せにせず、都道府県による後押しが必要だ。計画策定は、災害時に外部から来た応援職員とどのような態勢でどう業務を進めるのか理解を深める効果が大きい。防災担当者以外の職員も非常時の対応を考える機会となる。計画を作って終わるのではなく、研修や定期的な更新で実効性を担保しつつ、職員の災害に備える意識そのものを高めていくことが求められる。

災害発生時の応援職員受け入れに関する市区町村の受援計画策定状況

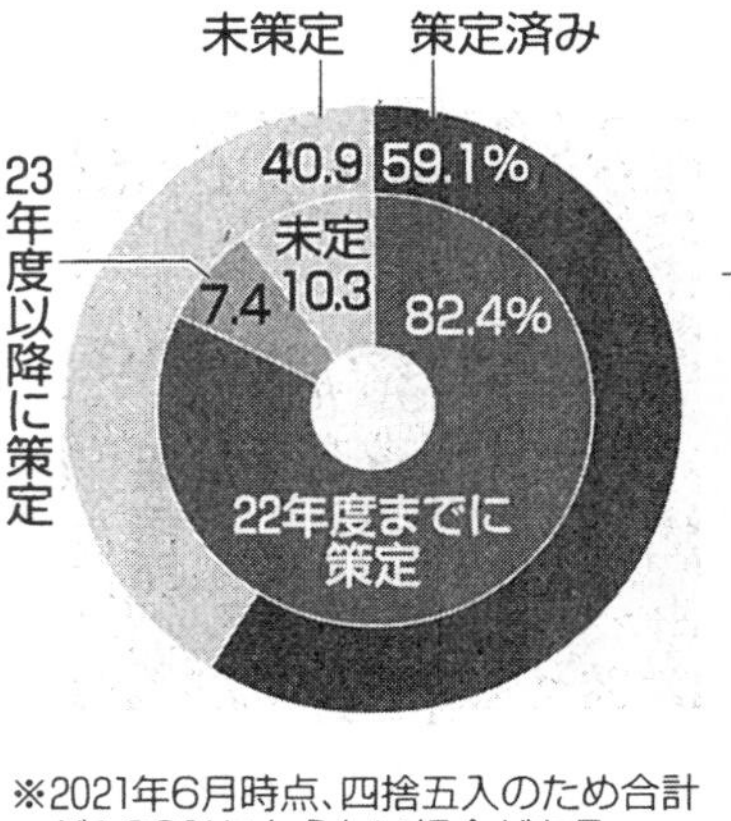

※2021年6月時点、四捨五入のため合計が100%にならない場合がある

と防ぐため、避難場所を改札の手前までと設定。緊急時の「一時避難施設」とし、1、2時間後には別の避難場所に移ってもらうことを想定する。大阪市危機管理室の担当者は「他の地下駅舎についても指定に向け協議を進めたい」と話す。

2004年施行の国民保護法は、ミサイル着弾などの有事に備え、都道府県知事と政令市長に避難施設の指定を義務付けている。具体的には堅ろうな建物や地下街、地下駅舎を推奨する。20年4月時点で指定された約9万4000施設中、地下施設は計1127だったが、地下駅舎はゼロだった。

このため政府は20年12

方もある。

ウクライナの首都キーウ（キエフ）のアルセナリナーヤ駅は地下約105㍍に設置されており、地下鉄駅としては世界有数の深さだ。核シェルターとして機能することを想定して作られたともされる。これに対し、大阪メトロで最も深い長堀鶴見緑地線「大阪ビジネスパーク駅」は地下約32㍍、都営地下鉄では大江戸線「六本木駅」の地下約42㍍が最深だ。

国民保護行政に詳しい防衛大学校の宮坂直史教授（危機管理）は「日本の地下駅舎では、破壊力が高いミサイルが着弾すれば相応の被害が出る恐れがある」と指摘。その上で「遠方に逃げるには限度がある島国の日本では、地下を避難先とすることは有効だ。自治体は民間事業者の協力を得られるよう努力し、地下への入り口に設けているシャッターをより強固にするといった整備を同時に進める必要がある」としている。

◆地下駅舎の避難施設としての指定状況

指定権者	指定駅数	指定時期
仙台市	24駅	今年3月
名古屋市	79駅	昨年4月
京都府	1駅	今年3月
京都市	29駅	今年3月
大阪府	6駅	今年3月
大阪市	99駅	今年3月
堺市	3駅	今年3月
神戸市	30駅	今年2月
福岡市	33駅	昨年8月

※内閣官房への取材による

読売22・4・21

夜間津波訓練は2割

安全確保課題 踏み切れず

南海トラフ 72市調査

南海トラフ巨大地震で津波被害が想定される十三県七十二市のうち、夜間の避難訓練を実施したことがあるのは、二割強の十七市であることが十六日、共同通信の調査で分かった。宮城、福島両県で震度6強を観測した三月の地震も、深夜に発生。訓練の必要性を認識する一方で、参加者の安全確保の難しさから実施に踏み切れていない市が目立った。

調査は一～二月に、南海トラフ地震対策の特別措置法で津波避難の「特別強化地域」に指定された百三十九市町村に含まれる全ての市に行った。夜間の災害発生を想定した津波避難訓練を「実施した」と回答したのは、三重県鳥羽、熊野両市など十七市。二市は「今後実施を予定」とした。

静岡県袋井市は昨年三月、午後七時に自宅から避難施設へ逃げる訓練を実施。海岸沿いの自治会から約百人が参加した。高さ一〇㍍の津波が十九分で到達すると想定されており、担当者は「早く逃げるため、暗い避難路の見え方を体感

災組織があると答えた。

山梨大の秦康範准教授（地域防災）は「夜間の巨大地震では停電が発生する。真っ暗な中での避難ルートの確認などが必要だ。夜間訓練を実施している自治体のノウハウを国がまとめ、共有してほしい」と話す。

災害情報 分かりやすく

足立区 防災サイト新設

足立区の防災用ウェブサイト

被害や避難所混雑状況

読売22・4・25

足立区は、災害の発生状況や区の対応策を区民にわかりやすく伝えるため、防災用のウェブサイトを新設した。東日本に大きな被害をもたらした2019年の台風19号で、避難所の開設情報などの発信が遅れたことを教訓とした取り組みだ。

サイトでは、地震や豪雨などの災害が起きた際、区内の被害状況のほか、避難所の情報や交通機関の運行状況を確認できる。特に避難所については、場所に加えて混雑具合も地図に表示できるようにした。

台風19号被害では、区が開設した約100か所の避難所を区民ら約3万3000人が利用した。ただ、当時は情報のやり取りに電話やファクスを使ったことで公表が遅れ、早期に設けた避難所に区民らが集中する事態を招いたという。

ウェブサイトでは、避難所の運営を担う区の担当部署が避難者数などの情報を入力することで、区民側も直ちに状況を確認できるようになった。区災害対策課の物江耕一朗課長は「新型コロナウイルス対策として、避難所を混雑させないようにする工夫が重要だ」とし、「災害時に区民の助けとなる情報の発信を強化したい」と話している。

サイトはhttps://bosai.city.adachi.tokyo.jp/

庁舎耐震化「両立」遅れ

必要

震度7を2度観測した6年前の熊本地震では、熊本県内で5市町の庁舎が損壊して使えなくなった。総務省消防庁は、災害対策の拠点となる庁舎と代替施設の両方の耐震化を求めているが、全国17

点となる
と代替施設の

市区町村数
1123
338
255
25

務省消防庁公表の
に作成

行われた。

危険をはらむ老朽庁舎は熊本だけではない。

築約50年の和歌山県御坊市役所は昨年12月、震度5

れるなどの被害が出た。庁舎は利用されているが、階段の一部は使用禁止。来庁者用のヘルメット約160個を庁内に備えている。

建設中の新庁舎では2024年1月に業務開始予定で、市の担当者は「それまで大きな地震が起きないこ

してもらう狙いがある」と話す。

愛知県田原市、三重県松阪、尾鷲、志摩市など二十二市は「検討中」と回答。「実施を検討すべきだが、参加者が集まりにくい」（志摩市）など、訓練をしたいと考えつつも、参加者の確保や安全面を課題に挙げる市が多かった。

四割強に当たる三十一市は「実施予定はない」とした。多くの市が「夜間は足元が見えづらく、高齢者が転倒してけがをする懸念がある」（宮崎県日南市）などと指摘。一方で「必要性は感じている」（高知県土佐市）との声もあった。浜松市などは、市主催での夜間訓練の実施予定はないが、取り組んでいる自主防

夜間の津波避難訓練実施状況

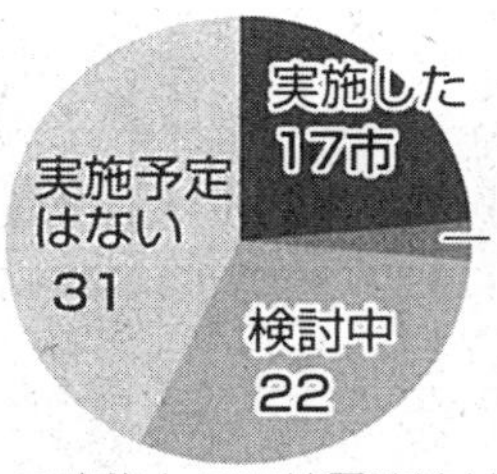

※南海トラフ地震津波対策の「特別強化地域」に指定された72市に調査

中日（愛知）22・4・17

災害時拠点 代替施設も

市区町村 片方のみ完了1/3

41市区町村のうち、満たせていない市区町村は3分の1に上る。財政基盤の弱い市町村で整備の遅れが目立っており、消防庁は支援を強化し、早急な対応を促している。（大田魁人、相間美菜子）

災害対策の拠点 市区町村庁舎 耐震化状況

- 両方完了
- 本庁舎のみ完了
- 代替施設のみ完了
- 両方未完了

※2021年10月、総
調査報告書を基

㊤和歌山県御坊市役所では昨年12月の地震後、来庁者用のヘルメットを配備。左奥は使用禁止が続く階段㊨熊本地震で大きく損壊した熊本県宇土市役所の庁舎（2016年4月）

「財源さえあればもっと早くに建て替えられた」

熊本県宇土市の元松茂樹市長は、熊本地震で被災した庁舎（5階建て）に代わるプレハブの臨時庁舎で読売新聞の取材に応じ、対応の遅れを悔やんだ。

庁舎は1965年築。地震で4階の柱がくの字に折れた。数十億円の財源の見通しがたたず、10年以上建て替えを先延ばしにし、方針が決まったのは地震の1か月前だった。隣接の庁舎別館も危険性を考えて使えず、初動が遅れた。

元松市長は「地震前は熊本は大丈夫との思いが、どこかにあった」と語る。来年1月に完成予定の新庁舎は震度7に耐える構造だ。

庁舎が使用不能になった5市町のうち、4市町は耐震化されていない築40年以上の「老朽庁舎」。災害対応は公民館や体育館などで

弱で窓ガラス42枚がひび割

とを祈るしかない」と話す。

厳しい財政 負担大きく

消防庁は神戸市や兵庫県西宮市の庁舎が被災した阪神大震災（1995年）を機に、震度6強程度でも倒壊しない拠点施設の耐震化を求めた。02年からはほぼ毎年、進捗状況の調査を行い、自治体に庁舎と代替施設の対策を促してきた。

昨年10月に同庁が公表した調査報告書によると、庁舎、代替施設両方の耐震工事を済ませた市区町村は1123。どちらか一方の耐震化にとどまる市区町村は593あり、いずれも実施していない自治体は25市町村あった。

読売新聞が今月、この25市町村に消防庁の調査後の対応を取材したところ、19市町村で耐震化を進めていたが、6町村は今も手付かずの状態だった。

福井県若狭町では、合併前から使用している二つの庁舎を災害対策本部と代替施設に使うことを決めているが、いずれも40年以上前に建てられ、耐震基準を満たしていない。町総務課は「移転しようにも利便性の高い場所に土地がなく、財政状況も厳しい。見通しが全く立たない」と明かす。

耐震化には、国の補助金や各自治体の基金などが使われる。消防庁も補強工事に限定した補助を、昨年8月からは建て替えの一部にも拡大し、活用を促す。一方で、財政基盤の弱い市町村の負担は大きい。京都府笠置町は2月に庁舎の耐震補強工事を終えたが、代替施設をどこにするかは決まっていない。町総務財政課の担当者は「補強だけで精いっぱい」と話す。

熊本地震では、耐震基準を満たした熊本県益城町の庁舎が被災したが、耐震性のある代替施設の保健福祉センターは無事で、活用できた。

消防庁防災課は「市町村の庁舎や代替施設は災害時の拠点となるほか、日頃から多くの人が出入りする。高い安全性が必要であることを意識し、対策を急いでほしい」とする。

読売22・4・17

●防災・消防

罹災証明 発行迅速に

自治体・損保 家屋調査一本化

読売22・4・23

災害時の支援金受給などに必要な「罹災《りさい》証明書」の発行手続き迅速化のため、内閣府は、自治体と損害保険会社の連携を推進する。災害時には証明書を発行する自治体と、保険金を支払う損保がそれぞれ被災家屋を調査しており、これらの一本化を進める。今年度に一部の自治体の先行事例を調査し、普及を図る。

罹災証明書は、市町村が被災家屋の状況を調査して「全壊」「半壊」などを認定する書類。災害救助法に基づく公費による応急修理や、被災者生活再建支援法に基づく被災者支援金の受給に必要になる。

しかし、大規模災害では、しばしば自治体の調査負担の増大で発行に時間がかかる問題が指摘されてきた。例えば2019年秋に台風15号、19号などの被害に相次いで見舞われた千葉県市原市では、計約1万1500件の証明書の発行申請があり、発行まで約1か月かかる状況が生じた。

こうした中、一部で始まったのが損保会社と自治体の協力だ。三井住友海上火災保険(本社・東京)は21年から自治体向けサービスとして、水害時の保険金支払いのために調査した被災家屋の写真や被害状況を、契約者の同意の上、罹災証明書発行の資料として無償提供する協定を結んでいる。

同社によると、損害保険は調査から支払いまで最短3日で完了し、自治体の手続きよりも早い。既に全国45市町村がこのサービスを導入し、自治体によっては発行申請も同社経由で可能で、被災者による自治体への手続きは不要になる。

あいおいニッセイ同和損害保険(同)も20年、福井市と水害時の保険調査で撮影した被災家屋の画像などを提供する覚書を交わした。

内閣府は、こうした事例に着目。今年度、先行的な取り組みを調査して手引を作成し、他の自治体や損保会社に取り組みを促す。

現在の連携の対象は水害のみのため、他の災害に広げることも検討する。水害と違い、地震や暴風は自治体と損保会社の被害の認定方法が異なるためで、認定方法の見直しが課題になる。

災害救助法の適用災害は、20年度は7件、21年度は6件で、過去には10件に上った年度もある。内閣府では「近年の災害の多発で

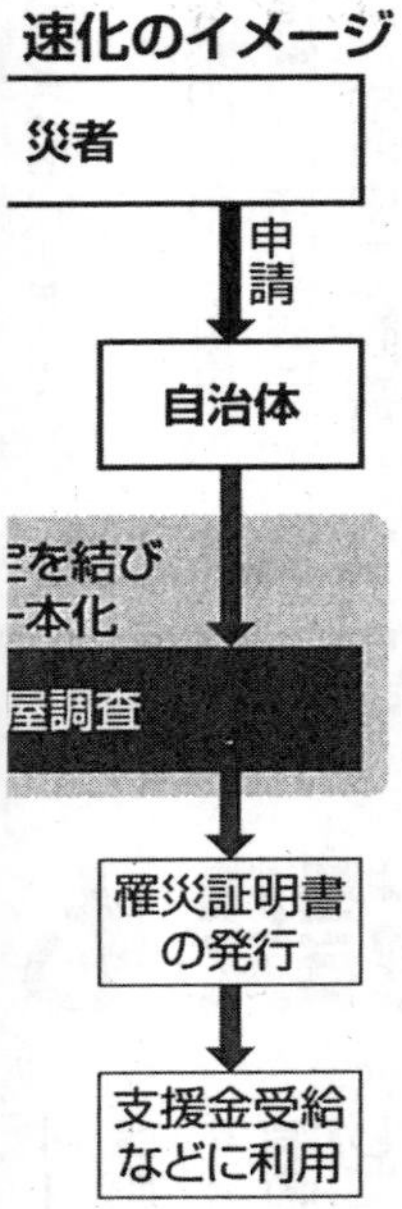

静岡22・4・26

海トラフ 津波に備える自治体

南海トラフ巨大地震の危険性が高まった場合、津波に備える1週間の「事前避難」対策が各地で進んでいる。国が3年前に制度を導入したが、住民への浸透は不十分。1月には想定震源域に含まれる日向灘でマグニチュード（M）6・6の地震が発生するなど警戒感が強まっており、自治体は知恵を絞る。

1週間の「事前避難」準備進む

移動先確保や周知 課題

「隣家の屋根瓦が落ち、停電もした。津波まで来ていたらどうなったか」。1月22日未明に震度5強を観測した大分県佐伯市。河野宏美さん(70)が不安げな表情で話した。付近はリアス海岸が入り組み、最大10㍍超の津波が想定されている。

市は2021年10月、速やかな避難が難しい高齢者ら約360人をあらかじめ山間部のキャンプ場など4カ所に移す事前避難計画をまとめた。

道の駅やタクシー会社と協定を結び、食料や移動手段を確保。年1回は対象者を訪問して持病の有無などを調べ、リスト化する。市職員は「実際にどのくらい車両を動かせるかは、やってみないと分からない」と話す。

の片側で地震が起きる「半割れ」が発生した場合に「南海トラフ地震臨時情報(巨大地震警戒)」を発表する制度を19年5月から導入。残り半分の後発地震に備え、短時間で津波が到達する地域の住民に事前避難を求める。21年4月時点で対象市町村の56%は、対応が必要な地域を指定した。

高知市は「防災と日常生活のバランス」を模索する。高台などに加え、浸水しても2階以上は漬からない「特別基準」の避難所を準備。避難中も通勤を続ける住民への支障を最小限に抑える。

一方、避難先確保に苦戦する自治体も。和歌山県那智勝浦町は人口の約6割を占める約8千人が対象だが、担当者は「浸

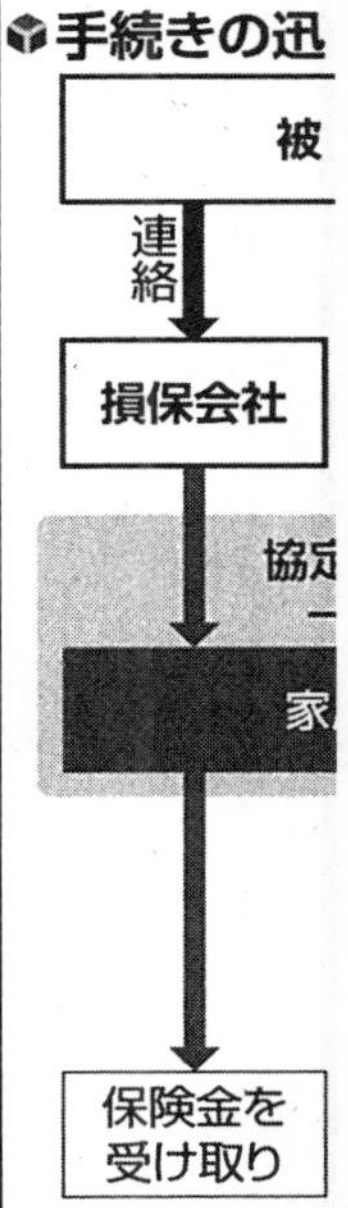

発行迅速化はより重要になっている。民間の協力を得られる部分を広げたい」としている。

浅間山噴火や「武力攻撃事態」

軽井沢の40施設 一時避難先了承

北佐久郡軽井沢町は28日、町内のホテルや保養所、美術館などに対し、浅間山（長野・群馬県境、2568㍍）噴火や他国からの「武力攻撃事態」の際、住民や観光客らの一時避難施設となってもらうことを要請し、40施設の了承を得たことを発表した。「すぐに逃げ込めて短時間、滞在する」ことを想定している。

町によると、一時避難施設は鉄筋コンクリート造りで建築面積千平方㍍以上の建物が対象。今年2月に町内104施設に依頼書を出した。了承を得た施設は大型商業施設などが密集する軽井沢駅周辺が22と最も多い。有事の際は災害などがいったん収まるのを待ち、公共施設といった町の指定避難所など79カ所に誘導する。一時避難施設に食料確保といった対応は求めない。

町は2017年、北朝鮮の弾道ミサイル落下といった有事が発生した場合、旧信越線トンネル（長野・群馬県境）を住民らの避難場所として使う覚書を、所有する群馬県安中市と取り交わした。同トンネルも一時避難場所として想定し、約2600人が短時間滞在できるという。

この日、記者会見した藤巻進町長は「何かあった場合、住む人や訪れた人から犠牲者を出したくない」と強調した。40施設は5月1日から町ホームページで施設名と所在地を公表。軽井沢観光協会で案内できるような態勢をつくることなどを検討していく。

信毎（長野）22・4・29

軽井沢町が一時避難場所の一つに想定する旧信越線トンネル＝2月、長野・群馬県境

南

■「半割れ」

気象庁は、東西に長い震源域

南海トラフ巨大地震の「半割れ」ケース

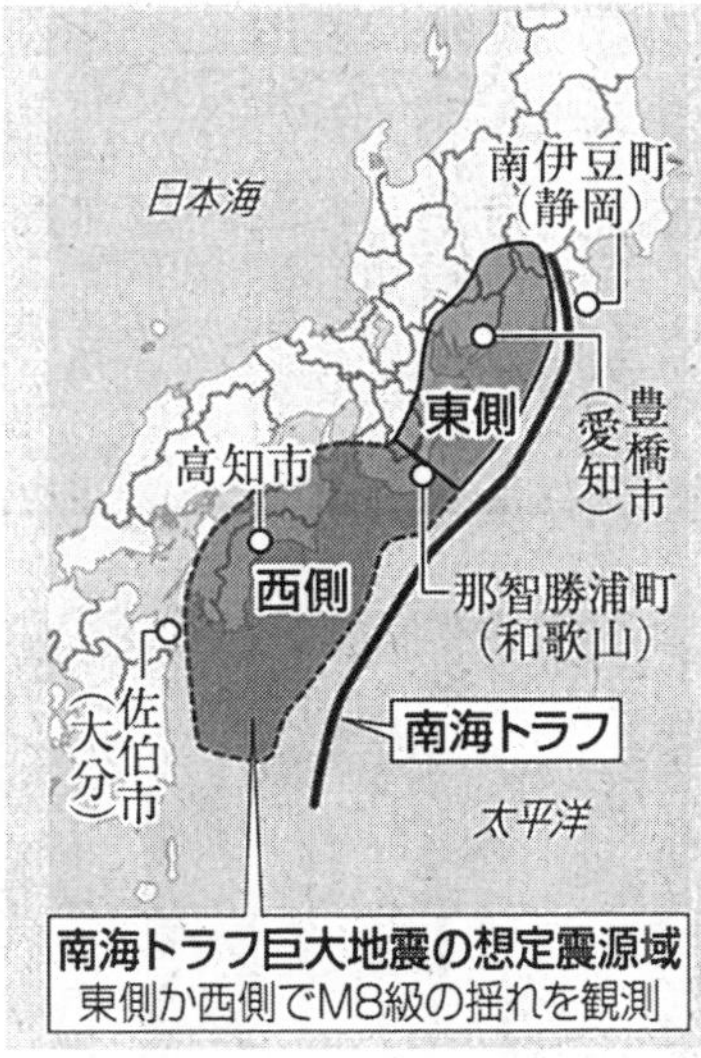

南海トラフ地震臨時情報の仕組み

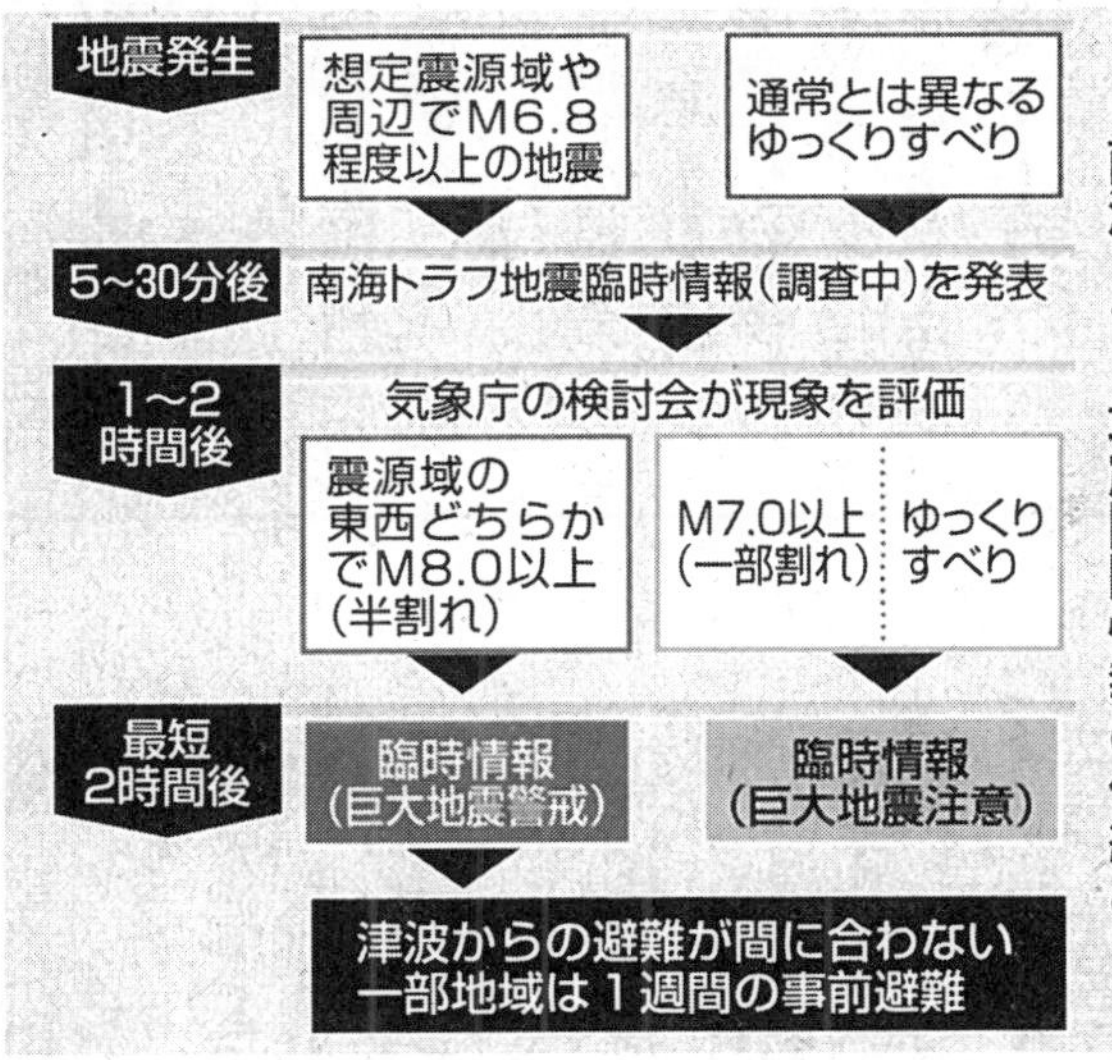

水域外の避難所が乏しく、まかないきれない」。ホテルなど宿泊施設の活用も検討する。南伊豆町も「対象者以外の住民も不安で避難するかもしれず、全員の収容は厳しい」と頭を抱える。

■3割弱

各自治体は説明会などで住民への周知も急ぐ。愛知県豊橋市が21年秋に実施したアンケートでは、臨時情報の内容まで知っている住民の割合は27%。高知市の担当者も「新型コロナウイルス禍で訓練ができていない」ともどかしさを口にする。

名古屋大の福和伸夫名誉教授（地震工学）は「臨時情報が出る際は、先発地震で既に大きな被害があり、事前避難先や食料を住民自らが確保することも求められている。平時から丁寧に説明し、想像力を養ってもらうことが必要。自治体間の連携も議論するべきだ」と指摘した。

秋田22・4・28

緊急告知ラジオ 全世帯に配布へ

物品契約締結案を可決

羽後町

臨時。緊急告知FMラジオなどの物品購入の契約締結案4件を可決、21年度一般会計補正予算などの専決処分5件を承認して閉会した。

緊急告知FMラジオは、5700台をエフエム秋田（秋田市）から8398万円で購入する。荒天時でも確実に情報が伝達できる防災体制を整備するため、町内の全世帯と事業所に配布して23年度の運用開始を目指す。

ほかの物品購入は、老朽化による更新に伴う契約。14㌧級と8㌧級の除雪ドーザー各1台を計3804万円でコマツ秋田湯沢営業所から、ダンプトラック1台を517万円で秋田いすゞ自動車横手営業所から、それぞれ購入する。

21年度補正予算の専決処分は除雪委託料800万円と、地方交付税などの確定に伴う6億5958万円の追加で、累計は94億7465万円。

（湊文香）

消防団員確保 鍵は 学生 シニア

減少傾向で対策 広島市が新制度

広島市消防局は今月、減少傾向が続く消防団員を確保するため、団員の活動を後方支援する学生サポーターと、平日の日中に限って活動する「機能別団員」の制度を導入した。若者や団員経験のある年配者に火災や自然災害時の対応の一翼を担ってもらう。（余村泰樹）

広島市内の消防団員数の推移

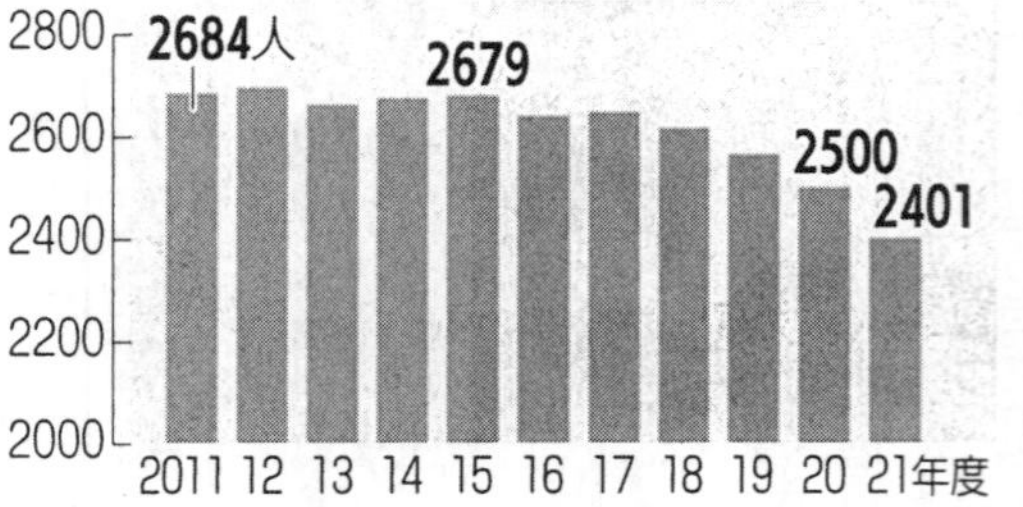

学生サポーターは市内在住か、市内の大学、専門学校に通う18歳以上を対象に募り、研修を受けた学生を登録する。災害時の土砂撤去や土のう作り、飲料水の準備などに当たる。8区ごと30人の計240人の登録を目指し、1日から市のホームページなどで募集している。県の最低賃金に活動時間（1日上限8時間）をかけた謝礼金を支払う。

国が全国の自治体に導入を促している機能別団員は、元消防職員や65歳の定年で引退した元消防団員で65～70歳とする。車の誘導のほか消火ホースの洗浄や収納など平日の日中の消防団員の活動を補う。定員は全団員の約1割の275人程度。今春引退した団員に参加を呼び掛けている。年額の報酬は通常の消防団員の3分の1の1万2千円、出動報酬は通常の団員と同額としている。

市内には8消防団に84分団があり、定員は計2753人。少子高齢化の影響で減少傾向が続き、2021年4月時点では2401人と定員の9割に満たない。会社員が68・6%を占め、平日の日中に活動しにくい人が多い。20代以下は5・1%にとどまっている。

消防局消防団室は「学生や元団員の力を借り、地域防災力の充実を図りたい。学生には将来、団員になり消防団を支える人材になってほしい」としている。

中国（広島）22・4・19

宮崎22・4・29

マイナカード事務 郵便局に委託

都城市10日から、全国初

都城市は28日、マイナンバーカードの電子証明書の更新など一部事務を日本郵便に委託すると発表した。全国初の取り組みで、5月10日から、都城市のイオンモール都城駅前内郵便局で始まる。同市のカード交付率は78%（1日時点）で全国の市区別1位となっており、市民の利便性をより高めるのが狙い。

郵便局が請け負うのは、カードのICチップに格納されている電子証明書の発行や更新、暗証番号の初期化や再設定など。2021年の法改正で委託が可能になった。

カードの有効期限は10年だが5年ごとに電子証明書の更新が必要。また、コンビニなどの複合機でカードを使って各種証明書を入手する際、暗証番号を入力するが3回間違うと手続きできなくなり、ロック解除や再設定しなければならない。

市によると、22年度は電子証明書更新が6070人、ロック解除や再設定が8592人と予想。うち2割は同郵便局で手続きするとみている。

池田宜永市長は「市民へのサービス向上と行政の効率化を図りたい」と話している。（湯田光）

消防団員報酬、30%標準未満

消防庁、市区町村など調査

総務省消防庁は28日、消防団の事務を扱う全国の市区町村など1720団体に、消防団員に支給する「年額報酬」を調査した結果、

に標準額以上とするよう求めていた。

都道府県別では、全団体が標準額以上だったのは栃木、埼玉、富山、石川、愛媛、

線状降水帯を半日前に予報

6月開始

気象庁が6月1日から、豪雨災害の要因となる「線状降水帯」を発生の半日前に予報する取り組みを始める。海上の水蒸気量や陸上の湿度などが複雑に関係するため予測は困難とされてきたが、民間船舶の協力も得て観測網を強化し、スーパーコンピューター「富岳」の分析を駆使する。28日、同庁が明らかにした。

当面は気象情報で「九州北部」といった広範囲に発表するが、精度を向上させ令和11年には市町村単位まで絞り込む計画。平成30年7月の西日本豪雨や令和2年7月の九州豪雨など大きな被害をもたらした線状降水帯の形成を事前に知らせて警戒を呼びかけ、早めの避難につなげる考えだ。

線状降水帯は、暖かく湿った風と多量の水蒸気で積乱雲が発生して連なり、同じ地域に大量の雨を降らせる。気象庁の観測船は2隻だが、今回、フェリーや貨物船、海上保安庁の測量船計16隻に水蒸気観測機器の搭載を決定。陸上でも湿度観測を強化し、既に実施している155カ所に加え、地域気象観測システム（アメダス）の157カ所に湿度計を導入した。

さらに西日本を中心に、水蒸気量をより正確に捉える「マイクロ波放射計」を17台設置する。気象レーダーも使い、各データを理化学研究所の富岳で分析して、12時間前を目安に「線状降水帯が発生する可能性があり、大雨災害発生の危険度が急激に高まる恐れがある」などと発表する。

産経22・4・29

マイナカード普及促進

取得で商品券1万円

長野原

マイナンバーカードの普及促進につなげようと、長野原町は同カードを新たに取得した町民と保有している町民に、町内で使える商品券1万円分を贈呈する独自の取り組みを12月末まで実施する。

町は本年度中に住民票などの証明書をコンビニで取得できるサービスを始める予定で、今後は行政手続きで同カードを活用する場面が増える。早めの取得を促してデジタルトランスフォーメーション（DX）を推進し、併せて商品券を使ってもらうことで町内の経済活性化を図る。本年度当初予算に事業費約4700万円を盛り込んだ。

町民生活課によると、町の普及率は4月1日時点で38・9％となっており、普及策を講じることで12月末までに85％の達成を目標とする。使いこなせるよう、町は包括連携協定を結んだNTTドコモの協力を得て、カードの申請やポイントのひも付けなどを学べる講座を複数回実施する予定だ。

商品券の交付対象は、取得済みの町民と、12月末までに取得した町民。商品券は取得済みの人には5月中旬に簡易書留郵便で発送する予定。来月1日以降に取得する人には同カードの受け取り時に手渡す。

政府は同カードをデジタル社会の基盤に位置付け、本年度末までにほぼ全国民に行き渡らせることを目標としているが、4月1日時点の全国の普及率は43・3％にとどまっている。

（前原久美代）

上毛（群馬）22・4・20

標準額の3万6500円に満たなかったのは30・9％に当たる532団体だったと明らかにした。2年前の71・7％から40・8ポイント改善した。引き続き標準額への引き上げを促す。

消防団員は少子高齢化や会社勤めの人の増加を背景に減少傾向にある。消防庁は入団促進のため昨年4月、年額報酬の標準額を示し、各団体に今年4月まで

長崎、鹿児島の7県。一方、標準額以上の団体の割合が低いのは山梨3・7％、福井5・6％などだった。

消防庁は出動に応じて支払う「出動報酬」も8千円以上にするよう求めており、これを満たしていないのは35・3％、607団体だった。

消防団員数は昨年4月1日時点で80万4877人と過去最少だった。

佐賀22・4・29

河北（山形）22・4・29

求むウクライナ語通訳

来春採用の県外社会人経験者

山形県は、来春採用する県職員でウクライナ語の通訳ができる人材を募集している。県外での社会人経験者を対象にした選考試験で、応募要件に初めて加えた。ロシアの侵攻で祖国を追われた避難民の支援に当たる業務などを想定する。

五つある試験区分のうち「国際・観光」の分野で、従来の英語や中国語などに加え、ロシア語や韓国語などと共にウクライナ語を受験資格に追加。他の言語と違い、ウクライナ語は検定がないため、論文面接などを踏まえ能力を判断する。

県の担当者は「県庁内にウクライナ語を話せる職員はいない。県内への避難民の支援や新型コロナウイルス禍後の国際交流の進展も見据え、他の言語とともに人材を確保しておきたい」と理由を語る。

社会人経験者が対象の選考試験は2019年度から実施。東北や首都圏などの企業や自治体での職務経験に基づいた即戦力の確保やU、Iターンの推進などを目的にしている。

募集人員は若干名で1983年度～2000年度に生まれた人が対象。28日に受験申し込みの受け付けを始めた。詳細は県のホームページに掲載している。

山形県、避難民支援で

●総務

電子申請手続き集約

笠間市「デジタル支所」開設

笠間市は、住民票や戸籍の申請などの行政手続きをはじめ、子育て相談や施設の予約など、各種電子申請の手続きを集約した専用ページ「笠間市デジタル支所」を、市のウェブサイト内に開設した。電子申請できる項目数や申請実績が増加したことに合わせ、利用環境を整えた。無料通信アプリ「ＬＩＮＥ（ライン）」とも県内自治体として初めて連携。ＬＩＮＥアカウント取得者であれば、行政手続きの電子申請がより簡便になるという。

笠間市デジタル支所のトップページ

県内初、ＬＩＮＥと連携

市デジタル戦略課によると、税証明や水道使用開始申請書など生活に密着した項目を昨年度だけで約140件電子申請化し、4日現在では計約170件を電子申請化。ただ、項目数の増加に伴い利用者の混乱も予想され、より簡易に目的のサイトにたどり着けるよう、電子申請手続きを集約し「デジタル支所」として再構築した。

取り扱い項目（予定含む）は、①行政手続きのオンライン申請②子育て・福祉相談ウェブ予約③電子図書館④スポーツ施設予約⑤公民館・地域交流センター予約⑥地理情報システム。①については、いばらき電子届出サービスの利用登録が必要となる。

このため、市はＬＩＮＥと連携し、同サービスの利用登録がなくても使えるようにした。ＬＩＮＥアカウント取得者であれば、市公式ＬＩＮＥアカウントから同サービスに自動ログインでき、申請完了通知などもＬＩＮＥメッセージで受け取ることができるという。

市デジタル戦略課は「生活に密着した申請手続きが、市役所に足を運ばなくても可能になった。面倒だった行政手続きもＬＩＮＥがあれば容易にできるので、活用していただければ」と呼びかけている。

笠間市デジタル支所のＵＲＬは、https://www.city.kasama.lg.jp/page/dir013268.html

（沢畑浩二）

茨城22・4・16

職員軽装勤務、通年で

高萩市　快適環境で業務能率化

高萩市は4月から、市職員が年間を通してノーネクタイなどの軽装で勤務できるようにした。各職員が快適だと思う服装で勤務することで、働きやすい職場環境をつくり、業務の能率を向上させるのが狙いだ。地球温暖化対策も兼ねる。

市はこれまでも5～10月にクールビズ、11～3月にウォームビズを実施してきた。通年の軽装は若手職員の発案を基に検討し、昨年11月から試行的に取り組んできた。

対象は非正規職員を含む約500人。ノーネクタイに加え、夏季はポロシャツ、冬季はセーターやカーディガンの重ね着といった働きやすい服装での勤務を推奨する。必要と判断される場ではネクタイを着用するなど、公務員としての節度を保つことに注意するという。

市総務課は「人によって感じる暑さ（と寒さ）は違う。軽装によってリラックスして業務を行うことがプラスになってほしい」としている。

（小原瑛平）

茨城22・4・16

県が人口移動見える化

大分22・4・23

「兼業・副業」で県のＤＸ推進

アドバイザー募集

県は事業の効率化や広報活動の強化を進めるため、ＤＸ（デジタルトランスフォーメーション）に精通した外部人材にアドバイザーを委嘱する。兼業や副業で県事業に参加してもらう取り組みは初めて。5月16日まで募っている。

募集するのは▽ＤＸ推進▽デジタルマーケティング▽クリエーティブ―の各戦略アドバイザー。第5世代（5G）移動通信システム普及の実証実験といった県ＤＸ推進戦略に掲げる120事業への提言や、インターネット上での効果的な情報発信に関する助言を担う。

募集はそれぞれ若干名。月4回ほどの業務を想定しており、1回当たり2万5千円の報酬を支払う。転職サイト「ビズリーチ」で公募している。

県ＤＸ推進課は「業務は基本的にテレワークを考えている。ウェブビジネスなどの第一線で活躍している人材を県内外から集めたい」と話している。

問い合わせは同課（☎097・506・2474）。（乙咩啓太郎）

窓口の手話通訳 遠隔化

下関市4総合支所4支所 あすから

下関市は18日、遠隔手話通訳を導入すると発表した。菊川、豊田、豊浦、豊北の4総合支所と彦島、長府、勝山、川中の4支所にタブレット端末を配備し、20日から運用する。

聴覚に障害がある人が窓口を訪れた際、市障害者支援課や市社会福祉協議会に常駐する手話通訳者3人がタブレットの画面を通じて手続きなどをサポートする。これまでは予約を受けて手話通訳者が支所などに出向いていた。

同課によると、市内で聴覚に障害がある人は4月1日現在で1003人。昨年度は手話通訳の依頼が2542件あったという。市内で手話通訳の活動をしているのは約50人で、市常駐は1人、市社協常駐は2人。

市は昨年4月1日に市手話言語条例を施行しており、誰もが手話を使いやすい環境づくりの取り組みの一つで、自治体ＤＸ（デジタルトランスフォーメーション）の考えにも沿っている。

定例会見で発表した前田晋太郎市長は「喜んでいただけると思う。これで予約の必要もなくなる。うまくいけばいいと願っている」と述べた。（森脇直樹）

窓口でタブレット端末を使った手話通訳を試す担当者ら＝18日、下関市役所

山口22・4・19

ツール開発、全国で初

県は都道府県間の人口の移動を簡単に分析できる「都道府県別男女別年齢別社会増見える化ツール」を開発し、県ホームページ（ＨＰ）に公開した。自治体での開発は全国で初めて。都道府県間の転入、転出者数や純移動人口（転入者数―転出者数）を男女別や年齢別にグラフで表示できる。統計課は「自治体やシンクタンクなどの研究機関で活用できる」とし、「見える化が課題を発見する第一歩となる。政策や事業に役立ててほしい」と話す。

同課によると、同ツールの分析では東京都と他道府県別の純移動人口は、2018、19年は埼玉県のみが東京都からの転出超過だったが20年からは千葉県、神奈川県、沖縄県が転出超過に転じ、21年には茨城県も転出超過となった。また、21年の埼玉県からみた東京都との純移動人口はほとんどの年齢で転入超過で、最も転入が多いのは30～34歳。転出超過だったのは20～24、15～19歳のみだった。

ツールは総務省の18～21年住民基本台帳人口移動報告のデータを基に開発し、マイクロソフトのエクセルで使用できる。内閣府の地域経済分析システム（ＲＥＳＡＳ）より細かい5歳階級の分析が可能。年次によるデータの並び替えや男女別の分析など多くの機能がある。

22年のデータは23年3月までに反映される見通しで、1年ごとに更新する。同課は既に「県の市町村別将来人口推計ツール」など14ツールを公開しており、全て同課のＨＰからダウンロードできる。（坂口菜摘）

埼玉22・4・24

焼津市が表示装置導入

会話を瞬時に文字化

透明板、表情確認しながら

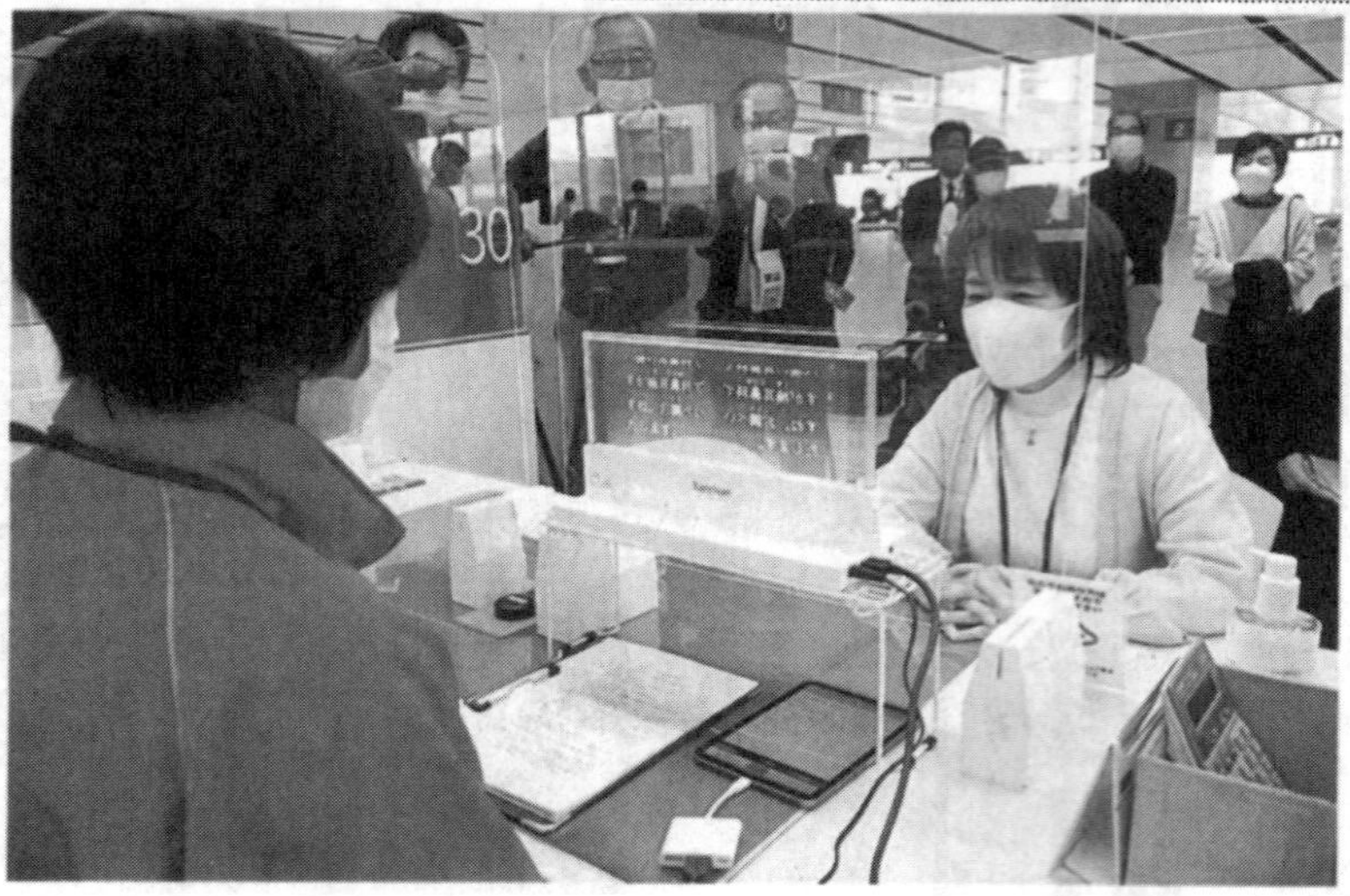

ディスプレーを使って実際に受付職員とやりとりをする望月代表（右）＝焼津市役所

焼津市は18日、会話を瞬時に文字化して表示するディスプレーを、市役所本庁舎と大井川庁舎に設置した。導入初日の同日は市役所本庁舎で市難聴者・中途失聴者の会の会員を集めて導入開始式が行われた。

ディスプレーは筑波大と液晶パネルメーカーが共同開発した製品。マイクを通して話した言葉が音声認識機能で文字に起こされ、リアルタイムで表示される。透明な表示板のため、手や体の動き、表情と文字の両方を確認しながら会話ができる。

式では、同会の望月美香代表が受付の職員と窓口に設置したディスプレーを使って会話を体験した。「どのような用件でしょうか」「機械が壊れてしまって困っています」といったやりとりがリアルタイムで表示される様子を、集まった会員たちが食い入るように見ていた。

望月代表はこれまで窓口に設置されているアクリル板で会話が聞き取りにくかった経験を踏まえ「文字に表示されると非常に助かる」と絶賛した。

（焼津支局・福田雄一）

静岡22・4・19

白書にみる **地域再生** 地方財政編

日経22・4・21

公営企業、赤字事業1割超

鉄道不振、交通の悪化目立つ

公営企業の主な業種別の赤字状況		
	赤字事業数	赤字事業数の割合
下水道	432	12.0%
病院	252	36.9
上水道	201	14.2
交通	40	85.1
電気	4	12.9
ガス	4	17.4
全体	1098	13.6

（注）下水道と全体以外は地方公営企業法が適用される事業で集計

上水道や下水道、交通機関、病院などの住民サービスを提供する自治体の公営企業のうち、赤字事業が1割を超える状況が続いている。2022年版地方財政白書によると、20年度に決算対象事業で赤字だったのは1098事業で、全体の13・6%を占めた。19年度から0・6ポイント増えた。

公営企業の事業は20年度末時点で合計8165事業あり、このうち4割強を下水道、2割強を簡易水道を含む上水道が占める。病院が8%、介護サービスが6%と続く。

業種別に赤字をみると、交通の悪化ぶりが目立つ。地方公営企業法の適用事業で集計した赤字事業の割合は85・1%で、鉄道事業の不振などで19年度の6割弱から急激に増えた。京都市営地下鉄は20年度、新型コロナウイルス流行による観光客減少などから14年度以来の経常赤字となった。

公営企業会計ベースで著しく資金が不足すると「経営健全化団体」として経営改善の計画策定が義務付けられる。経常赤字になった京都市営地下鉄は資金が累積でどれだけ足りないかを示す資金不足比率が62・6%と基準の20%を上回ったため、経営健全化団体として経費削減を進めている。

資金不足の会計数は全体で49あり、このうち資金不足比率が基準以上は9あった。資金不足の会計数は19年度から43減った一方、基準以上は4増えた。

地域再生エディター 桜井佑介、地方財政エディター 杉本耕太郎が担当しました。

白書にみる **地域再生** 地方財政編

日経22・4・20

自治体が独自の政策に自由にお金を使えない財政の硬直化が顕著になっている。2022年版地

り、リーマン・ショックの影響があった09年度と並んで過去最悪の水準になった。

速で法人住民税が19年度比26・6%減となるなど税収減となったことが響いた。

経常収支比率を自治体別にみると、全体で最も高いのは北海道夕張市で

ふるさと納税 自販機で

川場田園プラザ 県内初、返礼は商品券

川場村は28日、ふるさと納税ができる自動販売機を、道の駅川場田園プラザ(同村萩室)の直売所「ファーマーズマーケット」内に設置した。その場で納税手続きが完結し、同道の駅で使える返礼品の商品券が受け取れる。設置は県内で初めてで、全国では9例目。

大型のタッチ画面には、納税金額1万円から6万円の選択マークが並ぶ。返礼品は同道の駅で使える商品券か、村内17カ所で使える感謝券の2種類。発券額面は納税金額の3割になっている。自動販売機はIT企業のグローキーアップ(神奈川県藤沢市)が開発した。

自動販売機で納税額を選択後、タッチパネルで氏名や住所、電話番号、メールアドレスを入力し、クレジットカードで決済する。発行されるレシートで、道の駅内の村観光協会で返礼品と引き換えが可能。確定申告に必要な寄付金受領証明書は、後日自宅へ発送される。

ふるさと納税の自販機を紹介する外山京太郎村長

川場村によると、昨年度の村へのふるさと納税は3138件、総額で約6300万円。

村むらづくり振興課の担当者は「この仕組みなら、その場で地場産品を見て交換でき、通常は返礼品にない消費期限の近いヨーグルトやチーズも選んでもらえる」とメリットを説明。「観光で村が気に入ったら、その場でふるさと納税して応援してほしい」と期待している。(多々納萌)

上毛(群馬)22・4・29

三原市が電子契約導入

入札対象工事の業務迅速化

三原市は本年度、入札対象の建設工事などで電子契約システムを導入した。行政のデジタル化の一環で、ペーパーレス化や「脱はんこ」による業務の迅速化、事業者の経費節減につなげる。市によると、広島県内の自治体では初めて。

予定価格が130万円以上の建設工事と、同50万円以上の測量・設計業務などが対象。昨夏の大雨で被災した道路や河川の復旧工事、消防団の屯所設計など28日に入札を行う31件から、落札した事業者が希望すれば電子契約で手続きを進められるようにする。事業者は、市へ事前に申込書を提出する必要がある。

市が契約書を電子化してアップロードし、双方が電子署名で認証する。全ての手続きが早ければ数分で完了し、事業者側は収入印紙や郵送費などのコストも削減できる。市契約課によると、対面の手続きが省けるため新型コロナウイルスの感染リスクが軽減でき、契約のデータベース化も効率的になるという。

対象の入札は年約300件。市は導入に向けて、電子契約を手掛ける東京の企業と昨年6~7月に実験していた。同課は「事業者にも積極的に利用してもらい、最終的に全ての契約を電子化したい」としている。(川崎崇史)

中国(広島)22・4・21

硬直化で進まぬ独自政策

方財政白書によると、地方税や地方交付税などの経常一般財源が人件費など経常経費にどれくらい使われたかを示す「経常収支比率」は2020年度で93・8%(都道府県と市町村合計)だった。19年度から0・4ポイント上が

経常一般財源は自治体が使い道を自由に決められる毎年度の安定収入を指し、経常収支比率が低いほど独自政策や臨時的な支出にお金を回せる余力が大きくなる。20年度の上昇は新型コロナウイルス感染による景気の減

経常収支比率が低い・高い自治体

		都道府県		市町村	
低い	1	東京	84.9%	泊村(北海道)	39.4%
	2	愛媛	88.9	利島村(東京)	62.5
	3	鳥取	89.2	中頓別町(北海道)	62.6
高い	1	大阪	100.8	夕張市(北海道)	124.9
	2	愛知	100.0	赤井川村(北海道)	110.9
	3	神奈川	98.4	泉佐野市(大阪)	109.4

(注)20年度

自治体の経常収支比率93.8%

124・9%、都道府県では大阪府の100・8%だった。全体で最も低いのは北海道泊村で39・4%、都道府県では東京都の84・9%だった。

都内自治体の財政担当者は「経常収支比率の上昇で政策の融通が利かなくなっている。公共工事の労務単価を抑えるなどして、独自政策に充てられる経費を捻出している」と話す。

比率の計算では赤字補填である臨時財政対策債、減収補填債特例分などの調達額を経常一般財源に含んでいる。それらを除くと都道府県と市町村合計の経常収支比率は100・4%とさらに悪化する。

ふるさと納税で三川内焼クーポン

「はまぜん祭り」会場で受け付け

佐世保市

長崎22・4・28

佐世保市は5月1日に始まる「三川内焼窯元はまぜん祭り」の会場でふるさと納税を受け付ける。返礼品として、5日までの期間中に使用できるクーポン券を発行する。

寄付は1万円単位で受け付け、寄付額の30％分を「三川内焼クーポン券」として渡す。クーポン券は、はまぜん祭りに参加する16窯元のうち14窯元で使うことができる。市ふるさと物産振興課によると会場でのクーポン券利用は、通常のふるさと納税のようにポータルサイトやカタログから返礼品を選ぶよりも選択肢が増える利点があるという。

はまぜん祭りの本部、三川内山公園にブースを設け、現金かクレジット決済で受け付ける。問い合わせは市ふるさと物産振興課（電０９５６・２５・９０７７）。（山口紗佳）

「三川内焼窯元はまぜん祭り」会場で使用できるクーポン券（佐世保市提供）

白書にみる地域再生

地方財政編

自治体持ち出し7169億円

日経22・4・19

2022年版「地方財政の状況」（地方財政白書）を読み解き、新型コロナウイルス禍や自治体財政の硬直化など地域再生に向けた課題を探る。

白書では2020年度の自治体のコロナ対策関連経費について財源を新たに調べている。それによると、歳出額25兆6336億円に対して主な財源は国庫支出金の20兆606億円（歳出総額のうち78％）。貸付金元利収入など「その他の収入」4兆5451億円（同18％）を合わせると国の負担が96％を占めた。調査担当者は「自治体の持ち出しは極めて限定的で、地方財政に大きな影響は与えていない」（総務省財務調査課）と説明する。

自治体の新型コロナ対策の財源

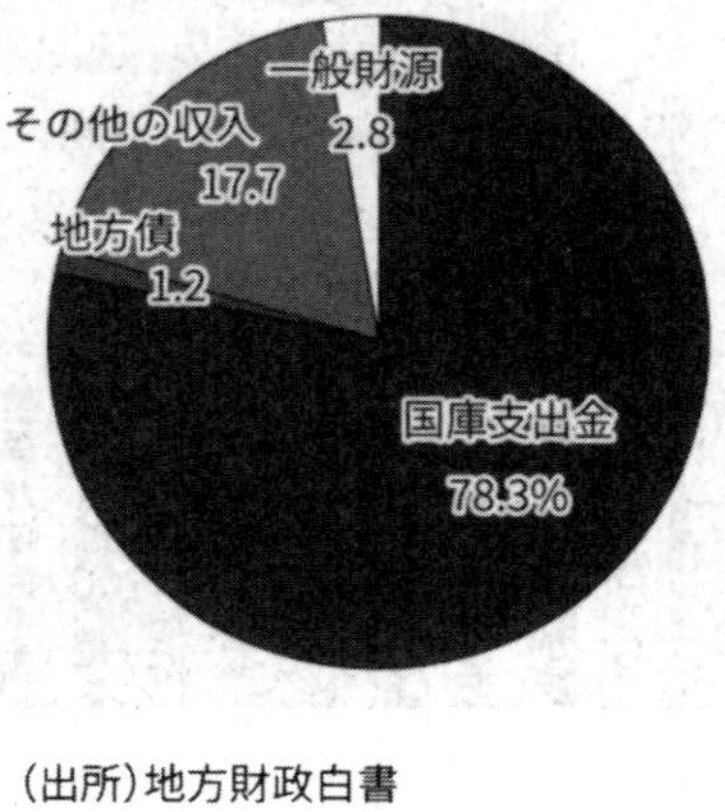

(出所)地方財政白書

コロナ対策費全体の3％

自治体の一般財源からの持ち出しは総額7169億円（3％）だった。東京都は20年4～9月、時短要請に応じた飲食店などに支払う協力金で1500億円程度を「自治体の貯金」である財政調整基金から拠出した。当時はまだ「協力金はほぼ全額国費で」とする国の制度設計が整っていなかった。

ほかに東京都千代田区は財政調整基金から約80億円を使い、国の負担する1人10万円の特別定額給付金とは別に、区民1人あたり12万円の追加給付金を配った。

財政調整基金の残高をみると、全自治体合計で7兆2835億円と19年度比2572億円（3％）減った。都道府県の残高が過去最多だった19年度から16％減った影響が大きい。

赤字路線だらけ地域鉄道
「交通税」活路となるか

東京22・4・27

域交通。
確保のた
導入の検
、実現す
。どんな
はるか）

申

産課税や車体課税への上乗せも選択肢とした。
答申では、地域によっては

同県には、一九九四年度から赤字続きの鉄道会社がある。百二十年以上の歴史があ

の車両の横に立ち、発車の合
学生たち＝滋賀県東近江市で

下分離）だ。
約六十キロの沿線施設の維持補修を考えると事業継続は困難に。利用者はピーク（一九六七年度）の千百二十六万人から、二〇〇二年度には67％減の三百六十九万人まで落ち込んだ。それでも通勤や通学、生活の足として不可欠なため、県と沿線十市町が線路

負担「画期的」

利用者なら、運賃に跳ね返りそうだ。野村総合研究所は、線路別の利用状況を公表していないJR東海を除くJR五社が、コロナ前の一九年度の利益を確保しようとした場合は、四〇年度に二～六割の運賃引き上げが必要になると試算。東日本は二割程度の値上げが求められることになる。

ふるさと納税 洲本市を除外

総務省 温泉券を違反認定

朝日22・4・27

兵庫県洲本市が高額の温泉利用券をふるさと納税の返礼品としていた問題で、総務省は26日、基準に違反するとして、同市をふるさと納税制度の対象から2年間除外することを決めた。返礼品の調達費は寄付額の3割以下と定めているが、同市の温泉券は5割を超えるものがあったと認定した。指定取り消しは5月1日付。

市は2020年度、ふるさと納税で全国8位の54億円の寄付を集めた。

問題の返礼品は、市内11旅館で宿泊や食事に使える「洲本温泉利用券」。市は1月中旬まで、10万円の寄付に温泉券5万円分を返礼するなどしてきた。

市は、旅館側に支払う温泉券1万円分の調達費は5500円前後で、基準には抵触しないと説明。ただ市はこれと別に、1万円分につき4500円前後の「手数料」を支払っていた。

この仕組みを朝日新聞が2月に報じた後、総務省が調査を始めた。同省によると、洲本市は、手数料はチラシの配布など旅館側が担う業務への支払いと説明したが、手数料の額は業務量と関係なく温泉券の枚数に応じて支払われていた。総務省は、手数料も事実上の調達費だと判断した。

ふるさと納税の対象自治体を指定する制度が導入された19年6月以降、指定の取り消しは、高知県奈半利《なはり》町、宮崎県都農《つの》町に続いて3例目。

（五十嵐聖士郎、天野剛志）

人口減やコロナ禍で青息吐息の地
滋賀県では、地域交通を支える財源
め、県民税に上乗せする「交通税」
討が始まった。導入時期は未定だが
れば全国初の取り組みになるという
意義があるのだろうか。　（大杉

滋賀県税制審が答

県税制審議会は昨年四月、県の諮問を受け、「地域公共交通は、利用者のみならず、地域で支えるべきものだ」として、公共交通を支える税制の導入検討を答申。県が課税方式などについて再諮問し、今月二十日に県民税に新たな負担分を設けることを答申した。課税方式は、ほかにも資

人口が大きく減るため、利用者負担で全県的に公共交通を維持するのは「相当困難」とし、「安定財源を得るために、新たな税負担が必要」と結論づけた。背景として、国が明確な財源を検討していないこと、社会保障や脱炭素社会づくりに比べ、地域公共交通の財源議論が不十分だったことも指摘した。

滋賀県は東海道新幹線のほか、ＪＲの在来線、地元の私鉄も走っている。県によると、来年度には県内各拠点を結ぶ交通網を検討し直し、新たな県交通ビジョンをつくる。場合によっては鉄道やバスの廃線も視野に入る。新ビジョンにあわせ、交通税も議論するため、使途や必要経費、税収規模は決まっていない。

る近江鉄道（彦根市）だ。こちらは交通税導入に先駆け、二〇二四年度から独自の試みを始める。「公有民営」（上

近江鉄道
図を出す

や車両などの資産を譲り受け維持管理する代わりに、運営を継続してもらうことを決めた。

経営難の地域交通を抱えるのは滋賀だけではない。

国土交通省によると、新幹線や都市鉄道などを除く地域鉄道の輸送人員は、ピーク時の一九九一年度から二〇一九年度までに二割減少。同年度時点で全九十五社の79％が赤字になった。

ＪＲ西日本は今月十一日、利用者が少ない地域鉄道の収支を初めて公表。一日平均乗客数が二千人未満の十七路線三十区間はすべて赤字だった。ＪＲ東日本も、収支の公表を検討する。

利用減で生じるコスト増は誰が引き受けるべきなのか。

人口減でＪＲ任せ限界　利用者以外も

関西大の宇都宮浄人教授（交通経済学）は「今まではＪＲに任せておけば何とかしてくれると思われがちだったが、人口減少でそれでは済まなくなってきた」と話す。宇都宮教授によると、フランスでは交通税のような交通負担金があるほか、ドイツや米国では道路用の税収や信託金を公共交通に使っているという。

利用者以外も広く負担する交通税の導入に関し、滋賀県が検討を始めたことについては「ガラパゴス化した日本に一石を投じており画期的」と評価。「オーストリアでは、一般財源の配分を道路から公共交通に変えてきた。日本でも硬直化した予算配分の見直しが必要では」とも指摘した。

観光いかが？「旅先納税」

道の駅「だて歴史の杜」では旅先納税を知らせるポスターを掲示。QRコードを使ってその場で寄付ができる＝北海道伊達市

ふるさと納税返礼に地元で使える電子ギフト

ンは多くの観光客が市内を訪れる。この人気を、ふるさと納税につなげられないか――。そう考えて導入したのが旅先納税だった。

ポスターにはQRコードを掲載。これをスマートフォンで取り込むとふるさと納税ができ、すぐに電子ギフトがもらえる。例えば寄付額が1万円の場合、3千円分の電子ギフトが送られてくる。直売所のレジでスマホをかざせばその場で使え、市内の他の飲食店などでも使える。

市内には旅先納税のポスターやチラシが様々な所に置いてある。特に効果的なのは宿泊施設での掲示だという。「宿泊した人が旅先納税の存在に気付いてその場で寄付し、お土産や飲食に使ってくれる。新型コロナの影響で苦しむ地元経済が少しでも上向けば」。市企画財政課の担当者はそう期待する。

旅先納税を開発したのは、電子ギフトを使った様々なシステムづくりに取り組んでいる企業「ギフティ」（東京）だ。せっかく多くの人が旅行に行くのだから、旅先の自治体に寄付をしてもらえないか。さら

朝日22・4・20

「NFTアート」返礼品に

デジタル作品「本物」証明

余市町ふるさと納税 ワイン題材に作画

後志管内余市町は5月7日から、ふるさと納税の返礼品として非代替性トークン（NFT）付きのデジタルアート作品を全国で初めて提供する。NFTは偽造できず、作品が世界に一つしかない「本物」と証明する鑑定書の役割がある。返礼品は余市町特産のワインをテーマにしたイラストを予定。世界的に注目されているNFTの技術を活用し、まちの知名度向上につなげたい考えだ。

イラストは女性のキャラクターがワインを持つ姿を描いた作品で、国内NFTアート界で実績があるイラストレーターが作画するという。背景などを変えて50点を制作し、10万円の寄付に対して1点を贈る。

NFTは2021年3月に米国人作家が制作した画像のコラージュが約75億円で落札されて注目され、同年の取引総額は4兆7千億円に達した。値上がりを期待して購入する人も多い。投資目的での寄付はふるさと納税の趣旨に反するため、返礼品は転売できないタイプのNFTにする方針だ。

余市町企画政策課の担当者は「自分で楽しむ範囲にしてもらいたい」と話す。

NFTを返礼品にするサービスは札幌のスタートアップ企業「あるやうむ」が手がけている。余市町のほか、道外

非代替性トークン（NFT） 偽造できない鑑定書が付き「唯一無二」と証明されたデジタルデータ。画像などのデジタルデータは簡単にコピーできるが、NFTを付けることで所有者が明確になり、希少性が生まれる。暗号資産と同様に、複数のコンピューターが互いに監視するブロックチェーン（分散台帳）上で記録、取引される。デジタルデータを安全に売買するための基盤と期待される一方、転売益を狙った投機的な取引で激しい値動きも見られる。

仕組み

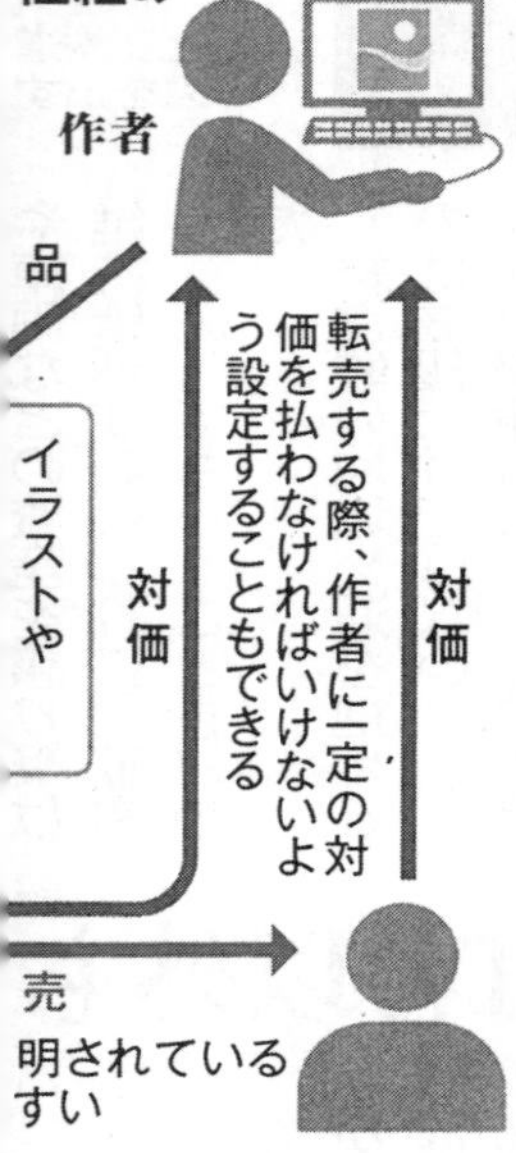

北海道22・4・22

すっかり定着した「ふるさと納税」だが、返礼品目的の利用が多いため、寄付した自治体のことをよく知らない人も多い。ましてや、ふるさと納税をきっかけに訪れてほしいという地元の人の思いは、なかなか届かないのが現状だ。しかし、そんな状況を変えるかもしれない仕組みがある。採り入れる自治体が少しずつ出てきているという。

その場で寄付 土産・飲食に

北海道南部の太平洋側にある伊達市。国道沿いにある道の駅「だて歴史の杜《もり》」の直売コーナーには、地元産の葉物野菜や地元漁港で取れた魚の干物などが所狭しとならぶ。その一角に、「旅先納税」のポスターが掲示されている。

旅先納税はふるさと納税の形態の一つで、自治体に寄付をすると返礼品が地元でもらえる。その返礼品が地元でしか使えない電子ギフトというところがポイントだ。その町に行かないと使えず、行ってこそ得をする。

伊達市は2021年8月に導入した。市内には人気が高い北湯沢温泉郷があり、洞爺湖など有名観光地にも近いため、行楽シーズ

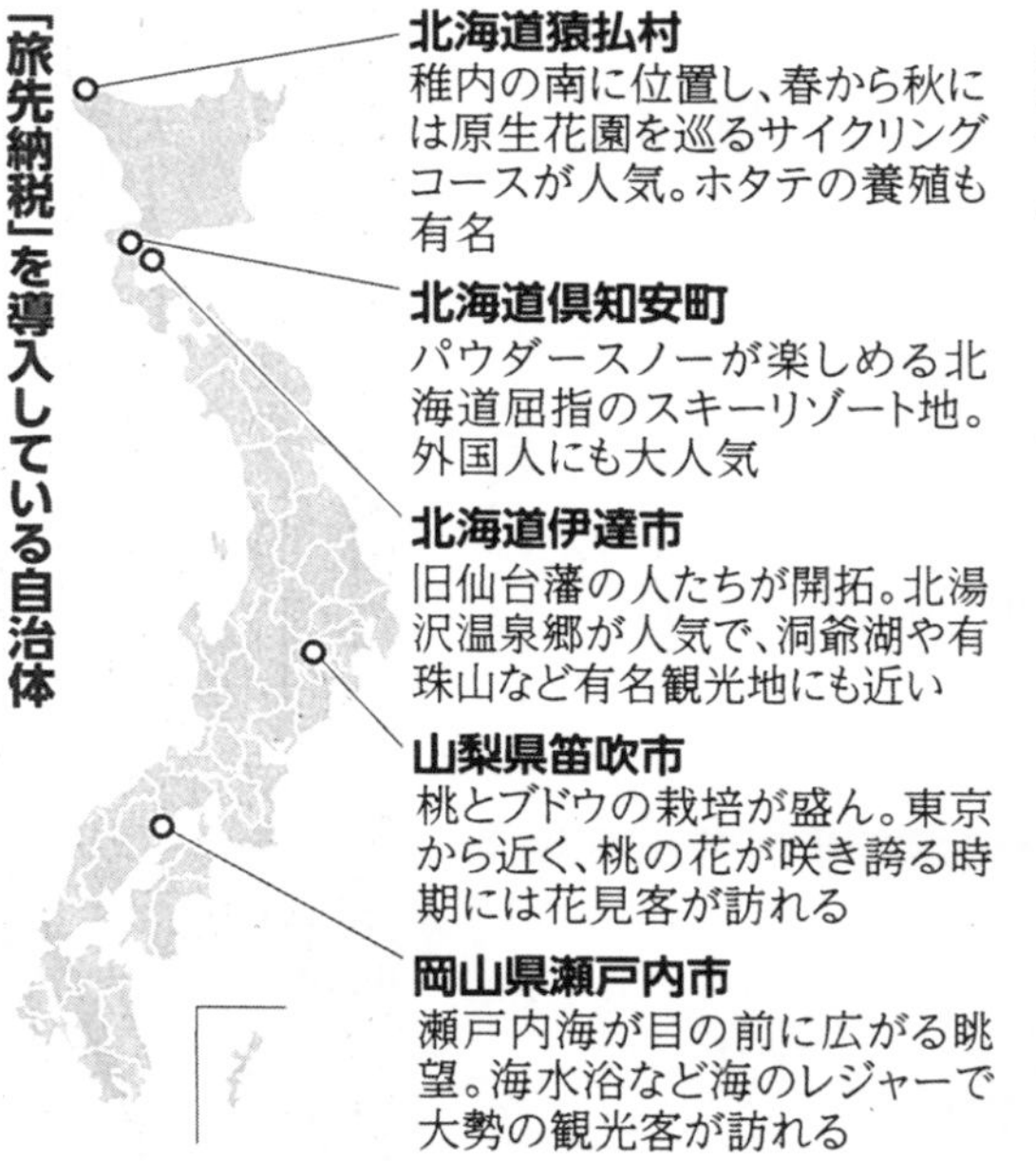

北海道猿払村
稚内の南に位置し、春から秋には原生花園を巡るサイクリングコースが人気。ホタテの養殖も有名
北海道倶知安町
パウダースノーが楽しめる北海道屈指のスキーリゾート地。外国人にも大人気
北海道伊達市
旧仙台藩の人たちが開拓。北湯沢温泉郷が人気で、洞爺湖や有珠山など有名観光地にも近い
山梨県笛吹市
桃とブドウの栽培が盛ん。東京から近く、桃の花が咲き誇る時期には花見客が訪れる

瀬戸内海が目の前に広がる眺望。海水浴など海のレジャーで大勢の観光客が訪れる

「旅先納税」を導入している自治体

に、その自治体に来てもらうことにもつながらないか。電子ギフトで好循環を生み出したいと開発した。19年11月の岡山県瀬戸内市を皮切りに、今は全国5自治体が導入している。

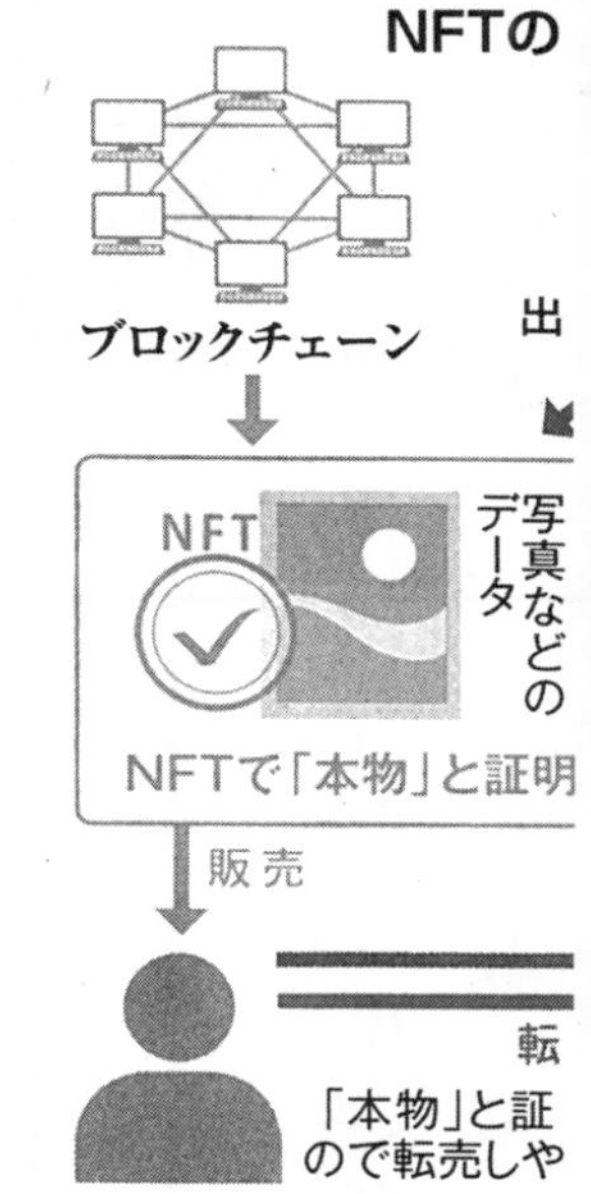

NFTの
ブロックチェーン

「本物」と証
ので転売しや

の2市町で準備を進めているといい、同社の畠中博晶最高経営責任者（CEO）は「単純にふるさと納税を増やすだけでなく、地域の魅力の発信にもつながる」と話す。（生田憲）

人口 過去最大64万人減

昨年10月時点推計 東京26年ぶり減少

朝日22・4・18

総務省は15日、昨年10月1日現在の人口推計を発表した。外国人も含めた総人口は、前年比64万4千人減の1億2550万2千人で、11年連続の減少だった。減少率は0・51%。減少数、減少率（0・51%）ともに比較可能な1950年以降で最大だった。

年齢別では、15歳未満が11・8%（1478万4千人）、労働の担い手となる15～64歳の「生産年齢人口」は59・4%（7450万4千人）でともに過去最低の割合だった。一方、65歳以上は28・9%（3621万4千人）、75歳以上に限っても14・9%（1867万4千人）と、それぞれ過去最高の割合だった。

沖縄県を除く46都道府県で人口が減少した。東京都の減少は、1995年以来26年ぶり。住民基本台帳に基づく2021年の人口移動報告では、東京都への転入が減り、転出が増えている。首都圏の埼玉、千葉、神奈川の各県と、都市部の福岡県の人口も、前年の増加から減少に転じた。総務省の担当者は「新型コロナウイルスの感染拡大の影響が考えられる」と話した。

33道府県で、人口減少率が前年に比べて拡大した。大阪府が対前年差0・31ポイントで最も拡大した。増減率では、沖縄が0・07%増でトップ。秋田が1・52%減でワーストだった。

男女別人口は男性が6101万9千人で、前年比33万1千人減で14年連続の減少。女性は6448万3千人で、同31万3千人減少と11年連続の減少だった。人口性比（女性100人に対する男性の数）は94・6で、女性が男性より346万4千人多い。日本人に限った人口は、前年比61万8千人減の1億2278万人で減少幅が10年連続で拡大した。外国人の人口は、同2万5千人減の272万2千人だった。（宮田裕介）

■2021年10月1日現在の推計人口と前年比増減率（総務省まとめ。▼はマイナス）

NFT
写真などのデータ
NFTで「本物」と証明
販売

	人口（千人）	20年比（%）
全国	125502	▼0.51
北海道	5183	▼0.80
青森	1221	▼1.35
岩手	1196	▼1.16
宮城	2290	▼0.51
秋田	945	▼1.52
山形	1055	▼1.23
福島	1812	▼1.16
茨城	2852	▼0.53
栃木	1921	▼0.61
群馬	1927	▼0.65
埼玉	7340	▼0.06
千葉	6275	▼0.15
東京	14010	▼0.27
神奈川	9236	▼0.01
新潟	2177	▼1.10
富山	1025	▼0.91
石川	1125	▼0.65
福井	760	▼0.84
山梨	805	▼0.57
長野	2033	▼0.72
岐阜	1961	▼0.90
静岡	3608	▼0.70
愛知	7517	▼0.34
三重	1756	▼0.82
滋賀	1411	▼0.22
京都	2561	▼0.65
大阪	8806	▼0.36
兵庫	5432	▼0.60
奈良	1315	▼0.69
和歌山	914	▼0.97
鳥取	549	▼0.86
島根	665	▼0.93
岡山	1876	▼0.64
広島	2780	▼0.72
山口	1328	▼1.08
徳島	712	▼1.05
香川	942	▼0.84
愛媛	1321	▼1.04
高知	684	▼1.08
福岡	5124	▼0.22
佐賀	806	▼0.67
長崎	1297	▼1.18
熊本	1728	▼0.58
大分	1114	▼0.84
宮崎	1061	▼0.78
鹿児島	1576	▼0.75
沖縄	1468	0.07

会に関心持って
取り組みユニーク
一風チラシ／住民巻き込み委員会

地方議会への住民の関心を高めるため、ユニークな取り組みが広がっている。映画ポスター風の案内チラシを作ったり、住民を巻き込んだ委員会を設置したりとあの手この手。深刻化する議員のなり手不足の解消も目指す。

「ヨサン対ギカイ」。真っ赤なタイトルに、出演者風に町議の名前が並ぶ。予算書と「凄絶《せいぜつ》！新年度予算を巡る一大攻防戦！」の文字。今年３月の北海道鷹栖町議会の案内チラシだ。「２０２２年度の予算が前年度比で５％以上膨らみ、議会として追及する姿勢を表現した」と、議会の広報戦略を務める片山兵衛議員(44)は話す。

道北部に位置し、人口約６７００人の同町。町議会はこれまでも、週刊誌の中づり広告や少年漫画雑誌の表紙など、どこかで見覚えがあるようなユニークな案内チラシを手がけてきた。

きっかけは19年の統一地方選。３期連続の無投

ど、良くない一般質問の例を列挙するなどしたユニークな議会ガイドブックを配ったり、傍聴者が議会で質問した議員を点数で評価したりする通信簿も作った。

取り組みのかいあって、19年12月の日曜議会は、前年の倍以上もの傍聴者が訪れた。片山さんは「まずは面白そうと思える広報をしていきたい」と意気込む。

人口約６５００人の鳥取県智頭町では、住民が課題を話し合い、解決するための政策を行政に提案する「百人委員会」を

るのが狙いで、豊かな子育て環境を求めて移住者が増えたという。

大河原昭洋さん(57)は、委員会が始まった08年から参加し、活動をきっかけに13年から町議を務める。「委員会に参加したことで町の課題を自分のこととして捉え、町政に関わりたいと思った」と振り返る。

総務省の「地方議会・議員のあり方に関する研究会」の報告書は、議会が主体的に住民に働きかけるべきだと指摘。議員と住民が協議する場の開催や、議事録や広報誌

映画ポスターのような北海道鷹栖町議会の案内チラシ

16都府県議会 オンライン活用
熊本など委員会開催

全国都道府県議会議長会は28日、熊本、栃木、愛知、兵庫など16都府県がオンラインで委員会を開ける規定を条例などに盛り込んだとの報告書を公表した。新型コロナウイルス感染拡大がきっかけ。地方議員のなり手不足も背景に「多様な人材が議会に参画する方策として、オンラインの活用は意義がある」としている。

オンラインで開けるケースとして全16都府県が「感染症のまん延防止」と規定。このうち東京、長崎、熊本を除く13府県は、交通の遮断などが想定される「大規模な災害発生」の際もオンライン可能とした。秋田、大阪、大分の３府県は「育児・介護」でも認める。

一方で本会議の出席は、地方自治法に基づき総務省が「現に議場にいることと解されている」との見解を地方自治体に通知している。このため16都府県の規定はいずれも委員会に関する取り決めにとどまっている。

地方議員ら有志でつくる団体は27日、本会議もオンラインで開けるよう法改正を求める要望書を総務省に提出した。感染症の影響で議員が集まれない事態などを理由に挙げた。

熊本22・4・29

世帯の貯蓄額 2年ぶり増
収入減、物価高で将来不安

岩沼「選挙割」やります

6月5日 市長選投開票

関心高め 投票率上昇へ

コロナ下 飲食業を支援

岩沼市長選（5月29日告示、6月5日投開票）への関心を高めようと、市観光物産協会は、投票すれば飲食店でサービスを受けられる「選挙割」を展開する方針を決めた。新型コロナウイルスの影響で冷え込む地域経済の活性化も狙っており、今月28日まで参加店を募集する。

選挙割は投票する際に投票所の看板と自分の姿をスマートフォンなどで撮影し、飲食店に持参すると割引などが受けられる仕組み。サービス期間は告示日から6月19日までで、協会は市内173店に参加を求めるチラシを配った。

近年の投票率は低迷傾向で、2019年12月の市議選は48・03%と過去最低を更新した。直近で選挙戦となった10年5月の市長選は51・43%にとどまり、投票があった前々回02年6月の61・68%を下回った。

今回の市長選は12年ぶりの選挙戦が見込まれている。協会事務局長の近藤祐高・市商工観光課長は「選挙に行く人が増え、飲食店に客足が戻る呼び水にもなる。ぜひ多くの店に協力してほしい」と呼びかける。

連絡先は同課0223（23）0573。

市観光物産協会 参加店を募集中

河北（宮城）22・4・20

映画ポスタ

地方議

議員ら

票に、議員らが住民の行政への無関心に危機感を持った。デザインの経験を持つ片山さんを中心に「まずは手に取ってもらうこと」を目的に同年から製作を始めた。

ほかにも「数字や事実を確認するだけ」「自分の考えの演説に終始」な

08年に設けた。特徴的なのは政策を直接町長に提案し、認められれば必要な予算が委員会に交付され、提案した住民が政策を実行する点だ。

過去には、委員会のアイデアで、園舎のない「森のようちえん」を実現。自然の中で園児らを育て

のホームページでの公開などを呼びかける。同会座長で一橋大の只野雅人教授（憲法学）は「住民とオープンに話し合うことで、住民と議会の関係性をより密にしていくことが重要だ」と話した。

秋田22・4・16

明治安田生命保険が25日に発表した今年の家計に関するアンケートによると、世帯の貯蓄額の平均は1408万円となり、2年ぶりに増加した。昨年は1339万円だった。同社は新型コロナウイルス禍による収入減や足元の物価上昇を踏まえ、将来への不安から貯蓄を積み増す意識は一層高まったと分析している。

貯蓄目的（複数回答）は「いざという時のため」が61・5%で最多。「将来のため」が61・2%、「子どもの教育資金」が28・2%と続いた。物価高による家計への影響は「影響を感じる」が51・5%、「今後影響がある」は36・2%だった。

2020年と21年を比較して年収が減ったとの回答は28・7%で、増えた（10現役世代の20～50代では、夫婦の1人当たり小遣い額は月平均2万7295円だった。昨年より851円増加したが、コロナ禍前の19年（2万8080円）の水準には達しなかった。

貯蓄の方法は銀行預金が最多の72・6%だった一方、株式や不動産などを含めた投資の割合は計16・8%にとどまった。同社の担当者は「銀行に預けても利息がほぼつかない環境でも、国民に投資の意識はあまり根付いていない」と指摘した。

調査は3月、全国の20～79歳の既婚男女を対象にインターネットで実施し、1620人から有効回答を得た。

下野（栃木）22・4・26

4月の主な選挙結果

▽参院補選
24日　石　川　　宮本　周司51自元③公

▽知事選
10日　京　都　　西脇　隆俊66無現②
自立公国

▽一般市・特別区長選
３日※笠間（茨城）　山口　伸樹63無現⑤
清瀬（東京）　渋谷　桂司48無新①自公
10日※名寄（北海道）　加藤　剛士51無現④
弘前（青森）　桜田　宏62無現②
※大崎（宮城）　伊藤　康志72無現⑤自公
※鹿嶋（茨城）　田口　伸一54無新①自国
※みどり（群馬）　須藤　昭男61無現②自公
多摩（東京）　阿部　裕行66無現④
燕（新潟）　鈴木　力61無現④
南丹（京都）　西村　良平68無現②
※豊中（大阪）　長内　繁樹63無現②
※朝倉（福岡）　林　裕二71無現②自
※小林（宮崎）　宮原　義久59無現②自
17日　帯広（北海道）　米沢　則寿66無現④
※富良野（北海道）北　猛俊67無現②
能代（秋田）　斉藤　滋宣69無現⑤
※気仙沼（宮城）　菅原　茂64無現④
※つくばみらい（茨城）小田川　浩55無現②公
栃木　大川　秀子74無現②自公
※藤岡（群馬）　新井　雅博61無現②自公
富岡（群馬）　榎本　義法53無現②
安中（群馬）　岩井　均58無新①自公
加須（埼玉）　角田　守良65無新①自
久喜（埼玉）　梅田　修一47無現②自公
山武（千葉）　松下　浩明61無現②自公
東金（千葉）　鹿間　陸郎71無現②自
南房総（千葉）　石井　裕56無現⑤自公
練馬（東京）　前川　燿男76無現③
自公国
黒部（富山）　武隈　義一54無新①
坂井（福井）　池田　禎孝59無新①自公
※沼津（静岡）　頼重　秀一53無現②
自立公
北名古屋（愛知）太田　考則54無新①
あま（愛知）　村上　浩司59無現④
名張（三重）　北川　裕之63無新①
近江八幡（滋賀）小西　理63無現②
浅口（岡山）　栗山　康彦67無現④自公
※府中（広島）　小野　申人65無現②自公
※さぬき（香川）　大山　茂樹71無現⑤
嘉麻（福岡）　赤間　幸弘59無現③自公
伊万里（佐賀）　深浦　弘信66無現②
神埼（佐賀）　内川　修治69無新①
出水（鹿児島）　椎木　伸一62無現②
始良（鹿児島）　湯元　敏浩57無現②
24日　小美玉（茨城）　島田　幸三61無新①自国
沼田（群馬）　星野　稔56無新①
香取（千葉）　伊藤　友則49無新①自
伊那（長野）　白鳥　孝66無現④
津島（愛知）　日比　一昭69無現③
泉南（大阪）　山本　優真31諸新①
加東（兵庫）　岩根　正67無新①自公
善通寺（香川）　辻村　修60無新①
宗像（福岡）　伊豆美沙子63無現②
鹿島（佐賀）　松尾　勝利67無新①
沖縄　桑江朝千夫66無現③自公

＜注＞日付は投票日。※は無投票当選確定日。当選者名、年齢（投票日時点）、党派、現元新の別、当選回数の順。四角囲み文字は推薦・支持政党。

毎日22・4・30

茨城22・4・16

住民意見、運営に反映

阿見町議会 7人モニター委嘱

阿見町議会は、町民からの意見を募って議会運営に反映する「議会モニター」制度を開始した。公募で選ばれた町在住の男女7人にモニターを委嘱し、本会議や委員会を傍聴してもらい、町民から見た意見を議会運営に取り入れる狙い。町役場で13日、委嘱式が開かれ、7人に川畑秀慈副議長から委嘱状が手渡された。

同制度は議会改革の一環で、町民からの要望を取り入れ、議会の活性化や、議会からの政策提案に生かす狙い。町議会改革アドバイザーの岩崎弘宜さん(48)は「町民に議会の活動を知ってもらう機会にもなる」と話す。

モニターの任期は2023年3月31日まで。本会議や委員会を年に1回以上傍聴、もしくはインターネット中継で視聴し、感想や意見を提出する。5月と11月に開催する議会報告会に出席し、7月と1月に開催予定の議会モニター会議に出席し、町議と意見を交換する。

委嘱式では、川畑副議長が「運営に関する意見をいただき、さらに議会改革につなげたい」とあいさつ。広聴広報特別委員会の難波千香子委員長は「議会と町民の双方の距離を縮めたい」と述べた。

モニターの一人で、主婦の栗原友香さん(38)は「子育てしている目線から、こういう町になったらいいなと思うところを発言していきたい」と話した。

(成田愛)

町議会モニターに委嘱された町民と町議員ら＝阿見町中央